MIT
Speech

Emote © 2014 Vikas Gopal Jhingran. Original English language edition published by The Career Press 220 West Parkway, Unit 12, Pompton Plains, NJ 07444 USA. All rights reserved.

Korean translation copyright © 2014 by Yemun Publishing Co., Ltd.
Korean translation rights are arranged with The Career Press, Inc. via PubHub Literary Agency.

이 책의 한국어판 저작권은 PubHub 에이전시를 통한 저작권자와의 독점 계약으로 (주)도서출판 예문에 있습니다. 저작권법에 의해 한국 내에서 보호를 받는 저작물이므로 무단 전재와 무단 복제를 금합니다.

# MIT 리더십 센터
# 말하기 특강

비카스 고팔 징그란 지음
배충효 옮김

Prologue

# 공부는 천재, 말에는 둔재…
# MIT공학박사는 어떻게
# 세계연설대회 1위가 되었나

2001년, 나는 텍사스 휴스턴에 있는 석유 및 가스 회사에 몸담고 있었다. 일하던 회사는 아주 명석한 직원 몇 명이 근무하는 작은 엔지니어링 회사였다. 우리 회사는 근해 석유 및 가스 부문의 틈새시장을 목표로 했고, 그 분야에서 꽤 실력이 뛰어났다. 회사 일은 즐거웠지만 회사는 내 업무와 관련한 고객에게 직접 프레젠테이션 할 기회를 주지 않았고, 그래서 자주 신경이 곤두섰다. 이 문제를 두고 자주 언쟁을 벌인 끝에 상사가 내게 솔직한 심정을 털어놓았다.

"비카스, 우리에게는 프레젠테이션 할 기회가 많지 않아. 이런 상황에서는 우리 중 가장 말주변이 좋고 프레젠테이션을 잘하는 직원이 잠재 고객 앞에 나서는 게 맞는 거야."

그 말을 듣자 더 이상 반발할 수가 없었다. 내가 사장이라도 그와 똑같이 했을 것이다. 나는 회사를 원망하는 대신 내 프레젠테이션 기술을 향상시키기로 결심했다. 내가 고객 앞에 나서지 않으면 회사가 손해를 볼 정도로 기가 막히게 프레젠테이션을 해 보자고 다짐한 것이다. 그 후 몇 달 동안, 스피치 실력을 키우는 데 도움이 되는 강의나 수업이라면 물불 가리지 않고 찾아다녔다. 그런데 괜찮은 스피치 강의나 수업은 생각보다 찾기 어려웠다.

결국 갖은 고생 끝에 데일 카네기 코스Dale Carnegie Course를 찾아냈다. 사실 데일 카네기 코스는 말하기가 아닌 리더십 강좌였지만, 그 강좌를 통해서 나는 스피치 능력을 확실하게 키울 수 있었다. 어찌 보면 당연한 결과였다. 리더십에서 가장 중요한 요소가 바로 의사소통 능력이기 때문이다.

카네기 강좌에서는 2분 내외의 짧막한 발표를 많이 시켰다. 내가 처음 한 발표는 다른 참가자들 앞에서 2분 동안 자기소개를 하는 것이었는데, 그 간단한 발표를 앞두고도 이것저것 준비를 많이 했다. 종이에 자기 소개문을 적어서 여러 번 반복해서 읽어보고, 몇 가지 중요한 사항은 빼먹지 않도록 꼼꼼히 챙겼다.

하지만 아무리 발표 준비를 많이 한들, 당시의 나로서는 소용이 없었을 것이다. 지나치게 긴장한 나머지 준비한 것이 모두 무용지물이 되어 버렸기 때문이다. 자기 소개문을 쓴 쪽지를 들고 있었지만 손을 너무 많이 떨어서 읽을 엄두도 내지 못했다. 결국 그러면 안 된다는 것을 알면서도 손을 호주머니에 계속 넣어두기로 했다. 손을 벌벌 떨고 있는 모습을 같이 수업 듣던 동료들에게 들키고 싶지 않았으니까. 마침내 자기소개를 끝냈을 때, 무슨 이야기를 했는지 한 마디도 기억나지 않았다. 그저 고비를 넘겼다는 사실이 행복할 뿐이었다.

그것은 놀라운 경험이었다. 나는 인도에서 성장한 탓에 다른 사람들 앞에서 내 의견을 말할 기회가 거의 없었다. 다니던 고등학교에 괜찮은 토론 모임이 있긴 했지만, 당시에는 그런 데 전혀 관심이 없었고 대신 틈날 때마다 수학과 과학 공부에 열정을 쏟았다. 그 덕분에 나는 인도의 명문대학에 입학할 수 있었다. 공과대학 입학시험에는 스피치나 의사소통 능력 테스트는 말할 것도 없고 심지어 면접시험도 없었다. 그렇게 시간이 흘렀고 2001년, 나는 나 자신의 능력에 대한 확실한 결론을 얻었다. 수학과 과학, 공학 분야에서는 누구에게도 뒤지지 않을 만큼 자신이 있었지만, 의사소통과 프레젠테이션 능력은 젬병이었다. 그때까지 이런 문제점들이 내가 직업적으로 성장해 나가는 데 걸림돌이 될 거라고 말해준 사람은 아무도 없었다.

그렇게 형편없는 말하기 실력을 갖추고 있었음에도, 3개월간의 데일 카네기 코스에 열심히 참여하자 발표실력이 일취월장했다. 데일 카네기 코스를 마친 이후에도 계속해서 스피치 기술을 연마할 수 있는 곳을 찾다가 우연히 토스트마스터즈 인터내셔널Toastmasters International을 알게 되었다. 그것은 정말 행운이었다. 토스트마스터즈 클럽은 프레젠테이션 기술을 익히고 연마하는 데 이상적인 토론 모임이다. 2002년부터 나는 토스트마스터즈 클럽 미팅에 꾸준히 참가하면서 스피치 기술을 연마했다. 더 중요한 것은 그곳에서 나를 도와주고 멘토 역할을 해준 뛰어난 연설자들을 많이 만났다는 점이다. 그 후 각고의 노력과 인내 끝에 2007년 세계연설대회에서 우승할 수 있었다.

그때까지 인도인으로 이 대회에서 우승한 사람은 단 한 명도 없었다. 아시아계 연설자로는 역대 두 번째로 80년의 역사를 지닌 이 대회에서 우승한 것이다. 아시아계 최초 우승자인 아레벨라 뱅슨M. Arabella Bengson은 필리핀계 캐나다 시민으로 1986년에 우승한 바 있다.

2007년의 우승은 여러 가지 면에서 특별했다. 먼저 내 프로필은 프로 연설자의 그것과는 천지 차이였다. 우승자 대부분은 외향적인 성격인 데다 직업상 남들 앞에서 정기적으로 스피치 할 기회가 많은 사람들이었다. 베테랑 영업인이나 목사 혹은 마케팅·음악·연극 같은 전문분야에 종사하는 사람이 대다수였던 것이다. 하지만 나는 내성적인 데다 예술에는 문외한이었다. 전 세계에서 가장 들어가기 어려운 공과대학교에서 공부한, 숫자에만 능한 그런 유형의 사람이었다. 내 강점은 논리지, 예술이 아니었다. 이런 내가 연설대회에서 우승하다니, 의미가 더욱 클 수밖에 없었다.

그 무렵, 나는 독특한 스피치 기법을 개발하기 시작했다. 내 스피치는 청중에게 깊은 인상을 주는 메시지를 담고 있었으며 감성을 자극하는 내용이 많았다. 연설문을 구상할 때는 특히 청중의 뇌리에 남는 감정에 신경을 썼다. 이런 감정을 최종 감정final emotion이라고 부른다. 내 스피치의 주춧돌 역할을 하고 있는 최종 감정에 관해서는 이 책 전반에 걸쳐 다룰 것이다. 최종 감정을 이용하는 감정 소통법은 두 사람이 하는 대화나 소규모 그룹 앞에서 하는 발표 등 종류를 막론하고 모든 형태의 커뮤니케이션에서 잘 통한다는 사실을 알아냈다.

특히 대중 스피치에 이런 감정 소통법을 적용하면 스피치의 정수를 이해하고, 말하기 기술을 완전히 습득하며, 그런 이해를 바탕으로 청중과 정서적인 교감을 나눌 수 있다.

이 책을 쓴 목적 또한 감정 소통법을 독자에게 알리기 위해서다. 스피치에도 정도(正道)가 있다고 여기서 장광설을 늘어놓고 싶지는 않다. 감정 소통법으로 커뮤니케이션과 대중 스피치에 대한 기존의 통념과는 약간 다른 시각을 제공하고 싶을 뿐이다. 감정 소통법으로 많은 독자가 그 혜택을 누릴 수 있을 것이지만, 이 책을 통해서 특별히 도움을 주고 싶은 독자는 크게 두 부류이다. 즉, 내성적인 사람들과 이민자들이다. 나 역시 여기에 속한 사람이기 때문이다.

특히 내성적인 사람의 경우 다른 사람들 앞에서 말하기를 불편해한다. 사람들과의 만남을 통해서 활기를 얻기보다는 남들 앞에서 말해야 한다는 사실 그 자체로 진이 빠져버리는 타입이다. 사정이 이렇다 보니, 스피치 실력을 갖춘 사람만이 리더의 자리에 오를 수 있다는 말을 들으면 그들은 몹시 화를 내곤 한다. 하지만 이 책에서 소개하는 감정 소통법은 내성적인 사람이라도 쉽게 활용할 수 있다는 점에서 신선하고 실용적이다. 또한 지적 능력을 활용해서 스피치 하는 법을 이해하고 얼마나 다양한 스피치 기법이 존재하는지 깨닫는다면, 자신만의 차별화된 말하기 방식을 개발하는 즐거움을 맛보게 될 것이다.

마지막으로 한 가지 당부할 것이 있다. 여러분은 다른 사람에게 깊은 감명을 줄 수 있는 엄청난 힘을 이미 가지고 있다. 여러분의 말 한 마디 한 마디가 다른 사람들을 울게도 웃게도 만들 수 있다. 즉, 우리 모두에게는 말로써 사람들을 고무시키고, 용기와 영감을 불어넣을 수 있는 잠재력이 있다. 말로 인생을 바꾸는 것은 가능하다. 커뮤니케이션의 달인으로 변모해나가는 과정에서 중독성 있는 스피치의 힘을 느끼게 될 것이다. 뛰어난 명연설자는 사회의 공익을 위해서 이런 스피치의 힘을 활용할 줄 안다. 여러분도 이 책을 계기로 스피치의 힘과 사회에 대한 책임감을 깨달을 수 있기를 기원한다.

행운이 있기를 바란다. 자, 이제 스피치의 달인이 되기 위한 여정을 떠나보자.

**들어가기에 앞서**

# 감정은 기억을 지배한다

> 누군가에게 평생 기억될 만한 말을 할 수 있다면,
> 그것만큼 강렬한 스피치가 또 있을까?
> ―비카스 싱그란

　마치 어제 일어난 일처럼 생생하다. 그 소식을 처음 접한 것은 출근길 라디오를 통해서였다. 뉴스 진행자는 비행기 한 대가 세계무역센터 쌍둥이 빌딩 한 곳에 충돌했다고 짧게 보도했다. 비행기의 크기나 피해 규모는 전혀 언급하지 않았던 까닭에 그런 보도만으로는 앞으로 펼쳐질 대재앙이 얼마나 클지 전혀 짐작할 수가 없었다. 회사에 도착해 사무실로 걸어 들어가자 직원 몇 명이 모여 그 사건을 두고 이야기를 나누고 있었다. 불과 몇 분 후에 한 직장 동료가 새로운 소식을 전했다. 또 다른 비행기 한 대가 세계무역센터 두 번째 빌딩에 충돌했다는 것이었다. 그날 오전에는 도저히 업무에 집중할 수 없어서 새로운 소식을 찾아 인터넷 여기저기를 검색했다. 그 기억이 마치 어제 일어난 일처럼 생생하다.

그날 저녁 차를 타고 퇴근하는 길에 황당한 일을 당했다. 세계무역센터에 테러를 일으킨 범죄자와 내 외모가 비슷하다고 생각한 어느 고등학생이 픽업트럭 창문 밖으로 내게 인종차별적인 비방을 한 것이다. 교통체증으로 몸살을 앓는 휴스턴의 러시아워 시간에 우리 두 사람은 중앙분리대를 차로 가로막고 서서 격한 말다툼을 벌이다가 주먹다짐까지 할 뻔했다. 출동한 경찰관은 인종적 긴장감이 심하다며 그 학생에게 극도로 언행을 조심할 것을 주문했다. 그 일 또한 마치 어제 있었던 일마냥 기억난다.

그날에 일어났던 일들이 이처럼 생생한데 9·11 테러가 10여 년 전 사건이라니 도저히 믿기지가 않는다. 아내가 시킨 심부름은 불과 하루 만에 잊어버리는 내가 10여 년 전 일들을 그토록 선명하게 기억하는 것을 두고 아내는 신기하게 여긴다. 하지만 2001년 9월 11일을 사진처럼 선명하게 기억하는 사람은 비단 나 혼자가 아니다. 대중 스피치를 가르치는 워크숍에서 9월 11일의 선명한 기억을 가끔 이야기하곤 하는데, 수강생들 역시 나와 비슷하게 그날에 대한 또렷한 기억을 가지고 있었다. 그들은 9·11 테러 소식을 처음 들었을 때 자신이 어디에 있었는지, 무슨 옷을 입고 있었으며 테러 소식을 전해준 사람은 누구였는지까지 분명하게 기억해냈다. 정말 놀라운 기억력이 아닐 수 없다.

그렇다면 9·11은 왜 그토록 사람들의 뇌리에 각인되었을까? 테러의 충격 때문이었을까? 세계무역센터가 무너져 내리는 그 참혹한 장면 때문이었을까? 그게 아니면 수많은 사상자 때문일까? 왜 그토록 많은 사람이 그날을 또렷이 기억하는 것일까? 그때나 지금이나 스피치 하는 사람으로서 사람들의 뇌리에 각인되는 어떤 사건을 이해하는 일은 내게 중요하다. 9·11을 통해서 사람들의 심리, 예컨대 사람들이 사건을 경험하고 기억하는 과정을 이해해서 스피치에 그대로 적용할 방법은 없을까? 이를테면 청중이 10년 후에 나를 찾아와 "그날 선생님의 말씀을 들었는데 마치 어제 들은 것처럼 생생하군요"라는 말을 들을 수 있는 방법 말이다.

그런 스피치를 할 방법은 분명히 있다. 수년이 지나도 내 스피치를 생생하게 기억하는 사람들을 많이 만났기에 확언할 수 있다. 여러분도 이 책을 통해서 사람들의 기억에 남는 스피치, 평생 기억에 남을 만한 이야기를 할 수 있게 되기를 바란다.

목차

Prologue 공부는 천재, 말에는 둔재… MIT공학박사는 어떻게 세계연설대회 1위가 되었나 4
들어가기에 앞서 _ 감정은 기억을 지배한다 10

# PART 1
## 논리가 아닌 감정으로 접근하라

1 왜 그 사람의 말은 잊혀지지 않을까 18  누구나 의사소통 능력을 요구받는 시대 23 말 잘하는 사람들의 결정적 차이 28 이 책을 읽는 방법 31

2 스피치란 무엇인가 34  2천 년 전 철학자들의 지혜에서 배운다 38 기적을 만든 '스와미의 질문' 45 말하기와 말하기 기술은 엄연히 다르다 50 의사소통의 달인이 되는 법 52

3 기억과 행동을 지배하는 감정의 법칙 55  감정이란 무엇인가 61 첫 번째 특징 : 감정은 보편적이다 63 두 번째 특징 : 이름 붙이기 어려운 감정도 있다 65 세 번째 특징 : 기분은 감정과 다르다 66 듣는 이의 기질과 성격을 파악하라 69 문화적 차이를 어디까지 고려해야 하는가 72 감정의 3원색 74 슬픔은 기쁨을 압도한다 76 감정은 기억을 강화한다 79 결코 잊혀지지 않는 '섬광 기억' 82 청중을 내 편으로 만드는 감정의 힘 85 감정 소통으로 기억과 행동을 지배하라 88

4 대화에서 연설까지, 감정 소통법으로 승부하라 91  감정을 활용할 줄 아는 사람은 의외로 많지 않다 94 최종 감정 : 성패를 가르는 결정적 요소 97 초기 정서 : 듣는 이의 감정을 파악하는 법 105 청중의 감정을 지휘하라 109 스피치 기법 : 감정을 이끌어 내는 수단 114 치밀한 구성 : 감정의 흐름을 휘어잡아라 115 감정 소통법으로 말하라 118

5 최고의 예술가들에게 배우는 감정 소통 120  세계적인 셰프, 감성으로 요리의 풍미를 더하다 121 영화음악의 거장, 음악에 감성을 덧칠하다 124 세계적인 영화감독, 영화에 감성을 녹여내다 126 감정을 활용한 원고 쓰기 : 간단한 스피치 예시 129

# PART 2
## 평생 잊혀지지 않는 말의 비밀

6 당신은 타인의 마음을 움직일 수 있는가 136  스피치 기술이란 무엇인가 139  기법에 집착하지 마라 140  스피치에 알맞은 말 습관을 지녔는가 144

7 어눌해도 말 잘하는 사람이 될 수 있다 147  시각적인 표현을 사용하라 152  시와 운율, 노래를 활용하라 154  제대로 표현해야 제대로 전달된다 155

8 목소리에 표정을 담아라 156  청중의 귀를 끌어당기는 목소리의 조건 159  침묵의 힘을 활용하라 161  영어 스피치 : 원어민처럼 말하지 않아도 괜찮다 164

9 확실한 차별점을 만드는 제스처 · 소품 · 무대 활용법 166  제스처, 그 자체가 문제가 아니다 168  소품 활용을 겁내지 마라 171  무대 활용기 : 확실하게 돋보이는 방법 174  어디까지나 보조 수단일 뿐이다 176

10 뻔하지 않은 스토리텔링의 기술 177  특화된 나만의 이야기 소재를 찾는 방법 181  3C를 활용해서 스토리 구성하기 183  스피치에서 스토리를 어떻게 활용할 것인가 190

11 지금까지의 파워포인트 프레젠테이션은 잊어라 192  반드시 기억해 둘 가지 : 단순하게, 천천히 197  감정과 시각 이미지, 이야기를 활용하라 200  세상을 뒤흔든 두 번의 프레젠테이션 202  파워포인트는 어디까지나 스피치 수단에 불과하다 205

12 성격과 문화에 따라 말하기도 달라져야 한다 207  MIT 괴짜들의 아주 특별한 말하기 수업 209  당신은 누구라도 만날 준비가 되어 있는가? 214


# PART 3
## 결국 마음을 움직이는 사람이 이긴다

13 말이 아닌 감정을 다룰 줄 아는 사람이 이긴다 220  감성지능이란 무엇인가 224  성공한 사람들에게는 공통적인 능력이 있다 225  감정 소통법을 이용한 감성지능 교육 228  최종 감정을 찾는 과정 : 자기인식 연습 230  연설문 작성과 실전 스피치 : 자기관리 및 사회인식 연습 232  청중과 소통하기 : 인간관계 관리 연습 233  감정 소통법으로 감성지능은 자연히 개발된다 235

14 경청에도 기술이 필요하다 237  우리는 왜 남의 말에 귀 기울이지 못할까? 240  특급 청취자가 되어라! 243  감정 소통은 경청 능력을 향상한다 245  순간순간에 집중하라 248

16 실전편 : 마인드 트레이닝 5일 프로그램 252  1일 차 : 청중이 어떤 감정을 느끼기를 원하는가 253  2일 차 : 목적을 찾으면 최종 감정이 분명해진다 255  3일 차 : 초기 정서를 설정하라 259  4일 차 : 청중을 위한 감정 여행 코스를 계획하라 261  5일 차 : 연설문을 작성하라! 265


Epilogue  내 인생을 바꾼 세 번의 스피치 273

PART 1
# 논리가 아닌
# 감정으로 접근하라

emotion & communicate

CHAPTER 1

# 왜 그 사람의 말은
# 잊혀지지 않을까

대화할 때는 진심을 표현하라. 그렇게 할 때
어느 화가도 감히 흉내 낼 수 없는, 당신의 참모습이 드러난다.
―랄프 스메들리, 토스트마스터즈 인터내셔널 창립자

"때때로 혁명적인 제품 하나가 탄생하면 세상이 달라집니다."

2007년 1월 맥 월드 엑스포Macworld Expo, 스티브 잡스가 아이폰을 전 세계에 처음으로 소개하는 프레젠테이션을 시작하며 이렇게 말했다. 잡스는 자신의 트레이드마크나 다름없는 검은색 터틀넥 스웨터와 색이 바랜 청바지를 입고, 또 한 번의 깜짝 놀랄 만한 기조연설을 했다. 애플 사에서 출시하는 또 다른 혁명적인 제품을 직접 두 눈으로 목격하고 있다는 사실에 들뜬 청중은 잡스가 말하는 중간중간에 큰 박수로 화답했다.

"잡스의 눈부신 신제품 출시 프레젠테이션 중에서도 이때[아이폰 출시]가 최고였던 것 같다." 월터 아이작슨Walter Isaacson은 스티브 잡스 전기에서 이처럼 썼다. 아이작슨 이외에도 많은 이가 잡스의 2007년 맥월드 스피치를 역대 최고의 신제품 출시 프레젠테이션으로 꼽는다. 흔히 '스티브노트Stevenotes'로 불리는 잡스의 여느 프레젠테이션과 마찬가지로, 2007년 아이폰 출시 프레젠테이션 역시 아주 치밀하게 준비한 결과물이었다. 그 덕분에 아이폰은 전무후무한 선전과 홍보 효과를 누렸다. 잡스가 이용한 프레젠테이션 슬라이드는 간단명료해서, 핵심 아이디어를 보여주는 것만으로도 청중을 들뜨게 만들었다. 다른 신제품 출시 프레젠테이션과 마찬가지로 잡스는 무대에서 아이폰을 처음 접할 고객의 들뜬 모습을 상상하면서 아이폰을 열정적으로 시연해 보였다. 간단히 말해서, 스티브 잡스는 신제품 출시 프레젠테이션으로 아이폰의 가치를 한층 더 끌어 올렸다. 오늘날 업체 간의 무한 경쟁과 미미한 수익률 때문에 많은 소비 가전 회사가 어려움을 겪고 있다. 하지만 애플 제품만큼은 다른 회사들이 결코 따라 할 수 없는 특별한 프리미엄이 붙는다. 애플이 이렇게 성공을 거둔 데에는 스티브 잡스와 그 동료들이 뛰어난 의사소통 전략을 구사한 공로가 컸다.

애플 같은 초일류 기업들이 전 세계를 무대로 저비용 고효율의 인재를 찾아 나서고 있는 실정에서, 효과적인 의사소통 능력은 직원들의 능력을 가늠하는 중요한 척도가 되고 있다. 세계화가 가속화되고 지역 간 상호 연관성이 높아지면서, 이제 기업에서는 각기 다른 배경과 문화, 언어 차이를 뛰어넘어 커뮤니케이션 할 수 있는 인재를 원한다. 하버드 비즈니스 리뷰Harvard Business Review 블로그에 2012년 1월 올라온 연구 자료에 의하면, 뛰어난 의사소통 능력은 세계적으로 성공한 비즈니스 리더들의 9가지 공통점 중 하나로 꼽았다. 기업의 인사담당자들 역시 입사 지원자의 의사소통 능력을 계속해서 강조하고 있다.

세계 최대 여론조사 기관인 해리스 인터렉티브Harris Interactive가 4,125명의 경영대학원MBA 출신 인사담당자를 대상으로 벌인 설문 조사에서는 인사담당자의 89%가 대인관계와 의사소통 능력을 입사 지원자의 리더십을 평가하는 중요한 잣대로 삼고 있다고 응답했다. 이 결과는 〈월스트리트저널WSJ〉 2006년 9월 20일 자 지면에 보도된 바 있다. 작고한 스티브 잡스가 너무나 잘 보여준 것처럼, 다양한 상황에서 기업의 목표와 비전을 말로 표현할 줄 아는 경영자의 능력은 앞으로 성패를 좌우하는 핵심 요인이 될 것이다.

이런 현실에도 불구하고, 직원들이 효과적인 화술을 구사할 수 있도록 도움을 주는 일에 시간과 노력을 거의 기울이지 않는 것을 보면 기가 막힐 노릇이다. 비즈니스 리더십 개발과 기술 능력 개발을 위한 체계적인 교육 프로그램은 수도 없이 많지만, 직원들의 발표 능력 향상을 목표로 삼는 교육 프로그램은 찾아보기 힘들다. 직원들의 의사소통 능력 향상에 중점을 두는 교육 프로그램조차도 메시지를 전달하는 몇 가지 기교나 방법만을 가르치는 데 그친다. 그런 땜질식 프로그램으로는 의사소통을 절대 깊이 이해할 수가 없다. 한 번 배우면 평생 가는 그런 배움의 기회가 없는 것이다.

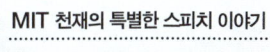 MIT 천재의 특별한 스피치 이야기

# 의사소통의 중요성을 가르쳐준
# 실제 비즈니스 사례

일정이 빡빡한 프로젝트에서 대형 구조물을 제작하는 업무를 맡은 적이 있다. 앞서 진행했던 비슷한 프로젝트에 비춰봤을 때, 내게 주어진 일정은 아무리 좋게 생각해도 '빠듯했고', 사실은 '도저히 불가능한' 것에 더 가까웠다. 엎친 데 덮친 격으로, 완공 일자가 지연되면 금전적으로 큰 손해까지 예상되었다.

나는 애초 프로젝트를 시작할 때부터 제작사와 효과적으로 의사소통할 수만 있다면 충분히 공사 기간을 맞출 수 있으리라 생각했다. 반면 주주들은 각자의 논리로 우려를 나타냈다. 빡빡한 일정과 예상되는 막대한 변제 금액 때문에 프로젝트가 진행되는 내내 나의 일거수일투족이 주주들의 관심 대상이 될 것이 불 보듯 뻔했다. 완공 일자를 맞추려면 제작사가 알아서 작업을 진행할 수 있게끔 내가 나서서 주주들을 달래야 했다. 만일 주주들이 직접 제작사와 소통한다면, 작업에 혼란을 주고 제작사와의 관계가 어긋나 완공 일정에 직접적인 영향을 미칠 터였다.

나는 다음과 같이 자문해 보았다. 만약 내가 이 프로젝트의 주주라면, 어떤 기분이 들어야 제작 기간 동안 제작사와 직접 의사소통하고 싶은 욕구가 들지 않을까? 그리고 다음과 같은 사실을 알아냈다.

a. 제작이 일정대로 진행되고 있으며 주주들 스스로 통제권을 쥐고 있다고 느끼면 굳이 제작사와 직접 소통할 필요성을 느끼지 않을 것이다.
b. 제작사와의 의사소통이 정말 필요할 때, 분명한 의사소통 방식이 있다면 주주들은 그 방식을 따를 가능성이 크다.

따라서 나는 제작팀을 위해서 분명한 의사소통 원칙 하나를 만들었다. 즉, 주주들은 직접 제작팀과 대화할 수 없으며, 오직 나를 통해서만 내용을 전달하도록 했다. 제작팀에서 모은 의견은 전부 프로젝트 매니저가 발언하도록 했다. 이처럼 대화 창구를 단일화하는 방법을 의사소통의 모래시계 접근법이라고 부른다. 마치 모래시계처럼 주주들이 모은 의견이 나라는 깔때기를 통해서 프로젝트 매니저에게 전달되고, 매니저는 다시 전달받은 내용을 제작팀 전체 구성원과 공유하는 것이다.

이런 방식으로 프로젝트 매니저와 나는 주주들이 제기한 문제들을 꼼꼼하게 살펴본 후에 논의가 필요한 문제들만 따로 떼어내어 제작팀에 전달할 수 있었다. 덕분에 팀 내에서 혼란은 크게 줄어든 반면, 제작팀의 집중력과 생산성은 오히려 더 높아졌다.

두 번째로, 나는 구조물 제작 상황을 주주들에게 지속적으로 알려주는 절차를 마련했다. 이를 위해 주주들에게 현황을 보고하고, 주요 작업 성과를 강조했으며, 주주들의 현장 방문을 계획하고, 앞으로 일어날 수 있는 문제점도 제시했다. 거기에다 현장 사진과 주요 진행 상황을 요약해서 그때그때 주주들에게 보냈다. 이런 노력 덕분에 주주들은 위기를 느끼지 않았고, 제작팀 역시 홀가분하게 공사 기간에 맞춰 작업을 마무리할 수 있었다.

원래 기술력이 많이 필요했던 그 프로젝트가 성공한 가장 큰 이유는 훌륭한 의사소통 전략이 있었기 때문이었다.

## 누구나 의사소통 능력을 요구받는 시대

얼마 전 회사에 중대한 영향을 미치는 4일간의 워크숍에 다녀왔다. 워크숍에는 전 세계 각지에서 온 각양각색의 사람들이 참석했으며, 참가자들의 의사소통 능력도 제각각이었다. 종일 진행된 역동적이고 열정적인 이 워크숍에서는 소통의 중요성을 강조하면서 의사소통 전략에 초점을 맞추었다. 워크숍에서 배포한 의사소통 전략에 관한 자료는 유익했으나(의사소통 기술이 죽 나열되어 있었다), 의사소통을 깊이 있게 이해하는 데는 별로 도움이 되지 않았다. 그 워크숍에서는 성격 유형에 따라서 각각 어떤 의사소통 기법을 활용해야 하는지 일절 알려주지 않았고, 인종과 성격에 따라서 의사소통 기술이 달라질 수 있다는 말은 일언반구도 없었다. 참가자들은 각자 어떤 의사소통 기법이 자기에게 맞는 것인지 배경 지식이 전혀 없는 상태에서 그저 모든 종류의 기법에 대한 자료를 받았을 뿐이었다.

의사소통 능력은 비단 회사의 수익에만 큰 영향을 미치는 것이 아니다. 대부분 회사에는 멘토 제도가 있어서 노련한 의사소통가가 젊고 재능 있는 직원들과 아이디어를 공유하고 그들을 격려함으로써 직무 능력을 향상시킨다. 이와 마찬가지로 사내에서 조리 있고 유창한 말 몇 마디로 직장 동료들의 삶에 긍정적인 영향을 줄 기회도 많다. 예컨대 퇴임사, 각종 사내 행사, 프로젝트 성공 축하 행사, 안전 관련 회의 등이 그런 사례이다.

쉘 오일 컴퍼니Shell Oil Company의 부회장 로버트 패터슨Robert Patterson

은 직원들의 행동에 영향을 미치는 이야기, 특히 경험담의 중요성을 그 누구보다도 잘 이해하는 사람이다. 패터슨은 사내에 600명 이상의 직원을 거느리고 있는데, 업무와 관련한 모범적인 이야기, 그중에서도 일터의 안전을 개선시킨 사연을 끊임없이 발굴하고 있다. 패터슨은 그런 모범 사례들을 다른 직원에게 적극적으로 전파해서 직원들 각자가 그런 행동을 체득할 수 있도록 한다. 몇 달에 한 번씩 직원 전체가 참여하는 타운홀 미팅town hall meeting · 말단 사원부터 임원급까지 전부 모여 회사의 발전 방향에 대해 토론한 내용을 경영자가 경영정책을 수립할 때 참고, 반영하거나 전사적인 현안 등을 임직원과 공유하는 의사소통의 장—옮긴이이 열리면, 패터슨은 직원들에게 전 직원 앞에서 자기 사연을 발표할 기회를 준다. 이렇게 전체 토론을 벌일 때 직원들이 일터의 안전을 더욱 절감하고 유념한다는 사실이 밝혀졌다.

효과적인 언어 소통은 사교적인 맥락에서도 중요하다. 가정에서 부부간에 혹은 부모 자식 간에 말이 잘 통해야 한다는 것은 두말할 나위가 없다. 또한 다양한 사람들과 친분을 쌓으며 발언할 기회도 많다. 예컨대 친구들이 모였을 때나 결혼식장에서 건배 제의를 할 때, 혹은 장례식에서 사랑하는 고인을 떠나보내며 추도 연설을 할 때에도 사람들 앞에서 말을 해야 한다. 이처럼 우리는 매일 다른 사람과 말 그대로 의사소통하며 살아가고 있다.

오늘날에는 정보통신기술의 발달로 의사소통의 범위가 더욱더 넓어지고 있다. 우리는 이제 불과 10년 전만 해도 꿈도 꿀 수 없었던 방법으로 다른 사람들과 친분을 쌓는다.

Using Emotions

### 스피치를 배워야 하는 또 한 가지 이유

몇 년 전에, 내 멘토이기도 한 경영자 한 분의 퇴임식이 있었다. 사내에서 이분을 좋아하고 존경하는 사람이 많았으므로 퇴임 축하 행사장에는 많은 직원이 참석했다. 흥미로운 점은 퇴임식장에서 반드시 축사를 해야만 했던 동료 임원진 이외에, 자리에서 일어나 그분의 퇴임을 두고 축하의 말을 건넨 직원은 나를 비롯해서 오직 두 명뿐이었다는 사실이다. 대중 스피치를 해본 경험 덕분에 나는 용기를 내어 퇴임식에서 내 멘토를 익살스럽게 '풍자'할 수 있었다. 나의 짧은 축사는 그간 나의 직업적 발전을 위해 시간과 노력을 아낌없이 쏟아준 그분에 대한 내 나름의 감사 표시였다. 물론 나 이외에도 그분에게 하고 싶은 말이 많은 직원이 부지기수였을 것이다. 또한 그분과 쌓은 우정과 그분이 건넨 조언에 감사하고 싶은 직원도 많았을 것이다. 하지만 그들은 많은 사람 앞에서 몇 마디 감사의 인사를 건넬 용기가 없었다. 아마도 그들은 직접 또는 이메일로 감사와 고마움을 표현했겠지만, 그럼에도 퇴임식 자리에서 공식적인 감사를 표현하지 못한 것이 못내 아쉽지 않았을까.

링크드인이나 페이스북 같은 소셜미디어 사이트 덕분에 일면식도 없는 전 세계 사람들 수백 명과도 '친구'를 맺을 수 있다. 링크드인이나 페이스북, 유튜브 같은 사이트를 통해서 동영상이나 음성 파일을 올리거나 누군가의 연설이나 담화를 전혀 모르는 사람과도 공유할 수 있다.

소셜미디어 덕분에 언어적 소통의 범위가 전 세계로 확장될 만큼 넓어진 것이다. 하지만 동영상이나 음성 파일을 활용해서 다양한 사회·문화적 배경과 감성을 지닌 페이스북 '친구들'에게 감동을 주고 싶다면, 언어적 소통의 기초를 깊이 있게 이해하는 것뿐만 아니라 뛰어난 의사소통 기술도 필요하다. 이 사실을 깨달은 사람은 거의 없다.

작고한 카네기멜론대 랜디 포시 Randy Pausch 교수는 막강한 소셜미디어의 영향력 덕분에 하룻밤 사이에 세계적인 스타가 되었다. 2007년에 포시 교수는 '마지막 강의'라고 불리는 강연 시리즈에 출연 요청을 받았다. 마지막 강의라는 아이디어는 꽤 흥미롭다. 마지막 강의의 취지는 초청받은 강연자들이 자기가 죽기 전에 하는 마지막 강의라고 가정하고 청중에게 자기 인생을 확 바꾼 경험을 들려주자는 것이었다. 주최 측은 이런 가정을 통해서 강연자들이 자기 인생을 성찰하고 자기가 깨달은 삶의 교훈을 청중과 공유하기를 바랐다. 그러나 랜디 포시 교수에게는 임박한 죽음에 대한 가정이 결코 단순한 가정만은 아니었다. 그때 이미 췌장암 말기 진단을 받은 상태였기 때문이다. 그가 마지막 강의 주최 측에 강연 제목을 보낸 날은 그동안 받아왔던 항암 치료가 전혀 효과가 없었다는 사실을 확인한 날이기도 했다.

랜디 포시 교수는 그렇게 죽음을 불과 몇 달 앞두고 있었다.

'어린 시절 꿈을 실제로 이루기 Really achieving your childhood dreams'라는 제목으로 랜디 포시 교수는 학생과 교수 400여 명이 꽉 들어찬 강당에서 강연을 시작했다. 랜디는 감동적인 프레젠테이션을 해나갔고, 강의 막바지에 가장 강렬한 인상을 주는 말을 남겼다. 그는 자신이 강연을 하는 진짜 목적은 청중에게 동기부여를 해주기 위해서가 아니라 아버지 없이 자라게 될 세 자녀에게 영원히 전해질 만한 영상을 남기기 위해서라고 말했다. 랜디는 마지막 강의를 통해서 사람들에게 인생을 사는 지혜를 들려주는 동시에 자녀들에게는 삶의 참된 교훈을 남겨주려고 했던 것이다. 랜디는 그처럼 마지막 강의에서 그 자리에 모인 모든 방청객의 삶에 큰 울림을 주는 감동적인 스피치를 했다.

랜디의 마지막 강의는 당시 모인 청중과 자녀들에게만 감동을 선사하는 데 그치지 않았다. 그 파급력은 랜디 자신조차 예측하지 못했을 정도로 굉장했다. 그의 마지막 강의를 녹화한 여러 형태의 동영상이 유튜브에 올라왔고 순식간에 일파만파로 퍼져 나갔다. 6백만 명 이상이 랜디의 마지막 강의를 시청했고, 그의 강의를 보고 큰 감동을 받았다. 마지막 강의 동영상의 인기 덕분에 랜디는 실제로 《마지막 강의》라는 책도 펴냈다. 뿐만 아니라 다양한 텔레비전 토크쇼에도 초대를 받았다. 미국 방송사인 ABC는 랜디 포시 교수를 '2007년 올해의 인물'로 선정하며 한 시간 분량의 방송에서 랜디의 삶을 집중 조명했다. 마지막 강의 동영상은 2007년 네티즌이 가장 많이 본 동영상 중 하나였다. 그 동영상은 지금까지 천만 건 이상 다운로드되었고, 《마지막 강의》 책은 5백만 부 이상이 팔려나갔다. 랜디는 결국 2008년 7월에 세상을 떠났지만, 아내와 자녀들에게 희망과 영감이라는 값진 유산을 남겼다. 단 한 번의 스피치로 그것이 가능했다.

## 말 잘하는 사람들의 결정적 차이

이런 감동적인 스피치 이외에도 의사소통을 잘하면 누릴 수 있는 부수적인 혜택이 많다. 이 책을 읽어나가다 보면, 타인의 감정을 깊이 이해하는 사람이 곧 의사소통을 잘하는 사람이라는 사실을 점점 더 분명하게 깨달을 것이다. 의사소통을 잘하는 사람은 스피치 할 때 단순히 말하거나 슬라이드를 보여 주는 것에 그치지 않고 훨씬 더 깊은 차원에서 타인과 관계를 맺는다. 즉, 그들은 타인과 교감을 나눈다. 따라서 효과적인 의사소통 기술을 개발하려면 어쩔 수 없이 인간의 감정에 대한 깊은 이해가 선행되어야 한다. 인간의 감정에 대한 깊은 이해가 뒷받침되어 있으면, 자기 자신은 물론이고 타인의 감정까지 다룰 줄 아는 능력이 생기기 때문이다. 이처럼 감정을 이해하고 다루는 능력을 흔히 감성지능 혹은 EQ라고 부른다. EQ는 1994년에 다니엘 골먼Daniel Goleman이 쓴 《감성지능Emotional Intelligence》이 베스트셀러가 되면서 세상에 널리 알려진 개념이다. 이 책이 세상에 나온 이후, 직장과 사회생활에서 높은 감성지능을 지닐 때 나타나는 효과를 두고 지금까지 광범위한 연구가 이루어졌다. 연구 결과는 실로 놀라웠다. 예컨대, 높은 감성지능을 지닌 사람은 직장에서 성공할 가능성이 훨씬 더 높은 것으로 나타났다. 이런 결과는 뛰어난 경영자는 다른 어떤 자질보다도 감성지능이 높다는 것을 시사한다.

이 책에서 다루는 대중 스피치 기법은 감성지능을 개발하는 데 안성맞춤이다. 따라서 이 기법을 활용하면 뛰어난 의사소통 능력을 갖추게 될 뿐만 아니라 커뮤니케이션을 훨씬 뛰어넘는 영역에서까지 많은 도움을 받을 수 있을 것이다. 특히 감정을 이해하고 전달하는 능력은 이 스피치 기법의 핵심 중의 핵심이다. 그 효과에 대해서는 챕터13에서 자세하게 다루고 있다.

의사소통을 잘하는 사람은 또한 상황에 따라서 다른 사람에게 흔쾌히 적절한 피드백을 제공할 줄 안다. 연구 결과에 따르면, 직장에서나 사회생활에서나 사람들은 타인에게 하기는 어렵지만 꼭 해줘야 할 피드백을 제공하는 데 애를 먹는다고 한다. 피드백은 어린아이의 어설픈 춤 실력을 두고 요리조리 가르쳐 주는 간단한 일에서부터, 대형 프로젝트가 끝난 후 부하 직원들에게 프로젝트에서 얻은 '교훈'을 전달하거나 영업 실적을 높일 수 있는 의견을 제시하는 일에 이르기까지 그 종류가 다양하다. 보통 미리 상대방의 감정을 고려하지 않고 피드백을 하면 원하지 않는 결과를 얻게 되기 마련이다.

몇 년 전에 대중 스피치가 많이 약한 발표자 한 명에게 피드백을 해준 적이 있었다. 약 스무 명의 사람들을 앞에 두고, 나는 그 발표자의 스피치에 대해 거리낌 없이 비평했다. 지적할 부분이 한둘이 아니었던 그 발표자에 대한 피드백이 끝나갈 무렵, 생각해 보니 잘한 부분보다 못한 부분이 훨씬 더 많다는 이유만으로 그를 너무 닦달한 것 같았다. 그는 그날 내 혹독한 비판에 심한 굴욕감을 느꼈는지 다시는 그 토론 모임에 참석하지 않았다. 나는 선한 의도로 그 발표자에게 피드백을 해준 것이었지만, 내 비판을 듣고 그 사람이 어떻게 느낄지 그 감정을 전혀 고려하지 않았던 것이다. 결과적으로 내 비판은 그 사람에게 긍정적인 영향보다는 부정적인 영향을 더 많이 끼쳤다. 그때그때 상황에 맞게 피드백을 잘해주는 능력은 경청하는 사람의 전형적인 특징이다.

경청하는 리더는 듣는 사람의 감정을 염두에 두면서 대화의 맥락에 주의 깊게 '귀 기울이고' 나서 피드백을 전달할 줄 안다. 직장에서 이런 경청 능력은 팀원들 사이의 관계 조율이 필요할 때, 직원들에게 멘토 역할을 해주어야 할 때, 그리고 문제를 해결할 때 도움이 된다. 이처럼 경청 능력을 향상하는 대화법에 대해서는 챕터14에 자세하게 설명해 두었다.

스피치도 마찬가지지만, 말로 하는 대부분의 의사소통은 혼자서 하는 독백이 아니라 상대방을 두고 하는 대화다. 연설자는 스피치 할 때 자기 말과 생각을 청중에게 일방적으로 전달하지만, 그 과정에서 감정이 끊임없이 오고 간다. 의사소통에 뛰어난 사람은 청중이 느끼는 감정을 제대로 파악해서 표현과 보디랭귀지, 그리고 목소리에 변화를 주면서 그때그때 필요한 감정을 다시 청중에게 전달할 줄 안다. 이런 능력은 단기간에 키우기 어렵지만, 그런 능력을 쌓았을 때 누릴 수 있는 큰 혜택을 감안하면 충분히 도전할 만한 가치가 있다.

다음 장부터는 여러분이 좀 더 의사소통을 효율적으로 할 수 있도록 여러 가지 의사소통 기술을 익히는 데 필요한 배경 지식을 살펴보고 이해하는 시간을 가질 것이다.

## 이 책을 읽는 방법

대중 스피치에 방점을 두고 쓴 이 책은 의사소통 능력을 키우는 참신한 방법을 제시한다. 대중 스피치가 이 책의 중심이기는 하지만, 이 책에서 제시하는 대화법은 다른 형태의 의사소통에도 얼마든지 손쉽게 적용할 수 있다. 회사에서 임원과 일대일로 대화를 나누든, 동료들과 단체 회의를 하든, 아니면 팀원들과 전 직원 회의를 하든 모든 상황에 적용이 가능하다.

이 책에서 제시하는 감정 소통법의 핵심은 파트1에 들어 있다. 편의상 스피치를 그 중심에 두고 설명하기는 했지만, 일단 감정 소통법을 이해하면 이를 원하는 커뮤니케이션 상황에 자유롭게 응용할 수 있다. 직장에서나 사회생활에서, 혹은 일상생활 속에서 감정 소통법을 활용해 의사소통을 더 원활하게 할 수는 없을지 곰곰이 생각해 보자.

파트2에서는 파트1에서 다룬 스피치의 기초 개념을 실제 상황에 적용하는 몇 가지 기술을 배워 본다. 파트2에서도 대중 스피치를 중심으로 다루지만, 가능하다면 사고의 폭을 넓혀서 이런 대화 기술을 다른 상황, 예컨대 작은 탁자 앞에서 하는 대화나 워크숍 행사에 어떻게 적용할 수 있을지 틈틈이 생각해 보자. 다양한 상황에 맞게 효과적인 스피치 기법을 적용할 방법을 이 책 곳곳에 설명해 두었으니 참고하라. 예컨대 파트2에서는 효과적인 스피치 기법 중 하나로 스토리텔링을 다룬다. 스토리텔링은 스피치에서뿐만 아니라 사회생활에서도 인기를 얻는 비결이다. 파티에서 최고로 말 잘하는 사람은 바로 최고의 이야기꾼이라는 사실을 알고 있는가?

요점은 이것이다. 기본적으로 모든 대화 상황을 관통하는 기초적인 소통법은 똑같다. 다만 상황에 따라 적절한 대화법을 골라 쓰거나 기초적인 소통법을 응용하라는 것이다. 어떤 상황에서는 말을 잘하는 사람이 다른 상황에서는 전혀 그렇지 못한 경우가 많다. 예컨대 일대일로 만나면 청산유수로 말하는 사람이 많은 사람 앞에서는 어찌할 바를 몰라 헤매는 일이 비일비재하다. 이처럼 상황에 따라 커뮤니케이션 능력이 천차만별인 이유는 일대일 대화에서나 스피치에서나 늘 똑같은 방식으로 말하기 때문이다. 이에 관해서는 파트2에서 좀 더 흥미롭게 다룰 예정이다.

파트2에서는 또한 스피치 할 때 고려해야 할 중요한 두 가지 주제도 다룬다. 즉, 말하는 사람의 성격에 따라 그리고 청중의 인종 및 문화적 배경에 따라 스피치 기법은 달라지기 마련이다. 예를 들어 성격이 완전히 반대인 내성적인 사람과 외향적인 사람은 똑같은 내용을 두고도 서로 다른 대화 방식을 택할 공산이 크다. 이와 마찬가지로, 대화할 때 흔히 눈을 마주치는 서양 사람들과 달리 아시아와 중동 지역 사람들은 문화적 차이 때문에 눈 맞춤을 피하기도 한다. 따라서 문화가 다르면 대화법도 달라져야 한다.

마지막으로 파트3에서는 효과적인 스피치 기술을 익힘으로써 얻을 수 있는 여러 가지 부수적인 혜택을 다룬다. 감정 소통법이 감성지능을 향상시키는 데 어떤 역할을 하는지 살펴보고, 뛰어난 경청 능력이 효과적인 커뮤니케이션 능력을 키우는 데 얼마나 큰 도움이 주는지 검토해 볼 것이다.

 이 책은 주로 언어적 의사소통verbal communication에 초점을 맞추고 있고, 다른 형태의 의사소통 방식, 특히 책·블로그·이메일·문자메시지 작성 같은 글쓰기 능력은 전혀 다루고 있지 않다. 물론 이 책에서 다루고 있는 의사소통 기법을 글쓰기 같은 다른 형태의 의사소통에도 응용할 수 있겠지만, 의사소통 수단의 종류에 따라서 그 효과는 천차만별일 것이다. 예컨대 문서로 하는 의사소통은 그 속성상 '실시간'으로 이루어지지 않는다. 글로 하는 의사소통은 글을 읽는 사람이 단어 하나하나를 읽어나가야만 비로소 글 쓴 사람의 감정을 읽어낼 수가 있기 때문이다. 따라서 글쓰기를 할 때는 대화할 때보다 단어 하나하나의 중요성이 훨씬 더 크다. 이와 똑같은 이유로, 비록 이 책에서 다루고 있기는 하지만 녹화된 스피치를 동영상으로 시청하는 것과 실제로 현장에서 스피치를 듣는 것은 그 성격이 사뭇 다르다. 동영상을 시청하는 사람은 강연자의 스피치를 직접 듣지 못했기 때문에 화면을 통해서 강연자의 감정을 파악해야만 한다. 동영상을 시청하는 사람은 화면을 뒤로 돌려서 강연자의 음성을 한 마디 한 마디 다시 들을 수도 있다. 따라서 스피치를 녹화할 때는 단어 선택에 더욱 신중을 기해야 한다.

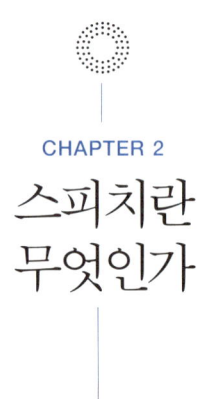

CHAPTER 2

# 스피치란 무엇인가

성공한 사람들은 더 좋은 질문을 던지고,
그 결과 더 좋은 해답을 얻는다.
— 앤서니 라빈스, 작가이자 심리학자

　1997년에 이학 석사 학위를 받은 뒤 텍사스 휴스턴의 석유 및 천연가스 업체에 일자리를 얻었다. 그 후 성공적인 직장 생활을 했으나 계속해서 발전하고자 하는 욕구가 있었고, 결국 그 덕분에 2004년 매사추세츠공과대학에서서 박사 과정을 밟을 기회를 잡았다. 흔히 MIT로 널리 알려진 매사추세츠공과대학은 매사추세츠 주 북동부에 위치한 보스턴 시 근처에 자리 잡고 있다.

　텍사스의 푹푹 찌는 더위에 익숙하던 우리 가족에게 보스턴의 기후와 환경에 적응하기란 절대 만만치가 않았다. 아내와 나는 그때까지만 해도 휴스턴의 아열대 기후에 적응된 상태였고, 겨울이면 폭설에 매서운 추위까지 엄습하는 보스턴 같은 도시에서는 한 번도 살아본 적이 없었다. 보스턴에서 맞이한 첫 겨울이 기억난다. 그해 11월, 한 주 동안 무려 91센티미터의 눈이 내렸다. 눈보라가 지나간 후에 밖으로 나가 보니, 승용차 전체가 눈에 완전히 파묻혀 있었다. 나는 멋도 모르고 그 눈을 맨손으로 치우기 시작했다. 어처구니없는 내 행동을 보고 깜짝 놀란 이웃 주민이 다가와 보스턴의 혹독한 겨울을 나는 데 필요한 여러 가지 장비들을 설명해주었다. 그 후로 며칠 동안 우리 가족은 근처 마트를 서너 차례 방문해서 차량용 제설 빗자루와 제설용 삽, 방한화, 그리고 기타 방한복을 차례차례 사서 든든하게 '방한 준비'를 끝마쳤다.

 하지만 적응해야 하는 것은 비단 날씨뿐만이 아니었다. 이미 대학을 졸업한 지 8년이나 지난 뒤였기 때문에 새롭게 대학 생활에 적응하기가 쉽지 않았다. 당시 내 박사 논문 지도 교수는 킴 밴디버Kim Vandiver 박사로 유명한 연구자이자 MIT 학부생 연구담당 학과장으로 재직하고 있었다. 달리 말해서, 그에게 시간은 말 그대로 금이었다.

 MIT에서 보낸 첫 학기는 흥미진진했고, 그와 동시에 눈코 뜰 새 없이 바쁜 나날이었다. 연구팀에 소속되어 대형 연구 프로젝트에 참여하는 것은 물론이고, 박사 자격시험 준비에다 정규 박사 학위 과정도 밟아야만 했다. 그러다가 두 번째 학기가 시작되자 나는 논문 준비에 들어갔다. 그런데 곧 황당한 사실 하나를 발견했다. 박사 논문 지도 교수인 킴 밴디버 박사님은 내가 어떤 주제로 연구하고 있는지 거의 모르는 것 같았다. 밴디버 교수님은 내가 무슨 주제를 연구하고 있는지, 논문과 관련한 문제에 어떻게 접근하고 있는지를 여러 차례 거듭 내게 물었다. 아마 산더미 같은 여러 가지 문제들을 처리하느라 내 존재를 깜빡하고 있는 듯했다. 이래서는 안 되겠다 싶어 교수님과 매주 미팅을 잡았다. 그때마다 내 논문 주제를 교수님에게 다시 한 번 상기시키고, 봉착한 문제를 어떻게 해결할 것인지 내 계획을 다시 말한 다음, 마지막으로 한 주 동안 연구한 내용을 보여줬다. 몇 달간 이런 과정이 반복되었다. 약간 당황스러운 상황이 아닐 수 없었다. 박사 과정의 지도 교수가 학생의 논문 주제도 모르다니!

하지만 몇 달 후에 밴디버 교수님이 감춰뒀던 의도가 완전히 밝혀졌다. 사실, 어떤 문제를 단순히 말하는 것과 그것을 이해하는 것은 하늘과 땅 차이다. 교수님에게 논문 주제를 설명하고 또 설명하는 과정에서 나는 마침내 연구 주제를 제대로 이해하게 되었던 것이다. 밴디버 교수님은 고심하고 있던 공학적 문제를 내가 깊이 이해하고 제대로 인식하지 못하면 그 문제를 해결할 가망이 없다는 사실을 줄곧 알고 있었다. 이와 같은 밴디버 교수님의 지도 방식은 너무나 효과적이고 흥미로운 접근법이었고, 나는 그렇게 교수님으로부터 평생 잊지 못할 교훈 하나를 얻었다.

스피치도 마찬가지다. 해결하려는 문제점이 무엇인지 정확히 알아야 앞으로 나아갈 수 있다. 여러분도 지금까지 살아오면서 프레젠테이션 할 기회가 분명히 많이 있었을 것이다. 중·고등학교 시절에는 누구나 한 번쯤 발표 과제를 받아서 학생들 앞에서 발표해 보기 마련이다. 대학에서도 단체 토론에 참여하거나 파워포인트 등 멀티미디어 도구를 활용해서 프레젠테이션을 한두 번쯤 해 보았을 것이다. 학부 시절이나 대학원 혹은 박사 과정에서 수업의 일환으로 직접 프레젠테이션하거나 다른 사람의 프레젠테이션을 지켜봤을 수도 있다. 직장인이라면 대부분 주간보고 회의, 프로젝트 현황 회의, 전 직원 회의, 정기 안전보고 회의 등에서 수많은 프레젠테이션 기회를 접한다. 한 마디로 프레젠테이션과 스피치는 우리 삶과 떼려야 뗄 수 없는 관계에 있다. 그러므로 여러분에게 다음과 같은 질문을 던진다면 생뚱맞다고 느낄지도 모른다.

"스피치란 무엇입니까?"

이것은 결코 쓸데없는 질문이 아니다. 솔직히 말해서 절대 다수의 사람이 스피치가 무엇인지 한 번도 제대로 고민해 보지 않은 채 살아가고 있기 때문이다. 자, 언제 마지막으로 사람들 앞에서 프레젠테이션 했는지 떠올려 보자. 멋진 프레젠테이션을 위해 골똘히 고민했는가 아니면 이것저것 자료를 긁어모아서 슬라이드를 만들고 대충대충 했는가? 후자의 경우라도 걱정할 필요가 없다. 다들 그렇게 하기 때문이다. 어떤 주제를 두고 프레젠테이션 하라고 하면 열에 아홉은 판박이처럼 그런 식으로 발표한다. 프레젠테이션 하는 직원들은 원하는 결론을 내기 위해 수치와 논리를 앞세운다. 예를 들어 프로젝트 추진 상황에 대한 업데이트가 필요할 때, 발표자들은 흔히 프레젠테이션에 '예상 비용 대 실제 비용', '예상 업무 추진 일정 대 실제 업무 추진 일정', '최신 프로젝트 안전지수' 등을 나타내는 각종 도표를 집어넣는다. 하지만 이런 내용은 보고서만으로도 충분히 전달할 수 있다. 그런 식으로 할 것이라면 굳이 사람들을 불러모아 프레젠테이션 할 필요가 있을까?

내가 진행하는 대중 스피치 워크숍에서 참석자들에게 맨 먼저 던지는 질문이 바로 "스피치란 무엇입니까?"이다. 아주 단순하면서도 기초적인 이 질문을 받으면 참가자들 대부분은 어찌할 바를 몰라 쩔쩔맨다. 질문에 곧바로 대답하려고 하다가도, 언뜻 너무나 분명해 보이는 스피치라는 단어의 뜻을 제대로 표현할 방법을 찾지 못해 더듬거리기 일쑤다. 그러면 나는 이어서 커뮤니케이션과 스피치의 뜻이 무엇인지를 두고 참가자들과 흥미롭게 대화를 이끌어 간다. 흔히 이런 과정을 통해서 참가자들은 스스로 이렇게 기본적인 질문에 대답하려고 노력할 때 스피치 능력이 몰라보게 향상된다는 것을 재빠르게 알아챈다. 내 경험에 비춰봤을 때, 사람들이 훌륭한 스피치와 프레젠테이션을 하지 못하는 주요한 이유 중 하나는 바로 스피치의 분명한 정의를 모르기 때문이다. 이상하게 들릴지도 모르겠지만, 사람들은 자리에서 일어나서 발표해야 하는 순간이 오면 도대체 무슨 말을 먼저 해야 할지 전혀 감을 잡지 못한다.

## 2천 년 전 철학자들의 지혜에서 배운다

역사상 많은 문명국가의 초기 역사는 구전의 형태로 한 세대에서 다른 세대로 이어져 내려왔다. 인도의 아대륙에서는 이띠하사Itihasa라고 불리는 위대한 인도 서사시가 구전의 형태로 수 세대에 걸쳐 전해져 내려오다가 또다시 수 세기가 지나서야 비로소 문자로 기록되었다. 이띠하사 같은 서사시가 잘 다듬어진 이야기를 통해서 미묘한 메시지를 전달하는 방식은 흥미롭다. 기원전 2천 년부터 이미 사람들은 흥미롭고 기억에도 오래 남는 이야기의 힘을 이해하고 있었던 것이다.

옛 인도의 대서사시 마하바라따Mahabharata에는 왕과 수도자 사이에 벌어지는 유명한 논쟁이 등장한다. 학식 높은 자나카Janaka 왕과 여성 수도자 술라바Sulabha 사이의 대화에서 술라바는 뛰어난 연설가가 갖추어야 할 필수적인 자질에 대해 다음과 같이 강조한다.

> 대화의 화제 면에서 말하자면, 말하는 사람이 자기만 그 뜻을 이해하고 듣는 사람이 어떻게 받아들일지 전혀 고려하지 않으면, 제아무리 훌륭한 말을 하더라도 듣는 사람에게 그 뜻이 전달되지 않는 법입니다. 그러나 말하는 사람이 자기가 말하는 의도를 잘 표현하면서도 듣는 사람이 알기 쉽게 설명한다면, 그는 진정한 명연설가로 불려도 좋을 것입니다.

술라바가 명연설가의 기준을 유창한 화술이 아니라 듣는 사람에게 자기가 전하려는 뜻을 얼마나 잘 전달하느냐로 삼은 것이 독특하지 않은가? 흔히 연설가는 화술이 뛰어나야 한다고들 생각하지만, 그런 고정관념은 아마도 잘못된 것 같다.

기원전 500년경에 인류가 역사를 기록으로 남기기 시작하면서, 그 시대 지도자와 연설가들의 사상은 현대 역사가들에게 훌륭한 사료 역할을 하고 있다. 고대 지식인과 역사가들의 사상 속에는 뛰어난 의사소통이란 무엇인지에 대한 대단히 흥미로운 주장들이 담겨 있다. 그런 역사서들은 그 내용이 병법에 관한 것이든 아니면 사회 불만을 최소화하는 방법에 관한 것이든, 수 세기에 걸쳐 응축된 지식과 지혜를 접할 수 있는 보물창고 같은 자료들이다. 스피치를 잘하고 싶은 사람이 이런 지식의 보물창고를 제대로 활용하지 않는다면 그것만큼 어리석은 일도 없을 것이다.

의사소통의 중요성을 강조한 역사상 최초의 문헌은 무엇일까? 그런 문헌은 당연히 전쟁에서 군대를 통솔하는 일과 관련이 있을 것이다. 기원전 6세기경 중국 춘추시대의 전략가 손무는 《손자병법》에서 "지휘관이 분명하고 또렷하게 명령을 내리지 않아서 병사들이 명령을 제대로 이해하지 못했다면, 그것은 지휘관의 책임이다"라고 적고 있다. 손자병법은 군사 전략에 관한 내용이지만, 손무의 논지는 상대방을 잘 이해시키는 사람이 곧 말을 잘하는 사람이라고 강조한 술라바의 주장과 일맥상통한다. 이처럼 두 사람 모두 의사소통에서 능수능란한 말솜씨보다는 메시지 전달 능력이 더 중요하다고 강조하고 있다.

기원전 400년경 고대 그리스 철학자들이 쓴 수사학에 관한 작품들도 언어 소통의 다양한 측면들에 대한 깊은 통찰력을 보여준다. 소크라테스는 수사법에 대해 이렇게 적었다. "흔히들 생각하는 것처럼 현란한 말솜씨로 대중의 마음을 흔들어 놓는 것이 수사가 아니다. 수사는 법정과 대중 집회에서만 쓰는 것이 아니라 가정에서도 문제의 크고 작음, 좋고 나쁨을 떠나서 모든 문제를 처리할 때 쓰이며, 어떤 수사를 쓰던 모두가 똑같이 동등하게 대우를 받아야 한다." 소크라테스는 그 무엇보다도 수사법을 제대로 구사하려면 말하는 사람이 자기가 전하는 메시지 못지않게 듣는 사람의 "영혼"도 이해해야 한다고 역설했다. 소크라테스의 이런 주장은 앞으로 우리가 배우게 될 스피치의 핵심 개념과 맞닿아 있다. 즉, 스피치를 잘하는 사람은 듣는 사람의 입장에서 말하므로 자기 말이 듣는 사람에게 어떤 영향을 미칠지 잘 이해한다.

소크라테스가 죽은 뒤 약 두 세대가 지나서 등장한 아리스토텔레스는 수사학에 관해 가장 방대한 저작을 남긴 인물이자 대중 스피치 public speaking라는 용어를 처음으로 쓴 선구자다. 수사에 관한 아리스토텔레스의 놀라운 통찰력을 보여주는 말들이 많지만, "(수사는) 어떤 경우이든 이용 가능한 모든 수단을 동원해서 설득할 방법을 찾는 기술이다"라는 말이 가장 인상적이다. 그가 살던 시대에 수사의 주된 목적은 시민들 사이에 일어날 수 있는 사회 동요를 막는 것이었고, 아리스토텔레스의 "설득에 필요한 이용 가능한 수단"도 그런 맥락에서 고안되었다는 점에 주의하자. 아리스토텔레스가 수사학에 기여한 가장 잘 알려진 공로는 설득이 일어나는 경우를 세 가지 범주로 분류한 점이다. 그는 설득의 3요소를 에토스Ethos, 파토스Pathos, 로고스Logos로 분류했다. 에토스는 화자의 진정성을, 파토스는 화자의 감성을, 로고스는 화자의 논리를 의미한다.

소크라테스와 아리스토텔레스는 오늘날 우리가 커뮤니케이션을 이해하는 데 어마어마한 기여를 했다. 수사학에 관한 두 사람의 철학은 원활한 의사소통을 하는 데 필요한 방법론보다는 의사소통의 결과, 즉 말의 영향력에 방점이 찍혀 있었다. 만약 아리스토텔레스가 현대인이라면, 그는 수단에 연연하지 않고 듣는 사람을 설득하는 데 집중할 것이다. 스피치를 잘하고 싶다면, 현란한 미사여구를 사용한다고 해서 반드시 원하는 결과를 얻는 것이 아님을 마음에 잘 새겨야 한다.

고대 로마 시대의 웅변가와 철학자들도 아리스토텔레스와 소크라테스가 남긴 사상에 공명했다. 로마의 철학자이자 뛰어난 웅변가이기도 했던 키케로Cicero가 남긴 작품들을 한 번 살펴보자. 키케로 역시 아리스토텔레스처럼 수사를 "사람들을 설득하기 위해 만든 스피치 기술"이라고 생각했다. 키케로를 추종했던 스페인 출생의 철학자 퀸틸리아누스Quintilian도 수사를 "말을 잘하는 기술"이라고 표현했다. 퀸틸리아누스는 또한 스피치 과정을 5가지 단계로 체계적으로 나눔으로써 스피치의 체계를 세웠다. 퀸틸리아누스에 따르면 수사는 발견inventio, 배치dispositio, 표현elocutio, 암기memoria, 발표pronuntiatio의 단계로 나뉜다. 즉, 연설자는 논제를 발견하고, 연설의 목적에 따라 내용을 적절하게 배치하며, 단어나 문장을 선택해서 최상의 표현을 구상하고, 완성된 원고를 암기하고, 마지막으로 그것을 발표하는 것이다.

수사에 관한 이런 케케묵은 개념들이 오늘날의 의사소통과도 관련이 있을까? 이미 수천 년 전에 탄생한 이론들이 아직 유효할까? 대답은 '그렇다'이다. 현대인들이 간과하는 사실이 하나 있다. 수천 년 전이나 지금이나 기초적인 차원에서 의사소통의 방식은 별반 달라진 것이 없다는 점이다. 그저 사람들이 사용하는 대화 방법만 조금 바뀌었을 뿐이다. 이런 놀라운 사실을 제대로 이해한다면 2천 년 전에 철학자들이 얻었던 통찰력을 오늘날의 의사소통에도 그대로 적용할 수 있다.

고대의 수사학이 아직도 통한다고 이렇게 자신만만하게 이야기할 수 있는 근거는 무엇일까? 고대 수사학을 현대 철학자와 명연설가들의 주장과 비교해 보면 내 주장의 타당성을 가늠할 수 있을 것이다. 먼저 스코틀랜드 출생의 철학자이자 교수인 조지 캠벨George Campbell이 말한 수사의 정의를 한 번 살펴보자. 캠벨은 "(수사는) 목적에 맞게 담화를 이끌어가는 기교 혹은 재능"이며, "담화의 4가지 목적은 청중에게 지식을 전달하고, 청중의 상상력을 자극하고, 열정을 일깨우며, 청중의 의지에 영향을 주는 것"이라고 정의했다. 이런 캠벨의 정의는 수사의 목적이 어떤 방법을 동원해서든 듣는 사람을 설득시키는 일이라고 주장했던 아리스토텔레스의 시각과 닮았다. 아리스토텔레스처럼 캠벨 또한 의사소통의 수단보다는 그 목적에 초점을 맞추었다. 한편, 인도 철학자 스와미 비베카난다Swami Vivekananda 역시 효과적인 스피치에 관해 뛰어난 통찰력을 보여주었다. 그는 수사학을 다루는 철학자는 아니었지만, 특유의 역동적인 스피치로 서구에서 인정받은 인물이다. 다음은 그가 쓴 에세이의 일부이다.

마찬가지로 사람들이 말을 할 때 세상이 그것을 듣기 마련이다. 스피치 할 때 한 마디 한 마디는 마치 여기저기서 터지는 폭탄처럼 강렬해야 한다. 말에 힘이 실리지 않는다면 도대체 무슨 소용이 있겠는가? 말에 힘이 없다면 무슨 언어로 말하든 어떤 순서로 말하든 무슨 소용이 있겠는가? 또한 올바른 문법으로 멋진 수사를 부린다고 해서 달라질 게 무엇이 겠는가? 말을 꾸미건 꾸미지 않건 무슨 차이가 있겠는가? 정작 중요한 문제는 당신이 조금이라도 남에게 줄 것이 있느냐 하는 것이다. 스피치는 주고받는 과정이지 단순히 듣기만 하는 것이 아니다. 다른 사람에게 무엇인가 줄 것이 있는가? 먼저 이 질문부터 던져야 한다. 만약 있다면, 그것을 주라. 듣는 사람에게 말이 아니라 마음의 선물을 전달하라. 말은 나눔의 여러 방식 중 하나일 뿐이다.

비베카난다는 위의 글에서 문법이나 발음, 단어 배치를 잘한다고 해서 명연설가가 되는 것은 아니라는 큰 가르침을 준다. 다시 말해, 스피치를 하는 사람은 스피치 자체와 그것을 전달하는 방법을 혼동하지 말아야 한다는 것이다. 미국의 유명한 문학 이론가인 케네스 버크Kenneth Burke 역시 "수사의 기본적인 기능은 인간이라는 행위자가 말을 매개로 해서 타인의 태도와 행동에 영향을 미치는 것"이라고 정의하면서 스피치의 방법보다는 결과를 강조했다. 버크와 비베카난다는 앞서 설명한 술라바, 손자, 아리스토텔레스, 키케로가 말한 수사의 핵심을 자기만의 방식으로 다시 한 번 강조하고 있다.

즉, 전하려는 메시지가 청중에게 잘 전달되는 것이 중요하지 그 방법은 문제가 아니라는 것이다. 오늘날의 명연설가나 고대의 웅변가나 그 본질에서는 별반 다르지가 않다. 이들은 표현이나 몸짓 같은 의사소통 수단보다 원활한 커뮤니케이션 그 자체를 훨씬 더 중요하게 생각한다. 아주 근본적인 차원에서, 언어로 하는 커뮤니케이션은 언어와 문화, 그리고 환경의 벽을 뛰어넘는다.

자, 그렇다면 스피치란 과연 무엇일까? 수사학 교수이자 《어둠 속의 비웃음A Hoot in the Dark》의 저자인 조지 케네디George A. Kennedy는 언어 소통과 관련해 한 가지 흥미롭고 핵심적인 견해를 제시한다. 그의 견해는 지금까지 우리가 논의한 수많은 개념을 하나로 묶을 만한 것이다. 조지 케네디는 이렇게 말한다. "가장 일반적인 의미에서 수사란 의사소통 과정에 들어 있는 에너지라고 할 수 있을 것이다. 감정 에너지 때문에 사람은 말을 해야겠다는 기분을 느끼고, 말하는 과정에서 감정 에너지는 실제로 확장된다. 감정 에너지의 크기는 말하는 사람의 메시지 속에 녹아들고, 듣는 사람은 그 메시지를 해독하면서 말하는 사람이 전하는 감정 에너지를 경험한다." 이처럼 스피치가 에너지의 흐름이라는 시각은 의사소통의 본질을 다루고 있으면서도, 스피치 그 자체와 스피치 기법을 분리해서 생각하자는 기존의 주장들과 일맥상통한다.

우리가 위대한 철학자나 웅변가들처럼 평생을 들여 대중 스피치를 연구할 수는 없는 노릇이다. 하지만 스피치에 대해 잠시나마 진지하게 생각하고 그에 관한 정의를 나름대로 해놓으면, 앞으로 다룰 내용이 좀 더 선명하게 다가오며 이 책에서 제시하는 과제와 이야기들도 더욱 실용적으로 느껴질 것이다. 스피치에 대한 근본적인 이해는 말하기와 관련한 여러 역량을 키우기 위해 튼튼한 기초를 세우는 것과 같다.

## 기적을 만든 '스와미의 질문'

2007년 세계연설대회에서 우승한 해에 나는 스피치에 대한 새로운 정의를 하나 만들었다. 나는 스피치를 "연설자와 청중이 함께 타는 감정의 롤러코스터"라고 정의했다. 그것은 당시 내 상황 때문이었다. 연설대회에서 나는 불과 7분 만에 청중에게 강한 인상을 남겨야만 했고, 그러기 위해서는 나와 청중의 감정을 동시에 활용하는 수밖에 없었다. 나는 나 자신이 느낀 특별한 감정을 파악하고, 그 감정을 불러일으키는 방법을 찾아서 연설문을 작성하고 스피치 하면, 청중에게도 그와 똑같은 감정을 일으킬 수 있으리란 걸 깨달았다. 그리고 자신의 감정을 따라 여행하듯 스피치를 준비했다. 스피치 하는 방식 또한 이전과는 뚜렷하게 달라져서, 한창 말하는 중이라도 침묵을 통해 감정을 드러내고 싶다면 기꺼이 말을 멈출 준비가 되어 있었다.

감정의 롤러코스터를 탄다는 것은 곧 내가 그 여행이 어디서 끝날지 알고 있다는 의미나 마찬가지다. 다시 말해, 내가 준비한 스피치 속에는 훌륭한 내용과 함께 분명한 메시지나 목적이 담겨 있었다. 이렇듯 전달하려는 메시지가 뚜렷했던 덕분에 연설대회에서 청중에게 전할 최종 감정(이 책에서 나중에 다룰 것이다.)도 비교적 쉽게 정할 수 있었다. 만약 이런 최종 감정을 청중에게 제대로 전달할 수만 있다면, 멋진 스피치를 해낼 수 있으리란 확신이 들었다.

그런 노력의 산물이 바로 '스와미의 질문The Swami's Question'이라는 제목의 스피치다. 7분 분량의 이 스피치는 내가 고군분투하며 결국 MIT 대학원에 입학하기까지의 힘겨운 여정을 다루고 있다. 세계연설대회 결승 날, 나는 '스와미의 질문'으로 2천 명의 열렬한 청중 앞에서 스피치를 했다. 그 스피치에는 다채로운 감정이 담겨 있었는데, 나는 다양한 방법으로 그런 감정들을 표현했고 특히 스피치 마지막 부분에서 청중에게 깊은 인상을 남길 수가 있었다. 스피치가 끝난 후, 청중은 한결같이 마치 롤러코스터를 타듯 스피치에 감정 이입할 수 있었다고 고백했다. 특히 마지막 부분에서 큰 감동을 받았다고 했다. 결국 내 마음속에 담고 있었던 각별한 감정을 제대로 표현한 덕분에 세계연설대회에서 우승할 수 있었다.

지금도 나는 그때와 같은 방식으로 스피치를 준비한다. 상황에 맞게 조금만 수정하면, 그 방식은 언제 어떤 말하기에서나 잘 통하기 때문이다. 성공적으로 감성 스피치를 하려면 다음 두 가지 사항을 유념해야 한다.

먼저 청중에게 표현하고 싶은 감정이 무엇인지 스스로 정확하게 파악해야 한다. 내가 깨달은 바로, 청중이 나의 말에 감정 이입하게 만드는 유일한 방법은 나 자신이 말할 때 감정을 싣는 것이다. 반드시 그런 것은 아니지만, 개인적인 에피소드를 털어놓는 것도 대체로 도움이 된다. 스피치 할 때마다 나는 늘 내가 표현하고자 하는 감정에 '몰입'한다. 감정 이입은 그 자체만으로도 엄청나게 강력한 효과를 발휘한다. 옆에 있는 사람이 우는 바람에 덩달아 눈물을 흘린 적이 얼마나 많은가? 옆 사람이 요절복통해서 덩달아 배꼽을 잡고 웃은 적은 또 얼마나 많은가? 감정은 전염성이 강해서 말하는 사람이 감성에 호소하면 듣는 사람 또한 감성적으로 변한다.

Using Emotions

## 의사소통은 감정 경험이다

최근에는 많은 전문가가 '의사소통은 감정 경험'이라는 견해를 지지하고 있다. 마케팅 전문가인 세스 고딘 Seth Godin은 끝까지 자리에 앉아서 지켜보기도 힘든 파워포인트 프레젠테이션에 신물이 난 나머지, 파워포인트 프레젠테이션 방법에 관한 짧은 전자책을 출간했다. 세스 고딘은 그 책에서 이렇게 말한다.

"의사소통은 감정을 전달하는 과정이다. 의사소통은 다른 사람이 나의 관점을 받아들이도록, 즉 왜 그 사건이 재미가 있었는지(아니면 슬픔이나 기쁨, 그 밖의 다른 감정을 느꼈는지) 잘 이해할 수 있도록 돕는 일이다. 회의실에서 사실과 숫자만 줄줄이 나열하고 싶다면, 차라리 회의를 취소하고 보고서를 한 장 보내라.

인간의 뇌는 두 부분으로 나뉜다. 우뇌는 감정, 음악, 기분을 담당한다. 좌뇌는 지능, 사실, 객관적인 자료 등에 초점을 맞춘다. 프레젠테이션 할 때 청중은 뇌의 양쪽 부분을 다 쓰고 싶어 한다. 따라서 청중은 우뇌를 사용해서 발표자의 말하는 방식, 입은 옷차림, 그리고 보디랭귀지를 판단한다. 발표자가 두 번째 슬라이드를 설명하자마자 이미 프레젠테이션에 대한 평가가 끝나는 경우도 있다. 이처럼 이미 결론이 난 상태에서는 아무리 침을 튀겨 가며 발표해 보았자 별 소득 없는 경우가 비일비재하다.

엉성한 논리나 근거 없는 주장이 의사소통 과정을 망칠 수도 있다. 하지만 감정이 없다면 의사소통 자체가 불가능하다. 논리만으로는 부족한 것이다."

스피치의 두 번째 구성 요소는 청중을 내 의도대로 감정 이입시키는 능력이다. 이런 능력은 청중이 저절로 감성적으로 변하는 것과는 다른 문제다. 청중을 스피치에 몰입하도록, 마치 말하는 당사자가 된 것처럼 똑같은 감정을 느끼게끔 할 수 있어야 한다. 스피치 기법을 자유자재로 구사하면 손쉽게 감정 이입을 유도할 수 있다.

나는 대체로 몇 가지 스피치 기법을 활용해서 청중과 교감을 나눈 후에 청중이 스피치에 감정 이입하도록 이끈다. 내 경험에 따르면 멋진 스피치를 끝낼 무렵이면 청중은 감정, 특히 스피치의 마지막 부분에서 받은 감정을 잊지 못한다. 하지만 내가 그런 감정을 불러일으키려고 사용한 스피치 기술은 전혀 기억하지 못했다.

객관적인 사실과 중요한 정보, 그리고 분명한 메시지의 중요성을 간과하려는 것은 결코 아니다. 그런 사항들이 스피치의 기본 중 기본에 속하기는 하지만, 그런 내용은 청중에게 문서로 배포할 수도 있다. 그러나 감정은 다르다. 뛰어난 스피치나 그 밖의 효과적인 커뮤니케이션에서 확인할 수 있는 가장 중요한 특징은, 커뮤니케이션이 일어나는 바로 그 순간에 감정이 물 흐르듯 매끄럽게 오고 간다는 점이다. 만약 그런 감정 교류가 일어나지 않는다면 영혼 없는 스피치가 되고 만다. 영혼 없는 스피치는 전혀 특별한 점이 없기 때문에 그저 평범한 스피치에 머문다. 물론 스피치의 다른 독특한 특징들도 있다. 스피치에서는 언어와 몸짓, 사진과 같은 다양한 의사소통 수단을 활용해서 메시지를 전달한다. 앞으로도 계속해서 강조하겠지만 각각의 의사소통 수단은 청중의 감정을 고려할 때 그 효율성이 극대화된다.

## 말하기와 말하기 기술은 엄연히 다르다

스피치와 스피치 기술을 구별하려면 약간의 혼동이 오는 것은 당연하다. 그런 혼동은 심지어 칩 히스Chip Heath와 댄 히스Dan Heath가 함께 쓴 《스틱!Made to Stick》 같은 베스트셀러에서조차 찾을 수 있다. 이 책에서 저자들은 핵심적인 아이디어를 사람의 뇌리에 각인시키려면 메시지에 6가지 특징이 있어야 한다고 주장한다. 6가지 특징이란 단순성, 의외성, 구체성, 신뢰성, 감정, 그리고 스토리이다.

흥미로운 내용이 많이 등장함에도 불구하고, 이 책은 우리 사회의 뛰어난 학자들조차도 스피치와 스피치 기술의 차이를 제대로 인식하지 못하고 있음을 보여준다. 아무리 명연설을 듣더라도 청중이 기억하는 것은 연설에서 받은 느낌뿐이다. 청중은 절대로 프레젠테이션의 간단명료함이나 독특한 아이디어, 명확한 사고, 혹은 강연자의 신뢰성 따위를 기억하지 않는다. 스피치에 동원되는 이 모든 기법은 사실상 연설자가 청중의 감성을 자극하려고 이용하는 수단에 불과하다. 스피치 자체는 일종의 감정 여행이어서, 스피치와 여러 가지 스피치 기법을 함께 묶어서 생각해서는 안 된다. 똑같은 감정을 전달하더라도 말하는 사람에 따라서 각양각색의 스피치 기법이 사용될 수 있다. 물론 그런 기법 중에는 《스틱!》에서 언급되지 않은 종류도 많다.

스피치와 스피치 기술의 차이를 제대로 알지 못하면 엉뚱한 데 집중하게 된다. 예컨대 이야기를 재미있게 할 줄 모르는 사람인데도 좋은 스피치에는 스토리가 꼭 필요하다고 생각한 나머지 스토리 만들기에 집착할 수도 있다. 결국 어색해하면서 이야기를 풀어 놓으려 애쓸 것이다. 멋진 스토리가 청중의 감성을 자극하는 것은 틀림없다. 하지만 말하는 사람이 불편한 마음으로 이야기한다면 청중에게도 그런 불편함이 전달될 것이고, 결과적으로 청중은 그 이야기에 감정 이입하기가 힘들어진다. 반대로 자기가 편안하게 느끼는 스피치 기법을 사용해 말한다면, 청중에게 똑같은 감정을 표현하면서도 좀 더 효과적인 스피치를 할 수 있다.

일전에 전미강연협회National Speakers Association로부터 스타 강연자가 되고 싶다면 스피치 할 때 유머를 사용하라는 충고를 들은 적이 있다. 하지만 안타깝게도 그런 식의 충고는 스피치와 스피치 기법을 헷갈리게 할 뿐이다. 다시 말해, 유머라는 스피치 기법을 쓰는 것과 청중에게 감동을 주는 것은 전혀 다른 문제다. 유머의 유자도 모르는 사람이 그런 조언을 곧이곧대로 받아들인다면, 그의 어색한 유머를 듣는 청중은 아마 어떤 감흥도 느끼지 못할 것이다. 유머가 자기 취향이 아니라면 차라리 자신에게 편안한 스피치 기법을 사용해서 청중이 감정 이입할 수 있도록 돕는 편이 훨씬 낫다.

스피치가 주는 임팩트보다 스피치 기법에 집착할 때 생기는 또 다른 약점도 있다. 스피치 기법을 다루는 책은 시중에 많지만, 그런 기법들을 스피치에서 어떤 비율로 섞어서 사용해야 하는지를 알려주는 책은 없다. 예컨대 흔히 심플한 프레젠테이션이 최고라고 한 목소리를 낸다. 그것이 사실이라면 도대체 프레젠테이션을 얼마나 단순하게 작성해야 한다는 소리일까? 가령 전문적인 내용의 프레젠테이션을 만들 때,

수식 하나만 쓰면 너무 적은 걸일까, 아니면 적어도 수식 10개는 넣어야 하는 것일까? 유머의 경우도 마찬가지다. 유머의 중요성을 입에 침이 마르도록 강조하는 사람들도 정작 스피치에서 유머를 얼마나 섞어 써야 할지 알려주지 않는다. 스피치에서 유머러스한 순간은 한 번이면 충분할까, 아니면 그런 순간이 여러 번 있어야 하는 것일까? 이와 비슷한 질문을 나열하자면 끝이 없을 것이다. 이처럼 대다수 연설자가 스피치 기법을 두고 모호한 기준을 가지고 있다.

그러나 스피치 기법의 한계를 인정하고 말하는 목적과 상황에 맞춰 자신에게 맞는 기법을 과감하게 사용할 수 있다면 스피치 기법은 강력한 무기가 될 수 있다. 또 기본 원리를 제대로 이해하면 각양각색의 기법으로 감정을 자유자재로 표현할 수 있다. 기본에 충실한 사람은 어떻게 유머를 써야 하며 언제 청중과 시선을 맞춰야 하는지는 물론이고 무대 위에서의 움직임이나 다양한 목소리 변화의 중요성도 꿰뚫고 있다. 이처럼 기초가 튼튼한 사람은 그 가능성이 그야말로 무궁무진하다.

## 의사소통의 달인이 되는 법

이번 장에서 '아하!' 하고 깨달은 순간이 있었는가? 스피치가 생각보다 훨씬 더 심오한 주제구나, 하고 느낀 그런 순간 말이다.

이번 장을 통해서 멋진 스피치의 열쇠는 그 누구의 조언도 아닌, 자기 자신에게 있음을 깨달았길 바란다. 뛰어난 스피치를 하려면 자신이 느낀 진실한 감정을 다른 사람과 나눠야 한다. 말을 잘하고 싶다면 말하는 기법에 집착하지 마라. 기법이란 마치 새를 잡는 화살처럼 듣는 이에게 내 감정을 전달하는 하나의 도구로 생각할 필요가 있다.

감정 소통법은 대중 스피치에서뿐만 아니라 모든 유형의 커뮤니케이션에서 잘 통한다. 대화할 때 감정을 중시하는 감정 소통법은 일대일 대화는 물론이고 수천 명의 청중을 앞에 두고 하는 스피치에서도 그 효과가 탁월하다. 효과적으로 의사소통할 줄 아는 사람은 대화할 때 상대방이 건네는 말 그 자체는 빙산의 일각일 뿐이라고 생각한다. 의사소통의 달인들은 상대방에 관한 더 많은 정보를 얻으려고 상대방의 몸짓이나 표정, 호흡, 말하는 속도와 같은 다양한 비언어적 정보까지 끊임없이 관찰한다. 이렇게 함으로써 마주 앉아 대화를 나누고 있는 상대방의 전반적인 감정 상태를 머릿속에 그리는 것이다.

그런데 흥미롭게도, 말하는 사람의 감정 상태가 실제 그 사람의 말과 반대인 경우가 있다. 전 FBI 요원인 조 내버로Joe Navarro는 이런 점을 누구보다도 잘 이해하고 있는 사람이다. 조 내버로는 FBI 요원으로 일하면서 사람들의 비언어적인 의사소통 방식에 주목해 범죄자를 귀신같이 잡아냈다. 조 내버로는 그의 저서《FBI 행동의 심리학What Every BODY is Saying》에서 경비 요원이 연관된 어느 방화 사건에 대해서 이야기한다. 그 경비 요원은 용의자로 의심받았는데, 방화가 일어난 장소가 그의 담당 구역이었기 때문이다. 내버로는 심문 과정에서 화재가 처음 일어났을 때의 행적을 추궁하자 그 경비 요원이 눈을 가늘게 뜨고 자꾸 눈을 깜빡거린다는 것을 눈치챘다. 눈을 찔끔 감는 행동은 우리가 떠올리고 싶지 않은 이미지를 떠올리려고 할 때 나타나는 명백한 신체적 특징이다. 그러나 경비 요원은 "당신이 불을 냈소?"라는 질문을 포함해 그 밖의 모든 질문에는 눈을 찔끔 감는 행동을 보이지 않았다. 이런 행동을 예민하게 관찰한 내버로는 경비 요원이 화재가 일어났을 때 자기 행적에 대해 거짓말을 하고 있다고 확신할 수 있었다. 결국 그 방화 사건은 경비 요원이 여자 친구를 만나러 담당 구역을 이탈한 사이, 방화범이 불을 낸 것으로 드러났다.

내버로는 이처럼 상대방의 비언어적 신호를 잘 읽어낸 덕분에 경비 요원이 취조 과정에서 거짓말을 했음에도 불구하고 그의 감정 상태를 제대로 짚어낼 수 있었다. 비언어적 신호로 드러나는 타인의 감정을 읽어내는 능력은 얼굴을 마주 보고 하는 대화에 능숙한 사람들에게서 쉽게 찾아볼 수 있는 특징이다.

이제 스피치의 핵심이 감정 소통이라는 것을 분명히 이해했을 것이다. 다음 장에서는 인상적인 스피치를 하기 위한 두 번째 단계, 곧 사람의 감정을 읽는 법에 대해서 살펴보도록 하자. 인간은 본래 자기감정을 강하게 드러내고 타인의 감정을 이해하면서 살아가는, 늘 감정과 함께하는 동물이다. 따라서 타인의 감정을 보다 분명하게 이해하고 스피치 할 때 감정을 활용하는 능력이 필요하다. 감정 소통법을 자유자재로 구사하려면 우선 감정에 대한 인식과 이해가 선행되어야 한다.

CHAPTER 3

# 기억과 행동을 지배하는 감정의 법칙

이 세상에서 최고로 멋지고 아름다운 일들은
눈으로 볼 수 없고 만질 수도 없다. 오직 가슴으로 느껴야만 한다.
─헬렌 켈러

1994년에 인도공과대학IIT을 다닐 때 선박 설계 수업을 들은 적이 있다. 그 수업을 맡고 있던 분은 공학 분야에서 명성이 높은 마두지트 무크호파드야이Madhujit Mukhopadhyay 박사님이었다. 그 학기는 내가 미국에 있는 여러 대학원에 입학 원서를 보내고 있던 시기이기도 했다. 무크호파드야이 교수님이 추천서를 잘 써주면 대학원에서도 장학금을 받을 가능성이 높았기 때문에 나는 교수님에게 강한 인상을 남기겠다고 결심했다. 학기 중간까지는 그런대로 잘 흘러갔는데, 과제 하나가 생기면서 일이 꼬이기 시작했다. 유독 그 과제가 있던 주에 눈코 뜰 새 없이 바빴던 탓에 어쩔 수 없이 마감 바로 전날 과제를 시작할 수밖에 없었다. 몇 시간을 과제와 씨름하다 보니 이번 과제는 사소한 연습문제 수준이 아니며, 다음날 아침까지 끝내기는 도저히 어렵겠다는 판단이 섰다. 제출 기한 연장도 불가하다는 것을 잘 알고 있던 나는 두 가지 길 중 하나를 선택해야만 했다. 과제를 늦게 제출해서 학점을 포기하고 교수님 눈 밖에 나거나, 아니면 친구에게 도움을 청하거나.

물론 그것은 '혼자 하는' 과제였지만, 한 친구의 도움으로 나는 제시간에 과제를 끝마칠 수 있었다. 다음날 아침, 마치 머피의 법칙처럼 여러 가지 일들이 연이어 꼬이고 꼬여 무크호파드야이 교수님이 내 경솔한 행동을 발견하게 되는 지경에 이르렀다. 그날 강의실에 들어갔을 때 실망감으로 가득 찬 교수님의 표정이 아직도 생생하다. 교수님은 내게 이렇게 말했다. "비카스, 지금 누구를 속이고 있는 건가! 나인가 아니면 자네 스스론가?"

나를 낯부끄럽게 만든 교수님의 말씀과 이 문제로 일어날 파문에 대한 두려움 때문에 나는 격한 감정에 휩싸였다. 교수님의 기대를 저버렸다는 사실에 자괴감이 몰려왔다. 교수님과 수업을 듣는 모든 학생이 이미 나의 잘못을 알아차렸다는 사실이 창피했다. 마지막으로, 이 문제로 불거질 후환도 두려웠다. 교수님은 학계에서 상당한 영향력이 있었기 때문이다. 과제에 얽힌 그 일화는 벌써 15년 전 일이지만, 아직도 눈에 선하다. 교수님의 호된 꾸지람을 들었던 그 교실도 생각나고, 그때 내가 느꼈던 감정도 어제 일처럼 또렷하다. 그때 벌어진 일은 마치 녹화한 영상처럼 내 뇌리에 깊이 박혀 있어서 원하면 언제든지 그 모습을 떠올릴 수가 있다. 누구나 살면서 수십 년이 지나도 생생하게 기억되는 일이 있기 마련이다. 왜 어떤 사건은 그처럼 우리의 뇌에 오래 남는 것일까?

지난 수십 년 동안 진행된 '감정 기억emotional memory'에 관한 광범위한 연구 결과에 따르면, 어떤 사건에 동반되는 격렬한 감정은 그 사건에 대한 기억을 강화하는 역할을 한다. 앞서 이야기한 내 과제에 얽힌 사연에서도 교수님에게 꾸지람을 들으면서 내 안에서 격렬한 감정이 일어났고 그런 감정은 그 사건을 내 뇌에 '각인' 시켰다.

**Using Emotions**

### 청취자에게도 음악 저작권이 있다?

캐나다의 넷워크 뮤직 그룹Nettwerk Music Group 대표이사 테리 맥브라이드Terry McBride는 2009년 캐나다 밴쿠버에서 열린 테드 엑스TEDx 콘퍼런스에서 흥미로운 주제로 강연을 했다. 이 강연에서 테리는 음악이 청취자가 느끼는 특별한 감정 경험이라고 주장했다. 그리고 바로 그런 이유로 저작권이 곧 곡에 대한 소유권이라고 생각하는 제작사와 그런 논리에 반대하는 소비자들 사이에 저작권 분쟁이 일어난다고 했다.

테리의 주장에 따르면, 누구나 같은 곡을 듣더라도 느끼는 감정은 서로 다르다. 음악을 듣는 동안 우리는 자기감정에 여러 가지 생각과 아이디어를 덧붙여 유일무이한 특별한 경험을 만들어낸다. 따라서 소비자들 입장에서는 이렇게 자기만의 특별한 경험을 두고 누군가가 '저작권'을 주장하는 것을 이해하기가 어렵다는 것이다.

분자생물학자인 존 메디나John Medina는 《브레인 룰스Brain rules》에서 감정 기억을 다음과 같이 설명한다. "뇌가 격렬한 감정을 감지하면, 편도체는 도파민을 분비한다. 도파민은 기억을 촉진하고 정보 처리 능력을 향상시키는 물질이다. 쉽게 말해서 도파민은 '이 사건을 기억해'라고 적힌 '포스트 잇'을 만들어내는 셈이다."

감정은 기억을 촉진하는 역할 이외에도 사람들이 어쩔 수 없이 행동하도록 만드는 역할도 한다. 무크호파드야이 교수님과의 과제 사건이 있은 후, 나는 항상 진실하게 살자는 강한 신념을 갖게 되었다. 교수님은 속일 수 있는 사람은 오직 자기 자신뿐이라는 사실을 정확하게 짚어 주었다. 그 사건을 계기로 몇 년간 나는 학업에서 뛰어난 결과를 얻을 수 있었다. "지금 누구를 속이고 있는 건가?" 하는 교수님의 그 말씀은 아직까지도 내 삶을 비추는 등대 역할을 하고 있다. 교수님이 던진 그 물음은 내 안에서 격렬한 감정이 일어나도록 했고, 깊은 인상을 남겼다. 그 날카로운 지적은 내가 더욱 분발하는 계기가 되었다.

9 · 11 테러 이후로 크게 달라진 미국인들의 삶을 떠올려보면, 감정이 행동을 촉진한다는 사실을 보다 분명하게 알 수 있다. 서두에서 밝힌 것처럼 아직도 셀 수 없이 많은 미국인이 9 · 11 테러를 생생하게 기억한다. 2001년 9 · 11 테러의 영향으로 미국 사회는 믿을 수 없을 정도로 급격하게 변했다. 9 · 11 테러 후 얼마 지나지 않아 아프가니스탄 전쟁이 벌어졌고, 연이어 이라크 전쟁이 일어났다. 미국 내에서는 공항과 국경 지역, 항만에 수십억 달러가 투입되어 보안 시스템이 전에 없이 강화되었다. 9 · 11 테러라는 비극적인 사건으로 미국인들은 분노와 두

러움, 경멸이라는 격렬한 감정에 휩싸였고, 그런 감정들은 결국 미국 사회의 급격한 변화를 이끄는 원동력으로 작용했다.

물론 극단적인 사례이기는 하지만, 9·11은 아직도 수백만 명의 미국인에게 형언할 수 없을 만큼 감정적으로 크게 각인된 사건이다. 미국인들은 9·11 테러로 삶이 180도 달라지는 광경을 몸소 목격했다. 9·11은 감정이 어떻게 정치인, 군대, 시민 할 것 없이 전 국민의 행동을 변화시킬 수 있는지를 보여주는 대표적인 사례이다.

감정이 행동을 촉발하는 사례는 일상생활에서도 차고 넘친다. 예컨대, 자기 동네에 한 번도 도둑이 든 적이 없어도 사람들은 도둑맞으면 어쩌나 하는 두려움 때문에 보안 시스템에 투자한다. 직장인들도 언제 회사에서 해고당할지 모른다는 밑도 끝도 없는 불안감 때문에 회사에서 뼈가 빠지도록 일한다. 한편, 저녁 뉴스는 사람들의 시기와 탐욕, 불안감이 동기가 되어 일어난 범죄들로 가득 차 있다. 이처럼 감정은 인간의 행동에 크고 중대한 변화를 가져온다.

흥미로운 것은 바로 이 대목이다. 우리가 조금 전에 내린 결론에 따르면, 감정은 간혹 수십 년 전의 일도 어제 일처럼 생생하게 기억나게 하고, 거의 눈 깜짝할 사이에 인생이 바뀔 만큼 큰 행동 변화를 이끌어 낸다.

여기서 잠깐! 이런 것들은 프레젠테이션 하는 사람이라면 누구나 원하는 바가 아닌가? 따분한 말을 하고 싶어 하는 사람은 세상에 아무도 없다. 누구나 사람들의 뇌리에 오래 남는 말을 하고 싶어 한다. 또한 누구나 세상을 변화시켜서 좀 더 나은 세상이 되기를 염원한다. 감정을 활용하는 대화법이 프레젠테이션의 목적에도 부합한다면, 청중의 감정을 이용해서 멋진 프레젠테이션을 할 수는 없을까? 물론 가능하다. 청중의 감정을 다루는 기술을 터득한다면, 머지않아 타인의 삶을 변화시키는 인상적인 스피치를 할 수 있을 것이다. 앞으로의 과제는 '감정'을 깊이 있게 이해해서, 심리학자들이나 쓰는 어려운 단어가 아니라 스피치 하는 사람이 편하게 쓸 수 있는 단어가 되도록 익숙해지는 일이다. 그래서 이번 장은 감정에 대한 이해를 돕는 데 할애하고자 한다.

Using Emotions

### 감정은 기억을 촉진한다

뛰어난 음악가와 영화감독들은 이미 수십 년 동안 감정을 활용해서 대중의 기억에 남는 메시지를 전달하고 있다. 영화 〈식스 센스〉의 마지막 장면을 기억하는가? 영화의 마지막 부분에서 관객들은 주인공 말콤 크로우Malcolm Crowe · 브루스 윌리스 분 박사가 이미 죽었다는 사실을 처음으로 깨닫는다. 이런 극적인 반전은 너무나 강렬해서 영화를 본 사람들 대부분이 세월이 많이 흘러도 마지막 장면을 잊지 못한다. 나 역시 그 마지막 장면은 물론이고, 그때 영화를 같이 본 사람과 영화관도 생생하게 기억이 난다. 마찬가지로 대중에게 감정적으로 흡입력 있는 곡을 만드는 데 탁월한 음악가들은 오랫동안 대중의 기억에 남는 명곡을 남긴다.

## 감정이란 무엇인가

감정이 무엇인지 모르는 사람이 누가 있겠는가? 우리는 매일 시시때때로 감정을 느낀다. 이른 아침에는 기쁜 마음으로 출근했다가도 지연되는 프로젝트 일정 때문에 불안해하고, 엉뚱한 이메일을 보내온 직장 동료 때문에 화를 내기도 한다. 그러다가 갑자기 어린이집에서 내 아이가 천식 발작을 일으켰다는 소식에 겁에 질리고, 저녁에 집으로 돌아와 아이가 괜찮다는 것을 확인하고는 안도하고 다시 사랑과 편안함을 느낀다. 이처럼 우리가 일상에서 느끼는 감정의 종류는 몇 가지에 불과하다. 하지만 감정의 강도와 종류의 다양성을 감안하면 우리가 평생 느끼는 감정의 가짓수가 얼마나 많겠는가?

감정에 대한 일반적인 정의는 사전이나 그 밖의 비전문적인 자료에서 쉽게 확인할 수 있다. 예컨대 옥스퍼드 온라인 사전은 감정을 다음과 같이 정의한다.

a. 한 사람이 처한 환경이나 기분 혹은 다른 사람과의 관계에서 오는 자연스럽고 본능적인 마음 상태
b. 논리나 지식과는 구별되는 본능적인 혹은 직관적인 느낌

이런 사전상의 정의는 우리가 보통 생각하는 '감정'이라는 단어의 뜻과 비슷하다. 우리는 외부적인 자극 인간관계과 내부적인 자극 기분에 따라서 달라지는 마음 상태가 곧 감정이라는 것을 알고 있다. 감정은 인

지 능력이나 지적 능력과도 분명한 차이가 있다. 흥분하면 확실히 우리의 '논리력'은 떨어지는 것처럼 보이기 때문이다. 또한 많은 사람이 뇌는 논리를 담당하고 가슴은 감정을 담당한다는 것을 상식으로 여긴다.

감정에 대한 이와 같은 단순한 정의는 일상생활에서는 통할지 몰라도 전문 강연자나 화가, 음악가처럼 감정을 활용해 사람들에게 감동을 주는 직업을 가진 사람들에게는 밀도 있는 지식을 전달하지 못한다. 상대 또는 청중에게 영향을 주고자 한다는 점에서 말하기를 배우는 우리 역시 감정을 보다 깊이 이해할 필요가 있다.

그러나 감정에 대해서 조금 더 심도 있게 이해하려고 하면 시작부터 큰 난관에 부딪히고 만다. 감정에 대한 과학적인 정의를 내리기가 말할 수 없을 만큼 난해하기 때문이다. 이 점을 한 번 생각해 보자. 세상에는 아직도 감정에 대한 '공인된' 정의가 없다. 실제로 감정에 대해서 확실하게 정의 내린 심리학자는 거의 없다. 불과 몇 마디로 감정이라는 너무나 복잡한 현상을 제대로 설명할 길이 없는 까닭이다.

이처럼 감정이라는 주제는 믿기 어려울 정도로 난해하지만, 스피치에서 감정을 효과적으로 다루는 법을 터득하기 위해 굳이 전문적인 내용까지 다 알 필요는 없다. 다만 스피치와 관련되는 감정의 몇 가지 특징만은 자세하게 살펴볼 필요가 있다.

## 첫 번째 특징 : 감정은 보편적이다

지금까지의 연구 결과에 따르면, 지구촌 사람들은 자기가 받은 교육이나 처한 환경과 관계없이 비슷한 감정을 느낀다고 한다. 감정의 강렬함혹은 감정유형은 기분이나 환경, 과거 경험에 따라서 달라지지만, 사람들 대부분은 여러 가지 사건에 대해서, 특히 격렬한 감정을 불러일으키는 사건에 대해서 비슷한 감정 반응을 보인다.

인종과 무관하게, 모든 인간이 비교적 비슷한 감정을 가지고 있다는 사실은 인류가 애초부터 감정을 발달시켰다는 방증인지도 모른다. 적어도 몇몇 심리학자는 감정이 우리 조상이 생존하는 데 중요한 역할을 했다고 믿고 있다. 예컨대 두려움 같은 감정은 초기 인류가 위험이 닥쳤을 때 '머리를 쓸' 필요도 없이 재빨리 도망치도록 도움을 주었다. 이와 마찬가지로 분노는 불청객에게 모욕을 당했을 때 그들에게 맞서 싸우도록 하는 역할을 했다.

감정의 보편성은 올림픽 같은 국제 스포츠 행사에서 잘 드러난다. 전 세계에서 모인 선수 수백 명이 게임을 치르는 동안 강렬한 감정을 느낀다. 비록 선수들은 국가와 언어도 서로 다르고 신앙과 인생 경험도 제각각이지만, 경기 결과를 대하는 반응은 신기할 정도로 비슷하다. 시합에서 승리했을 때는 모두 기쁨과 환희를 느끼고, 패배했을 때는 실망과 비통함을 느낀다. 또한 부상을 당하면 좌절감을 드러내고, 선수라면 누구나 자기 조국을 대표한다는 엄청난 자부심을 표현한다.

### 거울 뉴런

다른 사람이 느끼는 감정에 우리도 덩달아 동화되는 이유는 거울 뉴런으로 설명할 수 있을 것이다. 최근 연구자들은 우리가 다른 사람의 행동을 볼 때 활성화되는 뇌 영역과 다른 사람이 감정적으로 변하는 모습을 볼 때 활성화되는 뇌 영역을 발견했다. 예컨대, 자기공명영상장치로 뇌를 들여다보니 우리가 특정한 감정을 느낄 때 감정과 관련된 뇌 영역이 밝아지는 것을 물론이고, 그런 감정을 느끼는 다른 사람의 모습을 바라볼 때에도 똑같은 영역이 밝아졌다. 거울 뉴런은 타인의 감정을 '느끼고', 마치 그것이 자기감정인 것처럼 그 감정을 뇌에 전달하는 역할을 한다.

이제 영화관에서 펑펑 울었다고 해서 창피해할 필요가 없다. 우리 신체는 애초부터 그렇게 반응하도록 설계되었으니 말이다.

---

감정 반응의 이런 보편성은 스피치 할 때 중요한 개념이다. 첫째, 감정의 보편성 덕분에 연설자는 청중도 자기와 비슷한 감정을 느낄 것이라고 예상하면서 연설문을 작성할 수 있다. 예컨대 자녀와 떨어져 있는 부모의 애타는 마음이나 맛있는 음식이 나오기를 기다리는 기대감은 세상 사람이라면 누구나 느끼는 감정이라 확신할 수 있다. 너무나 당연해 보이지만 정말 중요한 특징인 감정의 보편성 덕분에 우리는 연설문을 쓰거나 스피치 할 때 큰 도움을 얻을 수 있다. 둘째, 감정의 보편성 덕분에 스피치 하는 사람은 친구나 멘토처럼 가까운 소수의 사람을

모아 놓고 "제 이야기 어땠나요?" 하는 식으로 그들의 의견을 물어볼 수가 있다. 그리고 그들의 대답은 보통 전 세계 어느 지역 사람들이나 느끼게 될 감정을 잘 대변한다. 따라서 '친한' 사람들 앞에서 그들이 기대하는 반응이 나올 때까지 여러 가지 연설 기법을 써 보고 화제도 다양하게 바꿀 수 있다. 나와 '친한' 사람들의 반응이나 앞으로 겪게 될 청중의 반응이나 크게 다르지 않을 것이라는 점을 잘 알기 때문이다. 이런 예행연습은 스피치를 준비하고 또 완벽하게 해내기 위한 최고의 자산이다.

## 두 번째 특징 : 이름 붙이기 어려운 감정도 있다

내 감정을 제대로 표현할 만한 적당한 말이 떠오르지 않아서 난감했던 적이 있는가? 복잡다단한 감정을 한 단어로 꼭 집어서 표현하려다가 애를 먹은 적이 많을 것이다. 또한 문화나 지역에 따라 달라지는 단어의 뉘앙스 때문에 감정을 한 마디로 표현하기 어려운 경우도 있다. 전 세계에는 '약간씩 다르지만 비슷한 감정'을 두고 같은 단어를 쓰는 언어가 많다. 또한 비슷한 감정을 두고도 그 뉘앙스에 따라서 감정을 나타내는 단어가 여러 가지인 언어도 있다. 세계적인 심리학자인 제롬 케이건 Jerome Kagan 은 《정서란 무엇인가? What is emotion?》에서 '외로움'이라는 뜻에 4가지 단어가 있는 우트쿠 이뉴잇족의 언어를 소개한다. 우트쿠 이뉴잇족은 외로움의 원인에 따라서 4가지 단어로 세분화해서 쓴다.

다시 말해 그들은 '왜 외로운 느낌이 드는지?'를 따지는 것이다. 이와 비슷하게 심리학자이자 신경과학자인 일레인 폭스Elaine Fox가 쓴《감정과학Emotion Science》에 따르면 일본인들은 한 사람이 다른 사람에게 온전히 받아들여질 때 느끼는 감정을 '아마에(あまえ · 어리광)'라고 부르는데, 아마에는 일본인들만 가지고 있는 독특한 감정이다.

감정의 이런 복잡성 때문에 스피치를 준비할 때는 자신의 말이 사람들에게 어떤 감정을 불러일으킬지 시간을 들여 충분히 이해하는 것이 중요하다. 예를 들어 스피치로 유발되는 감정이 '외로움'이라면, 단순히 '나는 외롭다'라는 처음 느낀 감정을 뛰어넘는 더 깊은 정서를 파고들어야 한다. 그 감정의 진원지가 어디인지, 그 맥락을 이해하려고 계속해서 스스로에게 질문을 던져야 한다. 그렇게 깊이 고민하다 보면 청중에게 떠오르는 감정이 본래 자기가 표현하고 싶었던 감정과는 사뭇 다르다는 사실을 발견하게 되는 경우가 많다. 그럴 경우에는 이전과 다른 스토리를 활용하거나 흐름을 바꾸는 등 스피치를 수정할 수 있을 것이다.

## 세 번째 특징 : 기분은 감정과 다르다

우리는 흔히 "~할 기분이 아니야"라는 표현을 쓴다. 그 말은 일반적인 느낌이 어느 정도 오래간다는 것을 암시한다. 기분은 감정과 분명히 구분되는데, 감정은 일반적으로 좀 더 짧은 기간 동안 일어나는 느낌을 말한다. 심리학자들에 따르면 감정은 몇 초, 몇 분, 몇 시간 동안 지속되는 반면 기분은 몇 시간이나 며칠, 몇 달 동안 지속된다. 미국 뉴욕시립대 철학교수 제시 프린츠Jesse Prinz는 《직감—감정 지각 이론Gut Reactions: A Perceptual Theory of Emotion》에서 감정과 기분의 차이를 "기분은 생명체가 놓인 환경의 전반적인 변화를 감지하기 위해 생겨난 반면 감정은 지엽적인 변화를 감지하기 위해 생겨났다"라고 밝혔다.

스피치에서 이런 구별은 중요하다. 자신이 의도한 감정을 청중에게서 이끌어 내려고 애쓰더라도, 청중의 전반적인 기분에 따라서 나타내는 감정 반응이 달라질 수 있기 때문이다. 그렇다고 해서 청중 한 명한 명이 느끼는 기분을 파악하거나, 청중 각자의 기분을 감안한 연설문을 쓰고 스피치 하는 것은 불가능하다. 그러나 말하는 사람은 최근의 이슈를 조사해서 듣는 이들의 전반적인 기분을 파악해야만 한다. 예를 들어 어느 모임에서 강연하게 되었는데, 멤버 중 한 명이 최근 세상을 떠나서 청중의 전반적인 기분이 우울하고 슬프다는 사실을 알아냈다고 하자. 이런 경우 청중의 전반적인 기분을 파악했기 때문에 스피치에서 적절한 감정을 표현하기가 한층 더 수월할 것이다. 청중의 전반적인 기분을 파악하는 일은 앞으로 챕터4에서 자세하게 다루게 될 청중의 초기 정서를 확인하는 데도 도움을 준다.

뛰어난 강연자나 예술가는 청중의 지배적인 기분과 감정을 읽고 거기에 부응할 줄 안다. 이렇게 할 때 청중과 교감할 수가 있다. 한 번 그런 교감이 생기면 청중이 스피치에 몰입해서 감정 여행을 떠나도록 이끌 수 있고, 자신이 의도한 최종 감정으로 스피치를 마무리할 수 있다. 이런 과정을 한 마디로 설명할 수 있는 인상적인 일화가 있다. 예전에 워싱턴DC에서 열린 어느 학회에서, 청중의 감정 상태를 잘 파악해야 그들과 교감을 쌓을 수 있다는 개념을 소개한 적이 있다. 발표가 끝난 후 객석에서 있던 한 분이 내게로 다가와 제2차 세계대전 기념관에 가본 적이 있느냐고 물었다. 나는 가본 적이 없다고 대답했다. 그러자 그 신사분은 이런 말을 해 주었다.

"선생님의 강연을 듣고 제2차 세계대전 기념관을 이전보다 잘 이해하게 되었습니다. 그곳에 들어가면 처음에는 대학살과 폭발이 난무하는 전쟁과 혼돈의 느낌으로 시작되지만, 시간이 가면 갈수록 감정에 변화가 일어나 마지막에 가서는 아주 차분하고 위로를 주는 장소로 느껴지더군요. 이 기념관이 처음에는 관람객의 지배적인 기분이나 감정에 맞추고, 그런 뒤에 천천히 긍정적인 감정을 느끼게 해서 관람객에게 차분함과 위로를 가져다주려고 애쓰고 있다는 점을 이제 이해했습니다."

그분의 말이 옳다. 제2차 세계대전 기념관은 관람객이 눈치채지 못하는 사이에 관람객의 감정을 어루만지고 있는 것이다.

물론 '느낌'과 '감정'을 엄격하게 구분하는 전문가들이 있기는 하지만, 앞으로 이 책에서는 그 두 단어를 섞어서 사용할 것이다. 이 책의 목적을 감안하면 그런 차이는 별로 중요하지 않기 때문이다.

## 듣는 이의 기질과 성격을 파악하라

사람마다 감정에 반응하는 방식은 제각각이다. 감정 자극에 대한 각자의 민감성과 감정 조절 능력을 일컬어 기질(氣質)이라고 부른다. 기질에 따라서 똑같은 감정 자극에도 사람들은 서로 다른 감정 반응을 보인다. 사람을 다루기가 하늘의 별 따기만큼이나 어려운 것은 바로 이 때문이다.

많은 사람을 앞에 두고 말할 때, 개인의 기질은 그리 중요하지 않다. 사람이 많이 모여 있으면 개인의 기질에 따라서 나타나는 극단적인 감정 반응이 '상쇄' 되기 때문이다. 따라서 연설자는 개인보다는 청중 전체의 감정 반응을 다룰 수 있어야 한다. 청중의 감정 반응은 개인에 비해 예측하기가 쉬우므로 서로 다른 청중을 상대로 똑같은 스피치를 하더라도 비슷한 반응을 이끌어 낼 수 있는 경우가 많다.

의사소통에서 기질의 영향력이 두드러지는 것은 대화할 때이다. 조직 내 핵심 의사결정자를 포함한 소수의 사람 앞에서 프레젠테이션 할 때에도 비슷한 상황이 벌어진다. 이런 경우에 스피치 하는 사람은 핵심 인물의 기질을 파악해서 그의 반응에 따라 상황에 맞게 내용을 조금씩 수정해 나가면서 프레젠테이션을 한다. 우리 대부분은 대화 도중 부지불식간에 이런 변화를 준다. 말을 잘하는 사람은 단둘이서 대화하거나 중요한 핵심 의사결정자와 대화를 할 때, 상대의 기질을 더 많이 파악하려고 적극적으로 노력한다. 심지어 아예 프레젠테이션의 초반 몇 분 동안 핵심 인물을 대화에 끌어들이거나 그에게 질문을 던짐으로써 그 사람의 기질을 파악하는 데 집중 투자할 수도 있다. 그런 뒤 상대의 기질에 따라서 특정한 부분을 강조하거나 축소시킴으로써 프레젠테이션에 변화를 주는 것이다.

타고난 성격에 따라서 외부 자극에 반응하는 방식도 다르다. 내성적인 사람과 외향적인 사람의 차이를 한번 생각해 보자. 심리학자인 한스 아이젱크Hans Eysenck가 진행한 일련의 중대한 연구를 보면, 외향적인 사람이 사람들과 잘 어울리고 사교성이 있는 이유는 피질 각성cortical arousal이라고 불리는 선천적인 각성 수치가 낮기 때문이라고 한다. 따라서 외향적인 사람들이 최적의 각성 상태를 찾으려면 강한 외부 자극이 있어야만 한다. 반면 내성적인 사람은 대뇌피질의 각성 수준이 높아서, 최적의 각성 상태에 도달하기 위해서 외부 자극을 되도록 적게 받으려고 한다. 상당히 흥미로운 이런 연구 결과를 통해서 우리는 타고난 성격에 따라 감정 자극을 수용하거나 받아들이는 방법이 어떻게 달라지는지 그 실마리를 얻을 수 있다.

이 연구 결과에 따른다면, 외향적인 사람은 감정을 자극하는 상황이 자기 주변에서 일어나는 것을 아주 좋아할 것이다. 대표적으로 외향적인 사람은 바로 곁에서 수천 명의 관중이 열광하는 축구 경기 관람을 즐긴다. 외부 감정 자극은 외향적인 사람의 선천적으로 낮은 각성 수치를 보충해 주어서 다시 최적의 각성 상태가 되도록 한다. 한마디로, 외향적인 사람은 경기장에서 열정적으로 응원하거나 열광하는 수많은 청중 앞에서 강연하는 것을 좋아한다.

내성적인 사람은 아주 미세한 감정 신호를 읽어내는 능력이 탁월하다. 즉, 내성적인 사람은 자기 내면이나 주변에서 일어나는 미묘한 감정 변화를 포착해낸다. 내성적인 사람들은 상대적으로 비언어적 신호를 더 빨리 읽어내는 능력이 있다. 기본적으로 대뇌피질의 각성 수준이 높은 탓에 주변에서 일어나는 미세한 감정 변화에도 민감하게 반응할 수 있기 때문이다. 보통 내성적인 사람은 대화하는 과정에서 겉으로 드러나지 않는 상대방의 부정적인 정서를 읽어내고, 그런 감정에 집중할 가능성이 높다. 그런 이유로 보통 내성적인 사람은 경청을 잘한다는 소리를 듣는다. 하지만 그들은 그저 사람의 감정 속에 숨어 있는 작은 변화들을 읽어내는 데 탁월한 감수성을 가지고 있을 뿐이다.

심리학자인 래리 웨인 모리스Larry Wayne Morris는 《외향성과 내향성 Extraversion and Introversion》에서 외향적인 사람과 내향적인 사람의 감정 처리 방식의 차이를 다음과 같이 요약했다. "외향적인 성향이 비교적 강한 사람은 감정적인 표현은 꺼리지만 행동은 적극적인 반면, 내향적인 성향이 비교적 강한 사람은 행동은 소극적이지만 감정적으로 다양하고 깊은 경험을 한다."

이런 사실이 스피치를 준비하는 사람에게 시사하는 바는 엄청나다. 내성적인 사람은 자신이 말을 빨리하면 금방 지치게 된다는 사실을 잘 안다. 그래서 혈기가 넘치고 기운이 왕성한 사람들 앞에서 말하는 시간을 최소화하는 대신 조용한 분위기에서 소수의 사람과 대화 나누기를 더 선호할 것이다. 만약 외향적인 성격의 발표자가 내성적인 성향을 가진 다수의 엔지니어 앞에서 스피치 한다고 해 보자. 외향적인 발표자는 프레젠테이션을 마칠 때 청중이 기립 박수를 치지 않는 것에 실망하거나, 놀란 토끼 눈을 할 수도 있다. 그러나 기립 박수를 안 친다고 해서 그 엔지니어들이 프레젠테이션을 즐기지 않는 것은 절대 아니다. 이처럼 내성적인 사람과 외향적인 사람의 감정 구조가 처음부터 서로 다르다는 사실을 이해하면, 스피치에서 청중에게 어떤 감정을 불러일으킬지 정하기가 한결 수월해진다. 그리고 청중이 기대만큼 크게 호응하지 않아도 실망하지 않을 수 있다.

## 문화적 차이를 어디까지 고려해야 하는가

감정을 느끼는 방식은 대부분이 비슷하다. 따라서 스피치를 할 때 이런 기본적인 개념을 십분 활용한다면 문화와 언어의 차이를 뛰어넘어 전 세계 어느 청중과도 교감을 쌓을 수가 있다. 이것이 바로 이 책의 대전제이다.

그럼에도 감정과 감정의 표현은 반드시 구별할 필요가 있다. 첫 번째 개념은 그야말로 우리가 느끼는 것과 관련이 있다. 많은 기본적인 감정이 예로부터 진화해왔으며 인간의 생존을 위해 발달했다. 이런 기본적인 감정은 아마도 인류를 통틀어 비슷한 형태로 계속 유지될 것이다. 수천 년 동안 진행된 진화의 역사가 불과 몇 백 년 동안 형성된 문화적 차이로 인해서 달라질 가능성은 낮기 때문이다.

그렇다면 문화와 환경은 감정에 아무런 영향을 미치지 않는 것일까? 필립 쉐이버Phillip Shaver와 그 연구진의 연구에 따르면, 감정에도 분명히 문화적 차이가 존재한다. 예를 들어, 중국인들은 미국 사람에게는 흔하지 않은 '애련(哀戀)'이라는 감정을 느낀다. 애련은 사랑의 열병과 그리움, 슬픔과 사랑의 느낌을 포괄하는 감정이다. 미국인들은 이런 감정을 머리로 이해는 하지만 정작 가슴으로는 받아들이지는 못한다. 중국 문화에는 슬픔의 의미를 함축하고 있는 사랑과 관련된 감정이 많은 것 같다.

사람이 가지고 있는 감정 표현 방식과 외부 자극에 대한 반응은 문화에 따라 크게 다를 수 있다. 문화 규범과 사회에서 요구하는 예의범절에 따라서 감정에 반응하는 방식이 아주 다양한 것이다. 예컨대 일본 남성들은 윗사람 앞에서 크게 웃는 일을 어색해하며, 윗사람과 말할 때 눈을 똑바로 마주치는 것을 불손한 행위라고 여긴다. 하지만 비슷한 외부 자극 아래에서 서양 남성들의 반응은 크게 다를 공산이 크다. 이와 마찬가지로 장례 기간에 감정을 공공연하게 드러내는 것을 억제하는 서양의 장례 문화는 고인을 잃은 슬픔을 대놓고 드러내고 유족이 통곡을 하는(때로는 숨이 넘어갈 정도로) 일이 흔해서 거의 관습이 된 다른 많은 지역의 장례 문화와 선명한 대조를 보인다.

이처럼 문화에 따라 외부 자극에 서로 다른 반응을 보이는 것을 이해하기 어려울 수 있고, 상대의 예상치 못한 반응에 잘못 대응할 수도 있다. 감정을 인식하는 문화적 차이가 엄연히 존재하는 까닭에 의사소통을 할 때 언어 외적인 단서에 의존하는 경우가 생긴다. 상대방이 보내는 감정의 신호를 오해하면, 대화가 삼천포로 빠지거나 호소하려는 메시지가 청중에게 잘못 전달되기 쉽다. 문화에 따라서 사람들의 감정 반응에 차이가 있다는 사실을 이해하면 다른 사람들보다 유리한데, 특히 다양한 국적의 청중 앞에서 스피치 할 때 많은 도움이 된다.

## 감정의 3원색

파란색, 녹색, 빨간색 3가지 색만 들어 있는 컬러 프린터 카트리지에서 어떻게 모든 색상을 출력할 수 있을까? 그 해답은 과학에서 말하는 3원색 속에 숨어 있다. 지구 상에는 빨강, 청색, 녹색의 오직 3가지 주요한 색깔만 존재하며 그 3원색을 조합해서 세상의 모든 색깔을 표현할 수 있다는 것이다. 이처럼 색깔의 과학을 알고 있으면 컬러 프린터의 작동 원리도 금방 이해가 간다. 특히 과학과 공학 분야에는 컬러 프린터처럼 3원색을 활용한 사례가 많다.

감정도 3원색과 비슷한 원리로 설명할 수 있다고 믿는 심리학자가 많다. 3원색과 마찬가지로 감정에도 몇 가지 기본 감정이 있어서, 이를 조합하면 우리가 주변에서 볼 수 있는 모든 감정을 나타낼 수 있다는 것이다. 논리의 단순성 때문에 지금까지 많은 연구자가 이 가설을 받아들였다. 하지만 기본 감정이 구체적으로 어떤 것들인가를 두고는 아직도 논쟁이 있다.

먼저 심리학자 로버트 플러칙 Robet Pluchik 이 제안한 기본 감정에 대해서 알아보자. 로버트 플러칙은 《감정 : 이론과 연구, 그리고 경험 Emotions in the Practice of Psychotherapy》에서 인간의 기본 감정이 두려움, 화, 기쁨, 슬픔, 신뢰, 혐오, 기대, 놀라움이라고 주장했다. 그가 이와 같은 8가지 감정을 기본 감정으로 삼은 이유는 자신의 연구 결과 8가지 감정이 촉발될 때 인류의 생존가survival value · 개체가 나타내는 여러 특성의 적응도를 높이는 기능이나 효과—옮긴이가 높아졌기 때문이었다. 따라서 로버트 플러칙은 초기 인류도 분명히 이런 감정들을 가지고 있었고, 그런 기본 감정들은 인간이 생존하는 데 중요한 역할을 했을 것이라고 주장한다. 그의 가설에 따르면, 인류가 진화하는 과정에서 기본 감정들이 서로 얽히고설켜 그 밖의 모든 감정이 탄생했다.

기본 감정은 스피치 할 때 청중의 감정 상태를 이해할 수 있는 중요한 개념이다. 우리 모두 기본 감정이 무엇인지 인식하고 이해하고 있으며, 그것을 확실하게 표현할 줄 안다. 그러나 우리가 일상적으로 느끼는 다른 감정들은 그렇게 할 수가 없다. 기본 감정이 무엇인지 알고 있으면 각양각색의 느낌을 분명하게 파악하는 데 도움이 된다.

연설자는 청중에게 호나기시키고 싶은 감정을 먼저 스스로 이해해야 한다. 청중의 감정을 이해하는 일은 커뮤니케이션에서 중요한 개념, 즉 앞서 소개한 최종 감정을 제대로 이해하는 토대가 된다. 노련한 연설자는 스피치의 목적과 특정 감정을 연결할 줄 알고, 청중에게서 그런 감정을 이끌어 내기 위해 필요한 여러 가지 기본 감정이 무엇인지 안다. 그리고 그런 기본 감정들이 드러나는 연설문을 쓴다. 이에 관해서는 다음 장에서 자세하게 다룰 것이다.

지난 며칠 동안 어떤 감정을 느꼈는지 스스로 한 번 생각해 보자. 그 후에 그런 감정들을 기본 감정으로 다시 세분화해 보자. 일례로

2009년, 나는 중요한 사내 프레젠테이션을 앞두고 불안에 떨었던 적이 있다. 그 프레젠테이션을 잘 마쳤다면 원하던 결과를 앞당겨 얻어냈을지도 모른다. 하지만 프레젠테이션을 진행함에 따라 상황이 점점 나빠지고 있으며 몇몇 비협조적인 동료들이 나를 심하게 비판하려고 이 자리를 마련한 것만 같은 강한 느낌이 들었다. 결국 중요한 의사결정이 내려질 회의 석상에서 나는 될 대로 되라는 식으로 프레젠테이션을 하고 말았다.

프레젠테이션 하는 동안, 불안을 느낄 때 나타나는 모든 전형적인 신호낮은 집중력, 긴장한 근육, 불면증 등등가 내게 나타났다. 그 자리를 앞두고 어느 정도 기대감이 있는 것도 사실이었으나, 잘못되면 어쩌나 하는 불안감이 더 컸다. 남들 앞에서 프레젠테이션 해야 한다는 사실 그 자체에 화가 나기도 했다. 마지막으로 내 노력에 협조적이지 않았던 몇몇 동료에 대한 불신의 감정도 약간 있었다. 따라서 그때 내가 느낀 불안감 속에는 기대감, 두려움, 분노, 그리고 불신 등이 뒤죽박죽 섞여 있었던 셈이다.

## 슬픔은 기쁨을 압도한다

기본 감정마다 우리에게 미치는 영향은 다르다. 기쁨과 신뢰, 사랑과 감사 같은 감정은 약한 감정이라고 부를 수 있다. 이런 감정은 우리에게 약한 영향을 미친다. 요컨대 우리가 '지루해하지 않고' 이런 감정을 계속 느낄 수 있는 기간은 몇 시간 혹은 며칠에 불과하다. 혹시 스탠드업 코미디 stand-up comedy · 무대 위에서 한 코미디언이 청중을 상대로 직접 말하면서 재미있는 이야기, 짧은 농담, 암묵적인 사회 비판 따위를 하는 코미디 형식―옮긴이 쇼를 본 적이 있는가? 그런 쇼는 포복절도할 정도로 재미있는데, 코미디언의 입담이 좋으면 쇼가 진행되는 내내 누구나 웃음을 참지 못한다. 하지만 어느 정도 시간이 지나면 지루해지기 시작한다. 스탠드업 코미디언으로 활약하다가 현재 프로 강연자로 활약하는 대런 라크루와의 말에 따르면, 대부분의 스탠드업 코미디는 45분에서 1시간이 지나면 그 예리함을 잃기 시작한다. 그 정도 시간이 지나면 보통 사람은 지루해하기 마련인데, 그 이유는 유머가 약한 감정을 유발하기 때문이다.

반면 두려움, 분노, 놀라움 등은 좀 더 강한 감정에 속한다. 이런 감정이 극단으로 치달으면 우리 뇌는 강한 감정에 '장악' 당한다. 강렬한 감정이 통제권을 쥐면서 우리의 인지 능력을 마비시키기 때문이다. 두려움이나 분노 같은 감정이 그토록 강렬한 이유는 인간의 생존 본능에서 해답을 찾을 수 있다. 이런 감정이 일어나는 순간은 대개 위험에 맞닥뜨리거나 전쟁에 직면했을 때였다. 강한 감정을 느낌과 동시에 도피하거나 싸우기 위해 재빨리 움직여야 했으므로 혈액순환이 급격하게 빨라졌다. 이런 감정은 극도의 집중력과 주체할 수 없을 정도의 강렬한 느낌, 그리고 감정이 오래 지속될 경우 나타나는 피로감 등을 동반한다. 만약 강한 감정이 극단적으로 치달으면, 뇌의 인지 능력이 떨어져서 신체의 근육들은 '제멋대로' 움직이게 된다.

이런 강한 감정을 스피치에 적절하게 활용하면 강력한 효과를 발휘하지만, 잘못 활용하면 청중의 진만 빼놓게 된다. 강한 감정을 어설프게 스피치에 사용하면 청중은 금방 지루해하며 피곤한 나머지 그만 쉬고 싶다는 생각을 하게 될지 모른다. 이처럼 듣는 사람의 '정신적 피로감'을 자아내는 경우는 생각보다 많다.

두려움이라는 감정을 한 번 생각해 보자. 갑작스럽게 찾아오는 두려움은 우리 신체에 아주 강력한 영향을 미친다. 두려움이 몰려오면 심장은 쿵쾅거리기 시작하고, 심한 경우 움직이거나 생각할 수조차 없을 정도로 우리 신체는 꽁꽁 얼어붙는다. 몇 분만 이런 극심한 두려움이 이어져도 우리는 기가 빠지고 금세 지쳐버린다. 이것이 바로 '스탠드업 두려움 쇼'가 없는 이유다. 보통 사람은 극심한 두려움 속에서 불과 몇 분도 견디지 못한다.

스피치를 잘하고 싶다면 반드시 기본 감정과 약한 감정 및 강한 감정에 관해서 이해하고 있어야 한다. 또한 그런 감정을 적절하게 활용해서 연설문을 작성할 줄 알아야 한다. 스피치의 절반을 요절복통하도록 웃기는 이야기로, 나머지 절반을 엄청나게 슬픈 이야기로 채운다고 해서 청중도 반반씩 웃고 울지 않는다. 그럴 경우 상대적으로 더 강렬한 감정인 슬픔이 그 스피치를 압도하게 된다.

Using Emotions

### 감정을 설명하는 그 밖의 이론

모든 학문이 그렇지만, 감정에 관한 다른 견해도 존재한다. 감정은 모두 다르다는 것이다. 이 이론을 주장하는 학자들은, 몇 가지 기본 감정으로 세상의 모든 감정을 설명하려고 드는 것은 감정의 복잡성을 간과하는 처사라고 반박한다. 그러면서 감정은 감정유형(좋은 또는 나쁜)과 강도(약한 혹은 강한)가 모두 제각각이어서, 이 두 종류의 축을 따라 무한한 수의 감정이 계속해서 존재한다고 말한다.

## 감정은 기억을 강화한다

쿠알라룸푸르에서 돌아오는 비행기 안에서 처음으로 들었던 가브리엘라 칠미Gabriella Cilmi의 '스윗 어바웃 미Sweet About Me'라는 곡을 아직도 잊지 못한다. 그 순간은 내가 기내에 설치된 모니터로 〈레볼루셔너리 로드Revolutionary Road〉라는 제목의 영화를 본 직후였다. 그 영화는 정말 우울했기 때문에 내용이 아주 선명하게 기억난다. 우울한 기분에서 빠져나오려고 라디오를 틀었을 때, 처음 들은 곡이 바로 '스윗 어바웃 미'였다. 그때나 지금이나 라디오를 그렇게 좋아하지 않고 듣더라도 무슨 음악을 들었는지 기억을 거의 못 하는 편이다. 그런데 유독 그 곡만은 기억에 또렷이 남아있다. 물론 곡 자체가 좋기도 하지만, 그날 〈레볼

루서너리 로드)를 보고 나서 느낀 강렬한 감정 때문에 연이어 들은 음악이 뇌리에 새겨졌을 가능성이 크다.

아주 오래전부터 연설자들은 반복을 통해서 기억에 남는 스피치를 하려고 애써왔다. '습관 기억 habit memory'이라고도 불리는 이런 형태의 기억은 머리나 몸으로 여러 차례 반복 학습함으로써 강화된다. 이런 정보 기억 방식은 특히 이공계 학술 발표회에서 자주 활용한다. 학술 발표회에서는 발표자가 같은 내용을 반복해서 설명할 것을 권장하는데, 데일 카네기도 "청중에게 앞으로 이야기할 내용을 알려준 다음, 그 내용에 대해서 말하라. 그런 후에 금방 전달한 내용에 대해서 또 말하라"는 조언을 남겼다. 다시 말해, 동일한 개념(때로는 서로 다른 예시와 아이디어를 가지고)을 반복해서 설명하면 그만큼 청중의 이해도가 높아질 것이라는 뜻이다. 스피치 워크숍을 진행하는 강사들 또한 수강생들에게 어떤 스피치 기술을 가르칠 때 그 기술이 수강생들의 몸에 밸 때까지 여러 차례 반복 훈련을 시킨다.

'자꾸 연습하면 오래간다'는 식의 접근 방식은 취할 만한 부분이 없지 않으며, 실제로 지금까지 많은 연설자와 강사가 성공적으로 활용해온 기억 강화 방법이다. 그러나 그런 방식으로 어떤 기술이나 개념을 습득해서 장기 기억으로 만들려면 시간이 너무 오래 걸린다는 것이 단점이다.

기억에 남는 메시지를 전달하는 또 다른 방법은 인간의 감정을 활용하는 것이다. 보스턴대학의 엘리자베스 켄싱어 Elizabeth Kensinger 교수와 연구진은 몇 가지 흥미로운 실험을 했다. 참가자들에게 의자나 책상처럼 감정과는 상관없는 사진과 화난 사람의 얼굴 같이 감정을 자극하는 사진을 보여준 결과, 감정이 들어 있는 사진을 상대적으로 더 잘 기억하는 것으로 나타난 것이다. 이런 현상을 감정의 기억 강화emotional memory enhancement라고 부른다. 연구자들은 우리 뇌의 편도체가 감정 경험을 오래 기억되도록 하는 데 중요한 역할을 한다고 생각한다. 요컨대, 편도체가 손상된 환자들은 감정 이미지로 기억이 전혀 강화되지 않았다.

자기공명영상장치fMRI 덕분에 이제 연구자들은 사람의 뇌를 '들여다볼' 수 있을 뿐만 아니라 특정한 시점에 뇌 중앙의 어떤 부위가 활성화되는지까지 파악할 수 있다. 최근 몇몇 연구자들은 자기공명영상장치로 참가자들의 뇌 영상을 분석해서 편도체amygdala가 감정으로 인한 기억을 만들어내는 역할을 한다는 사실을 밝혀냈다. 이제 켄싱어를 비롯한 연구자들은 편도체가 감정 기억을 저장하지는 않지만 그것을 촉진하는 역할을 한다고 믿고 있다. 감정을 자극하는 사건이 일어났을 때 편도체는 우리가 그 사건을 확실히 인식하도록 함으로써 일어난 사건들이 더 잘 정렬되도록 돕고, 그 결과 우리는 그 사건을 쉽게 다시 떠올리게 된다는 것이다. 달리 말해서, 편도체의 도움을 받은 감정은 기억의 저장 시스템을 훨씬 더 원활하게 작동되도록 하는 윤활유 역할을 한다고 볼 수 있다.

경영대학원만큼 인간의 감정을 활용한 기억 강화 기법을 폭넓게 활용하는 곳도 없다. 하버드 경영대학원은 이미 수십 년 전에 교과 과정에 사례연구case study 학습법을 도입했다. 사례연구를 통해 학생들은 특정 상황을 놓고 자신이 성격과 과거가 전혀 다른 특정 인물이 된다는 가정하에 토론에 임한다. 그 덕분에 학생들은 주어진 상황 속 인물의 사고 과정과 신념에 정서적으로 공감할 수 있다. 보통 이런 과정이 끝나면 열띤 토론이 벌어지는데, 학생들은 한껏 감정을 실어 토론에 참여하기 때문에 토론 내용은 물론이고 토론이 끝난 후 교수의 '촌평'까지 또렷하게 기억한다. 이런 장점 덕분에 사례연구법은 전 세계적으로 아주 큰 성공을 거두었고, 이제는 사례연구로 대학원생을 가르치지 않는 경영대학원을 찾아보기 어려울 정도가 되었다.

## 결코 잊혀지지 않는 '섬광 기억'

1986년 1월 28일의 일이다. 미국 뉴햄프셔 주 콩코드 시는 흥분의 도가니였다. 이 도시에 살던 여교사 크리스타 매콜리프Christa McAuliffe가 곧 우주로 발사될 우주 비행선에 탑승할 예정이었기 때문이다. 크리스타는 1년 전에 나사NASA에서 추진하는 교사 우주 탐사 프로젝트TISP에 지원한 11,000명의 지원자 중에서 최초의 민간인 우주비행사로 선발된 상태였다. 그녀 부모님의 고향은 매사추세츠 주 프래밍햄Framingham이었지만, 크리스타는 매사추세츠 주와 뉴햄프셔 주 경계에 있는 콩코드 시에 있는 한 학교에서 학생들을 가르치고 있었다. 우주여행은 그녀의 오랜 꿈이었고, 콩코드 시민들 모두는 곧 크리스타가 그 꿈을 실현하는 모습을 지켜볼 수 있을 거로 생각했다.

우주 비행선 발사 장면은 CNN이 생중계할 예정이었다. 발사 예정 시간은 콩코드 현지 시각으로 오전 11시 38분이었다. 선생님들은 학교에 비치된 텔레비전을 켰고, 직장인들도 발사 장면을 지켜보기 위해 가장 가까이에 있는 텔레비전을 찾았다. 케네디 우주센터에서 우주왕복선이 발사되자, '예스'라는 함성이 여기저기서 울려 퍼졌다. 콩코드 시의 여성이 우주를 향한 여정에 막 오른 순간이었다.

그런데 잠시 뒤 눈 깜짝할 사이에 사고가 터졌다. 이륙한 지 불과 72초 만에, 우주왕복선 챌린저호가 공중에서 산산조각이 난 것이다. 그 장면을 지켜본 온 국민, 그중에서도 특히 프래밍햄과 콩코드 시민들은 망연자실했다. 교사들은 감정이 복받쳐 학생들 앞에서 펑펑 울었다. 〈보스턴 글로브〉 기자인 제니퍼 피터Jennifer Peter는 1986년 챌린저호 참사가 일어날 당시 고등학교 2학년이었다. 챌린저호 참사 25주년 기념식에 연설자로 참석한 그녀는 "케네디 대통령이 암살되었을 때 너무 어려서 그 기억이 없는 사람들에게, 챌린저호 폭발 참사는 그때 서 있던 장소가 어디였는지까지 또렷하게 떠올리게 할 정도로 분명한 기억으로 남았습니다"라고 말했다. 미국의 전 국민은 앞으로도 평생 그날의 기억을 잊지 못할 것이다.

이처럼 일어난 지 수십 년이 지나도 마치 어제 일처럼 생생하게 기억나는 사건이 누구에게나 하나쯤 있을 것이다. 전(前) 대통령 비밀 경호요원이었던 제리 블레인Jerry Blaine은 《케네디 디테일The Kennedy Detail》에서 1963년 케네디 대통령 암살 사건에 얽힌 비밀을 폭로한 바 있다. 제리 블레인은 암살범이 총을 쐈을 때 가장 먼저 케네디 대통령의 차에 접근한 인물이다. 제리 블레인은 이제 70대에 접어들었지만, 50년 전에 일어난 그 사건이 아직도 또렷이 기억난다고 말한다. 이와 비슷하게 1984년 인도 보팔에서 일어난 사상 최악의 유독가스 누출사고에서 구사일생으로 살아남은 생존자들 역시 그날의 일을 아주 생생하게 기억하고 있다.

　이처럼 강렬한 감정을 불러일으키는 사건들이 남기는 영향에 관한 연구에 의하면, 한 국가에서 혹은 전 세계적으로 일어난 대형 참사에 대한 사람들의 기억은 다른 기억에 비해 훨씬 더 각인 효과가 크다. 전문가들은 이런 현상을 '섬광 기억 flashbulb memory'이라고 부른다. 강렬한 감정이 뇌에 섬광을 일으키듯 작용하여 그 감정이 지속되는 한 관련된 사건에 대한 모든 세부 사항이 생생한 기억으로 뇌에 아로새겨지는 것이다. 예를 들어 당신이 아무것도 보이지 않는 어두컴컴한 방 안에 있는데 갑자기 섬광이 번쩍였다고 하자. 섬광이 일어난 지 불과 몇 초 만에, 주변의 모든 사물이 잠시 보였다가 다시 칠흑 같은 어둠에 빠질 것이다. 강렬한 감정이 기억에 미치는 효과 역시 이와 비슷하다. 지속된 시간이 몇 초이든 몇 분이든 아니면 몇 시간이든 강렬한 감정이 지속되는 한 그 사건과 관련한 모든 장면이 영구적인 기억으로 남게 된다.

　섬광 기억 현상은 대참사나 전 세계적인 재난이 발생했을 때 흔히 나타난다. 예컨대 이집트인들은 지난 2011년 이집트 수도의 타흐리르 광장에서 일어난 민주화 시위에 대한 기억을 앞으로도 오랫동안 간직할 것이다. 그것은 직접 시위에 참가하지 않고 시위 소식을 텔레비전이나 라디오로 접한 이집트인들에게도 마찬가지일 것이다. 부모나 자녀의 예상치 못한 죽음처럼, 개인이 큰 사건으로 인해 정서적 충격을 받았을 때에도 섬광 기억 현상이 일어난다.

연설자로서는 기억을 촉진하는 감정의 역할과 섬광 기억 현상이 대단히 흥미로울 수밖에 없다. 이 두 가지 개념을 활용하면 청중의 기억에 남는 연설문을 작성하고 또 그런 연설을 할 수 있다. 그 방법에 관해서는 챕터4에서 자세하게 다룰 것이다.

## 청중을 내 편으로 만드는 감정의 힘

역사적으로 걸출한 지도자 대부분은 열정, 분노 같은 격렬한 감정이 대중의 행동을 이끌어 낸다는 사실을 잘 이해했으며 그 원리를 적극적으로 활용했다. 그들은 강렬한 감정의 힘을 활용해서 대의명분을 내세우며 대중을 원하는 방향 혹은 그 반대 방향으로 선동해왔다. 연설자가 오랜 시간 공들여 만든 연설문을 가지고 감동적인 연설을 하면 대개는 청중 사이에서 강렬한 감정이 일어난다. 할리우드 영화에는 장군이나 왕이 출정을 앞두고 병사들의 감정을 자극하는 연설을 하는 장면이 자주 등장한다. 이런 격정적인 연설을 들은 병사들은 전쟁에 득이 되거나 혹은 실이 되는 복잡 미묘하고 강렬한 감정을 느끼게 된다. 감정적으로 고무된 병사들은 대의를 위해 기꺼이 자기 목숨을 내놓으려고 할 것이다. 반대로 두려움을 품으면 온몸이 꽁꽁 얼어붙은 듯 움츠러들고, 결국 전쟁터에서 큰 패배를 당하고 말 것이다. 이런 상황에서 리더의 역할은 병사들의 이런 복잡 미묘한 감정을 이해하고, 명연설을 통해서 그들이 싸움터에 나가 임전무퇴의 정신으로 싸우도록, 더 나아가 자기 한 목숨을 초개와 같이 버릴 수 있도록 감정적으로 고무시키는 일이다.

때로 강렬한 감정은 우리의 무의식적 행동을 자극하기도 한다. 등 뒤에서 뱀이 기어가는 것 같은 '쉭쉭' 하는 소리가 들려오면 대부분이 반사적으로 움직인다. 하지만 우리의 관심사는 무의식적 행동보다는 의식적인 행동을 이끌어 내는 감정과 효과를 이해하는 일이다. 직장에서 질투심에 사로잡혀 자기 동료를 끌어내리려는 음모를 꾸미는 사람이든, 사랑에 빠진 나머지 상대 여성의 시선을 끌기 위해 엉뚱한 짓을 하는 청년이든 간에, 사람들은 강렬한 감정에 이끌리면 평소 하지 않았을 행동도 서슴없이 하게 된다.

감정은 또한 우리의 의사결정에도 영향을 미친다. 시도 때도 없이 나오는 텔레비전 광고를 보면 감정이 우리에게 미치는 영향이 얼마나 대단한지 알 수 있다. 예전에 한 금융 학회에서 '감정 소비'를 주제로 강연해달라는 요청을 받은 적이 있다. 주최 측에서는 그 강연을 통해서 참석자들이 자동차 제조사에서부터 보석 제조업체에 이르기까지 기업들이 감정적 기폭제를 활용해서 어떻게 소비자의 구매 습관에 영향을 미치고 있는지 이해하기를 바랐다. 감정 소비를 부추기는 제조사들의 마케팅 전략 때문에 소위 '엘리트'라고 자처하는 사람들도 더 싼 가격으로 비슷한 차종의 다른 자동차 브랜드를 구매할 수 있음에도 굳이 더 비싼 자동차를 구입한다.

감정 소비의 전형적인 사례는 텔레비전 쇼 〈노바Nova〉에서 진행한

'돈과 인간Mind Over Money'이라는 제목의 경매에서 잘 드러났다. 이 프로그램에서 참가자들은 20달러짜리 지폐 한 장을 두고 경매를 벌였다. 여기서 한 가지 흥미로운 점은 경매 과정에서 응찰자들이 너무나 격앙된 나머지, 20달러 지폐 한 장을 사들이는 데 20달러 이상의 돈을 기꺼이 내겠다고 경쟁을 벌였다는 사실이다. 말도 안 된다고 생각할지 모르지만, 이런 결과는 감정의 힘이 그만큼 강력하다는 사실을 방증한다.

대개 감정은 우리의 행동과 의사결정에 동시에 영향을 미친다. 정치인들은 자기 논리를 강화하기 위해 대중의 감정을 부추기는 데 타고난 소질이 있는 사람들이다. 정치인들은 분노하거나 두려움을 느끼는 유권자가 투표할 가능성이 더 높다는 사실을 꿰뚫고 있다. 유권자가 상대 후보자에 대해 분노의 감정을 품고 있으면 당연히 선거에 유리하게 작용한다. 정치인들이 선거나 중요한 투표를 앞두고 분열을 초래하고 때로는 강한 분노를 유발하는 수사를 남발하는 이유가 바로 그것이다. 그들은 감정이 대중의 사고와 행동을 지배한다는 사실을 누구보다도 잘 알고 있다.

어느 정당에 소속되어 있든 정치인들은 자기 진영에 도움이 될 만한, 감정적으로 휘발성이 있는 사건들을 찾기 위해 물불을 가리지 않는다. 일례로 2008년 미국 대선에서는 몇 가지 음모론이 제기되었다. 그 중 하나는 당시 대선후보였던 버락 오바마가 미국 시민이 아니라는 주장이었다. 그런 주장을 전면에 내세운 이른바 '버서birther' 운동가들 때문에 소수의 미국 국민은 오바마에 대해 강렬한 반감을 품었다. 당시 오바마의 대선 경쟁자였던 존 매케인 공화당 대선후보와 그의 러닝메이트 세라 페일린은 오바마의 출생 의혹 주장에 신빙성이 있으며 의문을 제기해 볼 필요가 있다고 넌지시 말함으로써 자신의 지지자들을 한층 자극했다. 그들은 공화당 지지자들을 감정적으로 자극하면 그들이 더욱 적극적으로 행동할 것이고, 그 결과 더 많은 선거자금과 지지자들이 모여 결국 더 많은 공화당원이 투표에 참여할 것임을 알고 있었던 것이다.

## 감정 소통으로 기억과 행동을 지배하라

감정, 그리고 감정이 기억·사고·행동에 미치는 영향을 제대로 이해하고 말한다면 어떻게 될까? 당신의 말이 가지는 영향력은 이전과 180도 달라질 것이다. 정보가 끊임없이 쏟아지는 오늘날, 뇌리에 남는 말은 프레젠테이션 등 남들 앞에서 말할 기회가 있는 모든 사람의 관심사이다. 그리고 기억에 남는 말을 할 수 있는 가장 효과적인 방법 중 하나는 바로 감정을 활용하는 것이다.

2012년 2월, 이슬람교 시아파의 한 분파인 이스마일파Ismaili 사람들은 운전 중 문자메시지 발송의 위험성과 관련된 대중 교육을 벌였다. 주최 측에서는 참가자들에게 비디오 영상 하나를 보여주었는데, 운전 중에 문자메시지를 보내다가 자동차 충돌 사고로 사망한 한 소녀의 이야기였다. 동영상에는 그녀의 친구들, 사고를 담당한 경찰관들, 그리고 소녀의 죽음으로 슬픔을 겪은 사람들 다수가 등장했다. 동영상은 매우 짧았지만 등장인물들이 마치 우리가 아는 사람들처럼 가깝게 느껴진 탓에, 참가자들은 그들이 느낀 상실감에 공감했다. 동영상은 '운전 중에는 문자메시지를 보내지 맙시다'라는 문구로 끝이 났고, 참석자들 모두 그 메시지에 전적으로 동의했다.

청중이 등장인물들과 감정적으로 가까워지는 시간을 갖도록 한 덕분에 그 동영상은 깊은 공감을 이끌어 내며 확산될 수 있었다. 감정적 친밀감 덕분에 참가자들은 동영상이 전달하는 교훈을 적극적으로 받아들이며, 영상 속 등장인물들의 상실감을 공유했다. 그리고 자신은 '절대 그런 비참한 기분을 느끼지 않을 것'이라 다짐하고는 집으로 돌아가 자녀들에게 운전 중에는 절대 휴대폰을 사용하지 말라고 신신당부했다. 동영상 속 소녀의 비참한 사연을 접한 뒤 느낀 강렬한 감정 때문에 많은 사람이 실제로 행동하게 된 것이다.

이처럼 감정은 행동을 이끌어 내는 주된 원인이다. 이를 응용해 보자. 연설자가 청중에게서 특정한 감정을 이끌어 낼 수 있다면 그는 자신의 의도대로 청중의 행동을 유도할 수 있을 것이다. 즉, 청중이 느끼는 감정을 정확하게 파악해서 스피치 도중에 그런 감정을 자극할 수 있다면, 청중들은 자청해서 연설자가 바라는 대로 행동하게 될 것이다. 청중의 감정을 활용한 이런 스피치 방법의 효과는 정말 엄청나다.

지금까지 살펴보았듯, 감정은 인류 진화 과정에서 중요한 역할을 담당해왔다. 감정은 인간이 위험에 맞서도록 해주는 타고난 본능으로, 감정 덕분에 인간은 위협이 닥쳤을 때 빠르고 단호하게 행동할 수 있었다. 이 점은 강렬한 감정이 우리에게 미치는 두 가지 영향력을 설명해

준다. 바로 기억력 강화와 단호한 행동이다.

감정이 만들어내는 이 두 가지 효과는 특히 스피치 하는 사람에게 중요하다. '청중을 감화할 수 있는 인상적인 스피치'라는 목적에 가장 잘 부합하는 것이 바로 감정 소통법이다. 감정 소통법은 청중의 생각과 감정에 큰 변화를 이끌어 내는 아주 특별하고 강력한 말하기 비법이다. 거기에다 감정의 기본적인 특성들, 즉 대개 감정은 문화나 언어의 영향을 받지 않는 보편성과 연설자나 청중이 함께 느낄 수 있는 동시성을 가지고 있다는 사실까지 감안한다면, 감정 소통법은 의사소통의 기초 중의 기초로서 잘 익혀 두어야만 한다.

스피치에 감정 소통법을 활용해서 연설문을 제대로 쓰기까지 정말 많은 세월이 걸렸다. 하지만 이제 와서 그렇게 절치부심했던 시절을 되돌아보니, 그 모든 노력이 그만큼 가치가 있었던 것 같다. 단언컨대, 감정 소통법은 의심할 여지가 없는 강력한 힘을 발휘한다. 감정 소통법을 제대로 배우고 익힌다면 스피치에 대한 행복감과 해방감을 동시에 맛볼 수 있을 것이다. 그리고 인간이라면 누구나 일상적으로 감정을 다루므로 누구라도 감정 소통법을 배울 수 있다. 자, 다음 장에서는 청중의 감정을 활용해서 연설문을 작성하고 스피치 하는 방법에 대해 자세하게 살펴보도록 하자.

CHAPTER 4

# 대화에서 연설까지, 감정 소통법으로 승부하라

사람들은 당신이 한 말과 행동은 잊을지 몰라도,
당신에게서 받은 느낌은 절대 잊지 못한다.
―마야 안젤루, 미국의 시인

    2003년 2월이었다. 아내와 나는 샌프란시스코에서 우리의 첫 번째 결혼기념일을 자축하고 있었다. 샌프란시스코를 방문하는 관광객이라면 누구나 샌프란시스코 만의 명소 39번 부두를 빼놓지 않고 방문하는데, 우리 부부도 예외는 아니었다. 우리가 그곳을 방문하던 날, 기온은 21도 정도로 온화했고 바닷가에서는 시원한 바람이 불어왔다. 부두 주변에서는 바다사자와 물개들이 햇볕을 듬뿍 쬐고 있었고, 관광객 수백 명이 화창한 날을 즐기고 있었다.

    아내와 나는 39번 부두로 향하는 도중에 입구 오른쪽 구석에서 조용히 앉아있는 남자 한 명을 발견했다. 그는 손에 입이 무성한 나뭇가지 하나를 들고 있었다. 이상한 낌새를 못 챈 관광객이 그 앞을 지나가면, 그는 갑자기 벌떡 일어서서 '야아!' 하고 소리를 질렀다. 예상치 못한 습격을 당한 관광객이 어떤 반응을 보일지 상상이 될 것이다. 관광객은 갑작스러운 외침에 놀라 움찔하고, 그들이 들고 있던 팝콘은 사방으로 튕겨 나간다. 멍한 표정을 지은 채 넋이 나가 있던 관광객은 웃음을 터트리는 주변 사람들의 모습을 발견하고는 그제야 이것이 짓궂은 장난임을 깨닫는다. 관광객 대부분은 축제 분위기 속에서 이런 장난을 가볍게 생각하고는 가던 길을 계속 간다. 개중에는 그런 갑작스러운 장난 때문에, 혹은 팝콘을 다시 사야 한다는 사실 때문에 짜증을 내는 사람도 있다. 그들이 째려보면 그 장난꾸러기 남자는 관광객에게 사과한 다음 좋은 말로 살살 구슬리고, 관광객은 즐거운 마음으로 계속해서 관광을 한다.

우리 부부는 서른 명 남짓한 관광객 무리에 섞여 불과 몇 미터 떨어진 곳에서 그 모습을 지켜보았다. 무방비 상태의 관광객이 이런 장난을 당하는 모습을 지켜보는 일은 재미가 쏠쏠하다. 흥미로운 것은 장난에 당한 사람들도 나중에는 구경하는 무리에 들어가서 다음 차례에 당하는 관광객의 모습을 지켜보며 실컷 웃는다는 사실이다. 장난은 그 장난꾼이 엄청나게 덩치가 큰 한 남성을 골려 먹을 때까지 이어졌다. 그 남성은 훤칠한 키에 힘이 센 데다 몸무게가 적어도 113킬로그램은 나갈 것 같았고, 험상궂은 얼굴에 온몸은 우락부락한 근육으로 덮여 있었다. 악명 높은 앨커트래즈 교도소에서 금방 탈출한 사람이라 해도 이상하지 않을 정도였다. 앨커트래즈 교도소는 샌프란시스코 해변에서 3, 4킬로미터쯤 떨어진 섬에 있었던. 감시가 철통 같은 교도소이다.

장난꾼의 장난은 기가 막히게 잘 들어맞아서 이 거구의 남성은 숨이 넘어갈 듯 깜짝 놀라 팝콘의 절반을 와르르 바닥에 쏟아버렸고, 몇 초 동안 말도 못하게 웃기는 상황이 벌어졌다. 남성의 어마어마한 몸집과 골격 때문에 그런 장난은 더욱 재미있게 느껴졌고, 구경꾼들은 배꼽을 잡고 과장되게 웃을 수밖에 없었다. 그런데 방금 자신에게 벌어진 일을 파악한 그 남성은 전혀 즐거운 기색이 아니었다.

바로 다음 순간, 장난꾼은 자신이 놀린 남자의 몸집이 얼마나 큰지 그리고 자신이 얼마나 난처한 상황에 놓이게 되었는지 깨달았다. 장대같이 큰 거구의 남성은 장난꾼에게 성큼성큼 다가갔다. 그 모습을 지켜보던 아내와 나는 39번 부두 주변에서 햇볕을 쬐고 있던 물개들이 그날 조금 특별한 먹이를 먹겠구나, 확신했다. 많은 사람이 달려들어 거구의 남성을 겨우 진정시켜 놓았지만, 상황을 파악한 장난꾼은 이미 줄행랑을 친 뒤였다.

여기서 잠깐, 그 상황에 관해 생각해 보자. 장난꾼이 과연 그 거구의 친구에게 어떤 해를 입힐 수 있었을까? 아마 털끝도 건드리지 못했을 것이다. 하지만 덩치 큰 친구의 반응은 과장되고 무시무시했다. 그렇다면 덩치 크고 힘센 그 친구는 그날의 장난을 기억할까? 물론이다. 사건이 있는 뒤 몇 년이 지나더라도, 그 친구는 어떤 정신 나간 장난꾼이 갑자기 나타나서 자신을 어떻게 깜짝 놀라게 했는지 입이 아프게 이야기할 것이다. 한 마디로, 그 사건은 그 남성의 뇌리에 영원히 각인될 것이다.

위의 마지막 문장을 다시 한 번 읽어보자. "그 사건은 그 남성의 뇌리에 영원히 각인될 것이다." 이 문장은 우리 모두가 원하는 바를 정확하게 표현한다. 즉, 자신이 전달한 메시지가 듣는 이의 마음속에 영원히 각인되기를 바라는 것이다. 그렇다면 이 이야기에서 우리가 얻을 수 있는 교훈은 무엇일까? 예전에 어느 워크숍에서 수강생들에게 이 이야기를 들려준 뒤 똑같은 질문을 던진 적이 있다. 그때 한 수강생이 "기억에 남는 스피치를 하려면, 청중을 소스라치게 놀라게 하면 됩니다!"라고 소리쳤다. 뚱딴지같은 대답이지만, 그 안에도 배울 점이 있다. 거구의 남성이 오랫동안 그 사건을 기억한다면, 그 이유는 사건이 벌어졌을 때 강렬한 감정이 일어났고, 그런 감정이 남자의 기억 속에 선명하게 남았기 때문이라는 것이다.

## 감정을 활용할 줄 아는 사람은 의외로 많지 않다

남들 앞에서 말할 기회가 있는 사람이라면 누구나 사람들의 뇌에 남겨질 인상적인 스피치를 하고 싶어 한다. 방법은 있다. 바로 듣는 이의 감정을 활용하는 것이다. 청중에게 강한 인상을 남기는 사람들은 예외 없이 청중의 감정을 잘 다룰 줄 안다.

감정의 중요성을 잘 이해하며 이를 매일 실천하고 있는 경영자가 있다. 그는 바로 쉘 오일 컴퍼니의 임원인 아미르 파리드 Aamir Farid다. 아미르는 직책상 어떤 상황에서든 능수능란하게 대화를 이끌어가야만 한다. 나는 개인적으로 아미르만큼 말을 잘하는 사람을 본 적이 없다. 그는 개인적인 만남에서나 작은 모임에서는 물론이고, 많은 사람 앞에서도 대화를 잘 이끌어나가는 스피치의 멀티 플레이어이다.

아미르의 또 다른 놀라운 면모는 그렇게 뛰어난 의사소통 능력이 있으면서도 언제나 직관적으로 말한다는 점이다. 아미르는 말하기 전에 절대 미리 계획을 짜거나 과도하게 준비하지 않는다. 아미르와 나는 일대일 대화든 아니면 수천 명 앞에서 하는 연설이든, 듣는 사람의 뇌리에 오래 남는 효과적인 의사소통법이 무엇인지를 두고 지금까지 많은 대화를 나누었다. 그런 토론 과정에서 우리 두 사람의 의사소통법에 흥미로운 공통점이 있다는 사실을 발견했다. 아미르는 언변이 타고난 사람이고, 나는 말을 잘하기 위해 각고의 노력 끝에 말하기의 원리를 깨달은 사람이지만, 기억에 남는 말을 하려면 감정을 제대로 활용해야 한다는 점에서 공통된 견해를 가지고 있었다. 연설자와 청중 사이에 진정한 정서적 교감이 이루어지면 스피치에 큰 변화가 일어난다.

감정의 효과가 그토록 크다면, 왜 스피치를 하는 모든 이가 의도적으로 감정을 활용하지 않는 것일까? 명연설자들 대부분이 스피치 할 때 감정을 활용하는 것은 사실이다. 그러나 그 과정은 대부분 직관적으로 이루어진다. 청중의 감정을 염두에 두고 의도적으로 말하는 노하우를 가진 연설자는 거의 없다. 감정을 활용하면 기억에 남는 스피치를 할 수 있다는 것은 누구나 알지만, 감정을 언제 어떻게 활용해야 하는지를 알기란 그만큼 어렵다. 아리스토텔레스와 처칠이 뛰어난 웅변가인 이유는, 그들이 단순히 감정을 활용해서가 아니라 언제 그리고 얼마만큼의 감정을 활용해야 할지 잘 알고 있었기 때문이다. 그래서 그들의 연설(문)이 오래 기억에 남는 것이다.

이런 원리를 이해하기란 쉽지 않다. 나 역시 초창기에는 청중의 감정을 염두에 두고 연설문을 쓴다는 것이 어떤 것인지 전혀 감을 잡지 못했었다. 청중에게 깊은 인상을 남길 만한 스피치를 하기 위해 각고의 노력을 기울이던 중, 2005년 무렵 청중에게 받는 피드백 내용에 변화가 생겼다는 사실을 깨달았다. 그전까지는 주로 "훌륭한 연설이었습니다", "연설을 정말 잘하시는군요"와 같은 피드백을 받았었다. 그러나 그해부터는 피드백 내용이 점점 더 "따뜻함이 듬뿍 묻어나는 연설을 하시는군요" 또는 "제가 마치 거기에 가 본 것처럼 느끼게 하는군요"라는 쪽에 가까워졌다.

피드백에 이런 변화가 생기자 처음에는 무척 혼란스러웠다. 엔지니어로 살아왔던 탓에 나는 전부 아니면 전무, 옳거나 그르거나, 선 아니면 악이라는 식의 이분법적으로 생각하는 데 익숙했다. 그제야 비로소 나의 스피치 실력이 엄청나게 발전했으며, 스피치 할 때 청중과 정서적으로 교감하게 되었다는 사실을 깨달았다. 스피치는 거창한 표현을 써가며 혼자서 떠드는 독백도, 이해는 되지만 별로 오래 기억에 남지 않는 유머도 아니며, 오로지 청중과의 정서적 교감이라는 진리를 깨달은 것도 바로 그 시절이었다.

## 최종 감정 : 성패를 가르는 결정적 요소

스피치를 새로 준비하는 사람들은 흔히 '대체 어디서부터 시작해야 하는 거야?' 하고 난감해한다. 스피치 준비는 끝에서부터 시작하는 것이 정석이다. 다시 말해, 스피치 마지막 부분에서 청중이 느낄 최종 감정 상태가 무엇일지부터 분명하게 이해해야 한다.

최종 감정 상태란, 연설의 마지막 부분에서 듣는 이들이 느꼈으면 하고 바라는 감정 상태를 말한다. 이 감정이 그토록 중요한 이유는 무엇일까? 앞서 살펴보았듯이, 스피치의 핵심 메시지를 청중의 뇌리에 각인시키고 행동을 이끌어 내는 역할을 하는 것이 바로 감정이기 때문이다. 스피치 막바지 부분에서 청중은 이야기를 들으면서 느꼈던 감정을 회상하고 정리하기 마련이다. 이때 어떤 감정을 느끼느냐에 따라서 스피치에 대한 인상과 행동 변화가 크게 달라질 수밖에 없다. 이런 이유로 최종 감정을 이해하는 일은 인상적인 스피치의 관건이나 다름없다.

강연이나 프레젠테이션 등 스피치에는 저마다 목적이 있다. 즉, 말하는 사람은 대부분 상대의 생각을 바꾸려고 하거나 그들을 특정한 방향으로 행동하도록 유도하려고 애쓴다. 이처럼 듣는 이의 사고와 행동에 영향을 주는 것이 스피치의 주된 목적이기는 하지만, 그렇다고 연설자가 직접 청중의 사고와 행동을 통제할 수 있는 것은 아니다. 청중에게 이런 식으로 혹은 저런 식으로 생각하라거나 행동하라고 강요할 수는 없는 노릇이다. 청중의 사고와 행동에 영향을 미칠 수 있는 유일한 방법은 그들을 감화하는 스피치를 해서, 스피치에서 느낀 최종 감정에 따라 그들이 연설자의 의도대로 움직이게 하는 것뿐이다. 스피치의 목적은 연설자가 직접 정할 수 있으므로 최종 감정에만 제대로 집중한다면 목적에 가장 잘 부합하는 스피치를 할 수 있다. 최종 감정에 집중하다 보면 연설자는 자기가 통제할 수 있는 부분에 더욱 공을 들일 수 있고, 청중의 생각과 행동처럼 직접 통제할 수 없는 부분에 대해서는 전혀 걱정할 필요가 없게 된다.

최종 감정을 정확하게 파악한 다음 청중에게서 그런 감정을 성공적으로 이끌어 낸다면, 결국 청중은 애초 의도한 스피치의 목적에 맞게 사고하고 행동하게 될 것이다.

최종 감정을 미리 정해 놓으면 스피치를 준비할 때 명료한 기준이 생긴다. 최종 감정을 한 번 정하고 나면, 청중이 느낄 최종 감정을 고려해서 스피치에 활용할 스토리와 사례, 표현을 선택해야 한다. 만약 스토리와 사례가 적절하지 않다고 판단되면, 최종 감정과 좀 더 관련이 깊은 것으로 바꿔야 한다.

최종 감정을 분명히 이해하면 연설문에 들어가는 불필요한 내용을 쉽고 빠르게 제거할 수가 있다. 한편, 스피치에 대한 피드백을 받아 보면 내가 어떤 부분을 잘하고 또 못했는지 상반된 평가를 듣게 되는 경우가 많다. 하지만 내가 스피치에서 이끌어 내고자 하는 최종 감정을 분명하게 이해하고 있으면, 한 걸음 뒤로 물러서서 피드백 하나하나의 가치를 제대로 평가해 볼 수 있다. 일리가 있다고 생각되면 반드시 피드백에 따라서 스피치를 개선해야 한다.

Using Emotions

### 최종 감정 : 제2차 세계대전 기념관에서

이 책 초반에서 언급했던 제2차 세계대전 기념관을 다시 한 번 떠올려보자. 이 기념관은 설계할 때부터 추모객들이 상실감을 극복하고, 그들이 사랑한 전사자들의 희생정신을 깨닫는 데 도움이 되는 기념관을 만들자는 분명한 목표가 있었다. 그런 뒤에 건축가는 추모객이 기념관을 전부 관람한 뒤에 어떤 감정을 느끼도록 할지 정했다. 이런 과정을 통해서 건축가는 관람객에게 전할 최종 감정이 어떤 것들인지 파악했다. 그것은 수많은 장병의 희생이 헛되지 않았다는 깨달음과 숙연함이다. 최종 감정은 또한 나라를 위해 헌신한 분들의 희생을 국민들이 잊지 않았다는 자부심일 수도 있다. 그러한 감정이 바로 건축가가 바라던 최종 감정이다.

그렇다면 최종 감정을 어떻게 정해야 할까? 좋은 스피치를 위해서는 확실한 목적이 있어야 한다. 즉, 자신의 스피치를 들은 뒤 청중이 어떻게 이전과 다르게 사고하고 행동하기를 바라는지 명확하게 해야 한다. 청중의 사고와 행동은 내 맘대로 할 수 없지만, 어떤 최종 감정을 느끼기를 원하는지는 연설자 자신이 정할 수 있다. 자, 스피치의 목적을 분명하게 정했다면 다음과 같은 질문을 던질 차례이다. '스피치 목적을 달성하려면 마지막 부분에서 청중이 어떤 감정을 느끼도록 해야 할까?' 이런 질문을 던지다 보면 청중이 느낄 최종 감정이 무엇일지 파악하려고 애쓰게 될 것이다.

스피치의 목적에서부터 최종 감정까지, 그 내용을 정리하는 것은 결코 사소한 과정이 아니어서 며칠 동안 깊게 고민해 봐야 할지도 모른다. 이때 청중에게서 이끌어 낼 최종 감정을 분명하게 정하는 것이 중요하다. 청중의 사고와 행동을 변화시키는 촉매제가 될 최종 감정은, 연설자 본인도 느낄 수 있을 정도로 구체적이야 한다. 이렇게 스피치를 준비하는 사람이 최종 감정에 대한 명확한 그림을 그리고 있어야 그 감정을 청중에게 전달할 수가 있다.

최종 감정을 정하고 스피치 과정에서 그것을 분명하게 표현하는 방법과 관련해, 내 워크숍에 참가했던 어느 젊은 여성의 사례를 살펴보자. 스피치 워크숍을 찾아왔을 때 그녀는 회사에서 자기 자리가 없어진다는 소식을 들은 지 얼마 안 된 상태였다. 몇 달 안에 그 회사에서 다른 보직을 찾거나 그렇지 못할 경우 다른 회사를 알아봐야 할 처지였다. 하지만 지금의 회사에서 일하는 것이 좋았기 때문에 일단 다른 부서에서 일할 기회를 찾아보기로 결심했다. 그녀는 회사 안 이곳저곳을 돌아다니며 여러 부서의 부서장들을 만나고 다녔다. 부서장들에게 자기를 소개하고 자신의 능력을 귀띔함으로써 발탁되기를 바랐기 때문이다. 그녀는 이런 자리를 대비해서 10~15분 정도의 자기소개를 준비해 놓고 있었는데, 워크숍에 온 것은 사람들 앞에서 자기소개하는 방법과 어떻게 그 기술을 향상시킬지 조언을 구하기 위해서였다.

그녀의 자기소개가 막바지에 이를 때쯤, 압도적인 감정이 분명하게 드러났다. 직접적으로 말하지는 않았지만 그 자리에 있던 모두가 다음과 같이 느꼈던 것이다. '저는 이 회사에서 제대로 대우를 받지 못했어요. 열심히 일했고 성과도 뛰어났지만, 결국 제 자리가 없어지고 말았지요. 이 부당한 처사를 바로잡기 위해서 부장님이 뭔가 해주셔야 해요. 제발 부장님 팀에 제 자리를 하나 마련해 주세요.'

이런 접근법이 통할 수도 있었다. 그때까지 회사에서 맡은 일마다 '운이 없었기' 때문이다. 그러나 좀 더 캐묻자, 그녀는 그런 부정적인 감정을 부서장들에게 전하고 싶지는 않다고 말했다. 그녀는 보다 긍정적인 감정이 담긴 메시지를 전하고 싶어 했다. 이를테면 '지금까지 늘 운이 없었지만, 각각의 상황에서 발군의 실력을 발휘해 간신히 빠져나왔습니다. 저는 진취적인 성격인 데다 부장님께서 팀원으로 삼고 싶어 할 만한 그런 직원입니다'라는 식으로 말이다.

이런 긍정적인 감정은 이전과는 완전히 다르며, 또한 더 강력한 감정이었다. 우리는 대화 목적에 부합하면서도 상대에게 긍정적으로 느껴질 감정이 무엇일지 함께 탐구했다. 그리고 마침내 부서장들의 기억에 각인될 뿐 아니라 그들이 자기 팀에 적극적으로 자리를 마련하고 싶게끔 하는 데 제격인 최종 감정을 찾아냈다.

최종 감정을 발견하는 두 번째 방법은 스피치의 목적을 정하기 전에 그 감정을 실제로 느껴보는 것이다. 그러려면 평소 자신이 느끼는 여러 감정을 인식하고, 특정한 감정이 생길 때면 가만히 그 감정을 음미하는 습관을 들여야 한다. 음악을 듣거나 영화를 보거나 혹은 음식을 먹다가 호감 가는 감정이 떠올랐을 때 그러한 감정을 되새김질하며 기억에 남겨둔다. 그러면 청중 또한 자신과 같은 감정을 느끼리라 예상하면서, 그 감정을 사용할지 말지 결정할 수 있다. 자신이 느낀 감정이 곧 프레젠테이션이나 대화에서 나타나는 최종 감정이 되는 것이다.

몇 년 전에 인도 영화 〈딜 차타 해Dil Chahata Hai · '내 마음이 원하는 길'이라는 뜻—옮긴이〉를 보았을 때다. 마음속에 담아두고 있다가 나중에 청중과 함께 나누고 싶을 정도로 깊은 감정을 느꼈다. 이 영화는 세 명의 대학 친구들에 관한 이야기이다. 세 친구는 아주 절친한 사이지만, 두 친구 사이에 이견이 생기기 시작하고 결국 두 사람은 서로 말도 하지 않는 어색한 사이가 된다. 계기가 된 것은 아주 사소한 문제였고, 영화를 본 사람이라면 누구나 자존심 때문에 둘 사이가 벌어졌다는 것을 분명히 알 수 있다. 그렇게 소원한 사이가 되고 몇 년이 지난 어느 날, 한 친구는 그때의 의견 차이가 사실은 얼마나 사소한 것이었는지 깨닫는다. 그는 돌아와 친구들에게 사과하고, 세 사람은 다시 우정을 되찾는다.

둘의 의견 차이가 얼마나 사소한 것이었는지 주인공이 깨닫는 장면을 보자. 그는 세 친구가 함께 다니던 대학 캠퍼스 근처를 차로 배회한다. 그 대학 캠퍼스는 예전에 셋이서 수도 없이 차와 커피를 함께 마시고, 가지각색의 흥미로운 일들을 벌이면서 끈끈한 우정을 쌓았던 곳이었다. 한 교차로에서 신호를 기다리며 캠퍼스 건물 여기저기를 둘러보던 주인공은 학생 세 명이 건물 계단에 앉아 쾌활하게 웃고 떠드는 모습을 멀리서 지켜본다. 주인공은 그들의 모습에서 젊은 시절 함께 웃고 떠들던 자기와 두 친구의 모습을 떠올린다. 그 순간, 갑자기 대학 건물 계단에서 주인공의 환영이 나타나 주인공을 쳐다보더니 후회와 실망으로 고개를 흔들다가 다시 계단에 앉아 있던 그 대학생들과 앉아서 계속 대화를 나눈다. 바로 그때, 신호등에 파란 불이 들어오고 뒤에서

빵빵대는 경적소리에 주인공은 몽상에서 깨어난다.

이 장면이 흘러가는 내내 대사는 한 마디도 나오지 않지만, 전달하려는 메시지는 너무나 분명하다. 자기 모습으로 나타난 환영은 주인공에게 그깟 자존심 때문에 아름다운 우정을 왜 깨트렸는지 묻고 있는 것이다. 그럼에도 불구하고 인생에서 친구만큼 소중한 것은 없다는 사실을 전혀 깨닫지 못하지 못하는 주인공의 모습을 보면 울컥하는 감정이 든다. 하찮은 일로 옥신각신하다가 친구들을 잃다니, 말도 안 되는 실수이다. 인생은 한낱 자존심보다 훨씬 더 값지다.

실망스러워 고개를 절레절레 흔들며 주인공을 바라보는 환영의 모습은 너무나 강렬했고, 훗날 이것은 내가 성공적으로 스피치를 마치는 데 도움을 주었다.

그 스피치는 당시 십 대 소년이었던 내가 우리 할머니를 얼마나 부끄럽게 생각했는지에 관한 이야기였다. 스피치를 준비하던 중 나는 엉뚱한 내용에 초점을 맞추고 있었다는 사실을 깨달았다. 강조해야 하는 것은 할머니의 사랑이었지, 할머니의 존재에 대한 내 부끄러움이 아니었다. 하지만 도대체 어떻게 이야기를 끌어가야 할지 몰라 한참을 고민하고 있을 때, 영화 〈딜 차타 해〉에서 본 그 장면이 떠올랐다. 감독의 스토리 전개 방식이 너무나 마음에 들었기 때문에 청중에게도 내가 느낀 감정을 그대로 전해주고 싶었다. 그래서 〈딜 차타 해〉에서 나온 실망스러운 환영의 모습과 비슷한 방식으로 내 스피치를 마무리했다.

Using Emotions

## 당신이 만약 이 회사의 최고경영자라면?

어떤 회사의 최고경영자 한 명이 있다고 가정해 보자. 이 회사는 대형 부동산 회사로 단독 주택을 짓는 데 특화되어 있다. 주택 경기가 좋았을 때 이 회사는 규모를 거의 두 배로 키웠다. 그러나 시절이 변해서 부동산 시장이 붕괴되자, 다른 업체들과 마찬가지로 힘든 시기를 겪으며 불황에서 살아남기 위해 애쓰고 있다. 상황을 개선하기 위해 면밀하게 검토하던 최고경영자는 최근 실적이 나빠진 것이 직원들의 낮은 생산성과 사기 저하 때문이며, 여기에 결정적인 영향을 미친 원인 중 하나가 회사에 대한 직원들의 주인 의식 결여라는 결론을 내렸다. 그리고 직원들의 주인 의식을 고취시키기 위한 스피치를 하기로 결심했다. 최고경영자는 아래와 같은 기본 감정들을 활용하면 직원들이 주인 의식을 가지게 되리라 생각한다.

- 회사와 경영진, 그리고 회사의 가치에 대한 '신뢰'
- 위기를 극복하는 과정에 동참함으로써 얻을 수 있는 '기쁨'
- 경쟁에서 도태되어 회사가 파산하는 것에 대한 '두려움'

이 최고경영자는 과연 어떤 식으로 스피치를 해야 할까? 어떻게 하면 위에서 언급한 감정들을 직원들에게 이끌어 내서 주인 의식이라는 불꽃이 직원들의 마음속으로 번지도록, 그래서 생산성을 높이고 회사의 경쟁 우위를 확보하도록 만들 수 있을까? 한번 생각해 보자.

## 초기 정서 : 듣는 이의 감정을 파악하는 법

지금까지 청중이 느낄 최종 감정을 정확히 이해하는 것이 중요한 이유를 설명했다. 청중의 현재 감정 상태를 파악하는 것 또한 그에 못지않게 중요하다. 스피치를 시작할 때 파악한 청중의 감정 상태를 초기 정서initial emotion이라고 부른다. 스피치의 달인들은 청중의 초기 정서를 확인하고 그에 맞춰 대함으로써 청중과 긍정적인 심리적 유대감을 쌓는다.

청중의 초기 정서는 청중 개개인의 기질과 지배적인 기분에 따라 달라지는데, 청중의 지배적인 기분은 개인사나 크고 작은 사건 등에 영향을 받는다. 한두 사람을 만나 얼굴을 맞대고 말하는 것이 아닌 이상, 사람이 많든 적든 청중 일부의 혹은 전반적인 기분을 파악하는 것이 필요하다. 그래서 스피치를 잘하는 사람은 사전 조사를 철저하게 해서 청중의 기분에 영향을 줄지도 모르는 지엽적인 사건들을 파악해둔다. 예컨대 어느 회사로부터 강연 요청을 받았다고 가정해 보자. 그런데 그 회사에 구조조정이 진행 중이라면, 직원들의 지배적인 초기 정서가 두려움과 불확실함이라고 파악할 수 있다. 따라서 뛰어난 강연자는 스피치 초반부터 구조조정의 칼바람 앞에 벌벌 떨고 있는 직원들의 정서에 공감하려는 노력을 기울일 것이다.

앞서 챌린저호 폭발 사고 이후에 일어난 감정들을 언급한 바 있다. 많은 미국인은 그날 저녁 레이건 대통령이 비탄에 빠진 국민을 위로하는 연설을 했던 것을 기억한다. 그 연설은 듣는 사람의 초기 정서를 잘 이해하고 그것에 맞게 처음부터 연설하는 법이 무엇인지 제대로 보여준 모범 답안이라 할 수 있다. 당시 챌린저호의 비극은 세상 사람들을 경악하게 만들었다. 그때는 이미 5백만 명 이상이 텔레비전으로 챌린저호가 공중에서 폭발하는 장면을 지켜본 뒤였다. 나라 전체가 들떠있던 분위기에서 순식간에 엄청난 충격과 상실감으로 가득한 어두운 분위기로 돌변했다. 레이건 대통령은 엄청난 충격에 빠진 국민을 위로하기 위해 다음과 같은 대국민 담화를 시작했다.

국민 여러분, 저는 원래 오늘 저녁에 연두교서를 발표할 예정이었습니다만 오늘 오전에 일어난 비극적인 사건 때문에 그 계획을 바꾸었습니다. 오늘은 결코 잊지 못할 애도의 날입니다. 낸시와 저 두 사람 모두 챌린저호의 비극에 뼈에 사무치는 비통함을 느낍니다. 국민 여러분께서도 지금 저희 두 사람과 똑같은 아픔을 느끼고 계시리라는 점을 잘 알고 있습니다. 그분들의 죽음은 국가적으로 큰 손실입니다. 거의 19년 전에 우리는 지상에서 일어난 끔찍한 사고로 세 명의 우주 비행사를 잃었습니다. 하지만 지금까지 공중에서 우주 비행사가 숨진 일은 한 번도 없었습니다. 우리는 오늘과 같은 비극을 한 번도 겪은 적이 없습니다.

레이건 대통령은 대국민 담화에서 첫 번째 두 단락을 통해 상실감과 비통함에 빠진 국민들의 정서에 다가가고 있다. 그리고 "낸시와 저 두 사람 모두 챌린저호의 비극에 뼈에 사무치는 비통함을 느낍니다. 국민 여러분께서도 지금 저희 두 사람과 같은 아픔을 느끼고 계시리라는 점을 잘 알고 있습니다. 그분들의 죽음은 국가적으로 큰 손실입니다"라고 말함으로써 마치 자기 가족을 잃은 듯한 슬픔을 내비치며 국민들과 소통하고 있다. 이로써 국민들 전체가 마치 자기 가족을 잃은 듯한 비통함을 느끼게 된 것이다.

　레이건 대통령은 대통령이 아니라 한 사람의 연설자로서, 청중에게 더 나은 최종 감정을 전달하고 싶다면 청중의 초기 정서를 이해하고, 거기에 맞추어 교감하고, 최종 감정에 이르러서 치유의 과정이 끝나도록 연설해야 한다는 사실을 잘 이해하고 있었던 것이다.

　장례식이나 생일, 졸업식 같은 일상의 사교 활동을 통해서 청중의 초기 정서가 무엇인지 잘 알 수 있다. 초기 정서는 사실 너무나 기본적인 개념이어서 성공한 예술가, 조각가, 댄서 혹은 강연자라면 누구나 초기 정서를 활용할 줄 안다. 앞서 언급한 제2차 세계대전 기념관에서도 우리는 추모객의 초기 정서를 가늠해 볼 수 있다. 추모객들, 특히 2차 세계대전과 직접적인 관계가 있는 추모객들은 정신적 혼란과 상실감이라는 초기 정서를 가지고 있을 가능성이 높다. 기념관을 방문하는 방문객 대다수가 전쟁에서 사랑하는 사람을 잃은 유가족이기 때문이다. 그들은 2차 세계대전으로 가족들이 겪어야 했던 아픔과 전쟁으로 인한 상실, 파괴의 처절한 기억을 안고 기념관을 방문할 것이다. 따라서 기념관을 꾸민 예술가들은 죽음과 전쟁에 대한 여러 조각품을 만듦으로써 추모객들의 초기 정서에 다가가고 있다.

　뛰어난 연설자라면 누구나 청중의 초기 정서를 파악하기에 앞서 청중에 관해 사전 조사를 하지만, 미리 정보를 얻기가 힘든 경우도 많다. 그럴 때는 청중의 정서가 중립적이라고 생각하고 준비하면 된다.

개인적인 만남에서 상대방의 초기 정서를 파악하는 일은 좀 더 까다롭다. 약속 시각에 앞서 만날 사람을 미리 떠올려보며 초기 정서에 대한 실마리를 잡을 수 있다. 그 밖의 경우에는 처음 몇 분 정도 상대의 초기 정서를 읽어내려고 노력해야 한다. 초기 정서를 알아내려면 상대의 언어 외적인 몸짓을 읽고, 이것저것 질문을 던지고, 상대방의 감정 상태를 파악하기 위해서 처음 몇 분 동안 상대방의 말에 귀 기울일 필요가 있다.

청중의 감정에 동화하는 방법에는 여러 가지가 있다. 첫 번째는 챌린저호 사고가 일어난 저녁에 레이건 대통령이 발표한 대국민 담화에서 잘 드러나듯이, 연설자가 청중과 똑같은 심정이라고 고백하는 것이다. 이런 일은 연설자가 청중과 같은 집단에 속해 있거나 청중과 똑같이 어떤 사건에 의해 직접적인 영향을 받았을 때 가능하다.

하지만 대개의 경우 연설자는 청중 그룹에 속해 있지 않은 '아웃사이더'이다. 이럴 때는 과거에 느꼈던 정서를 활용해서 청중과 정서적 교감을 나눌 수 있다. 만약 구조조정을 겪고 있는 회사에서 직원들을 대상으로 강연한다면, 예전에 다녔던 회사에서 구조조정이 있었을 때 어떤 기분이었는지 떠올려보는 것이다. 만약 그런 경험이 없다면, 청중이 겪고 있는 것과 비슷한 경험을 한 친구나 친척의 사연을 활용하는 것도 방법이다. 친구나 친척이 내 앞에 있는 청중과 똑같은 고통을 겪었을 때 내가 어떻게 느꼈는지, 그 모습을 보고 무슨 생각이 들었는지 이야기하고, 지금 청중의 심정을 충분히 이해한다고 전하면 청중과 교감할 수 있다. 자기 경험을 활용하는 것보다 효과는 덜할지라도, 교감이 전혀 없는 것보다는 나을 것이다.

청중의 초기 정서를 이해하는 것은 필수적인 일이지만, 스피치 할 때 항상 청중의 초기 정서에 맞추어야만 하는 것은 아니다. 연설문을 작성할 때 첫 번째 몇 단락 내에서 청중의 초기 정서를 미리 정할 수도 있는데, 청중과는 다른 감정 상태로 출발해서 그들의 감정을 원하는 방향으로 유도하는 것이다. 이 방법은 청중의 정서가 중립적인 경우에 특히 효과가 있다. 스피치의 달인들은 정서적으로 무덤덤한 청중에게 자극적인 말이나 깜짝 놀랄만한 행동, 재미있는 일화는 물론이고 심지어 눈물샘을 자극하는 이야기로 스피치를 시작하기도 한다. 이 모든 경우에 연설자는 청중이 느낄 초기 정서를 미리 정해두었다고 볼 수 있다.

## 청중의 감정을 지휘하라

스피치는 청중이 떠나는 일종의 감정 여행이다. 감정의 흐름을 따라 청중은 스피치에서 초기 정서와 최종 감정을 느낀다. 연설문을 작성하고 스피치 하는 과정은 기본적으로 청중을 초기 감정 상태에서 최종 감정 상태로 이끌어가는 과정이며, 그런 감정을 정하는 주체는 다름 아닌 연설자이다.

청중이 떠나는 감정 여행을 잘 이해하려면, 노련한 등산 가이드와 함께 산을 오른다고 생각해 보면 된다. 등산 가이드가 출발지와 도착지를 분명히 알고 있듯이 연설자 또한 청중이 느낄 초기 정서와 최종 감정을 훤히 꿰뚫고 있어야만 한다. 등산 가이드는 등산에 앞서 참가자들이 모일 장소를 미리 정한다. 이와 마찬가지로 연설자도 (항상 그럴 수는 없지만) 청중이 느낄 초기 정서를 미리 정해 놓는다. 이런 경우 연설자는 청중에게 전할 최종 감정을 이미 마음속에 그려둔 상태이다.

노련한 등산 가이드라면 참가자들이 산행을 무사히 끝마칠 수 있도록 필요한 장비들을 미리 준비해서 챙겨간다. 준비물은 로프와 등산 장비, 음식이나 물 따위가 될 것이다. 참가자들이 길을 잃을 경우를 대비해서 손전등과 통화가 안 될 위험이 없는 위성 전화기도 챙길 것이다. 이와 마찬가지로 청중을 초기 정서에서 최종 감정으로 이끌기 위해서는 여러 가지 스피치 기법들이 필요하다. 스피치 기법에는 목소리, 몸짓, 이야기 등 여러 가지가 있는데 특히 눈 맞춤이 중요하다.

등산 가이드가 산행을 직접 해 보지도 않고 참가자들의 길 안내를 맡을 수는 없는 노릇이다. 그와 마찬가지로 스피치 하기 전에 스스로 감정 여행을 떠나봐야 청중이 스피치에서 즐겁게 감정 여행을 떠나도록 유도할 수가 있다. 뛰어난 웅변가로 인정받는 윈스턴 처칠 또한 연설자는 청중에게 전달하고 싶은 감정을 먼저 스스로 느낄 필요가 있다고 강조했다. '수사학의 발판 The Scaffolding of Rhetoric'이라는 사설에서 처칠은 그에 관해 다음과 같이 멋지게 썼다.

사실 연설가는 일반 대중의 열정을 담아내는 사람이다. 그것이 어떤 것이든 자기 자신이 먼저 감동해야 대중에게 감동을 줄 수 있다. 자기 마음이 분노로 가득 차 있어야 대중에게도 똑같은 감정을 불러일으킬 수 있고, 스스로 눈물을 흘려야만 대중의 눈물을 쏙 빼놓을 수 있다. 그리고 자기 자신을 믿어야 대중을 확신시킬 수 있다. 연설의 감동이 사라지고 나면 연설자의 견해가 달라질 수도 있다. 하지만 연설가들은 모두 연설하는 그 순간만큼은 진실하다. 연설가의 말이 때때로 일관성이 없을지도 모르지만, 고의로 진실하게 말하지 않는 것은 절대 아니다.

윈스턴 처칠은 여기서 명연설가의 본질적인 특성을 지적하고 있다. 다시 말해, 명배우가 아니더라도 명연설가의 연설은 듣는 사람에게 감동을 줄 수밖에 없는데, 그 이유는 스피치 하는 동안 스스로 감정 이입을 해서 진심이 느껴지는 연설을 하기 때문이다.

등산 가이드는 갑작스러운 고도의 변화가 있는 가파른 경사를 오르는 일이 참가자들에게 가장 흥미로운 시간임을 잘 알고 또 이해한다. 참가자들은 좁디좁은 다리를 건너가면서 절경에 흠뻑 취하고 크나큰 희열을 느낀다. 이와 마찬가지로 인상에 남는 스피치를 할 줄 아는 사람은 청중이 감정을 기복을 느끼도록 유도하며, 청중은 감정이 점점 더 고조되는 대목에서 희열을 느낀다.

하지만 산행을 할 때 난코스가 아무리 재미있고 아찔했다고 하더라도 힘든 고비를 넘긴 후에는 반드시 휴식을 취해야만 한다. 이때 제대로 쉬지 못하면, 참가자들이 미처 산행을 끝마치지 못할지도 모른다. 게다가 몸이 피곤하면 실수도 더 잘하는 법이다. 그와 마찬가지로 격정적인 스피치를 한 뒤에는 청중에게 '감정적인 휴식'을 선사할 필요가 있다. 강렬한 감정은 자칫 청중을 지치게 할 수 있다. 이 점을 잘 이해하는 노련한 연설자는 가볍게 유머를 던지거나 한껏 고조된 분위기를 가라앉힘으로써 청중에게 한숨을 돌릴 수 있는 시간을 준다. 그렇게 하면 청중은 잠시 쉬면서 다시 감정 이입할 준비를 할 수 있다.

산행에서 가장 난감한 순간은 갈림길이 나타날 때, 특히 어떤 길로 가야 할지 갈피를 잡기 힘들 때이다. 때로는 전혀 감을 잡을 수 없어서 다른 등산객이 올 때까지 마냥 기다려야 하는 경우도 있다. 노련한 등산 가이드는 이런 갈림길에서 자기 실력을 발휘한다. 등산 가이드는 뒤따라오는 사람들이 혼란을 느끼지 않도록 미리 갈림길에 서서 방향을 알려줄 것이다.

스피치에서의 전환점은 마치 등산 코스에서 만나게 되는 갈림길과 비슷하다. 산행에서 만나는 갈림길처럼 스피치의 전환점에서 청중은 샛길로 빠질 수도 있고 혼란을 느낄 여지도 많다. 노련한 등산 가이드처럼 스피치를 잘하는 사람은 이런 전환점에서 조심스럽게 행동할 것이다. 스피치의 달인들은 전환점에서 생길 수 있는 갑작스러운 변화를 최소화하고, 앞으로 전개할 내용을 분명하게 제시하고, 분초를 다투며 청중이 정서적으로 동화되고 있는지 '촉각'을 곤두세운다. 만약 전환점에서 스피치가 잘 흘러가지 않는다고 판단되면, 청중의 주의가 산만해진 것을 간파하고 시간이 들더라도 청중의 관심을 다시 끌고 애쓴다. 물론 전환점에서 스피치가 매끄럽게 흘러간다면 이런 노력을 할 필요가 없다.

Using Emotions

### 그림에서 배우는 전환점 다루는 법

모리츠 코르넬리스 에서M. C. Escher는 네덜란드 출신 판화가로, 물리적으로 불가능한 개념을 가장 잘 표현한 예술가로 기억되고 있다. 예컨대 위로 흐르는 물을 전혀 이상해 보이지 않게 표현해냈다. 에서의 그림 속에 나타나는 전환점은 너무나 자연스러워서 중간에 엉뚱한 주제가 들어가 있더라도 전체의 흐름에 방해가 되지 않을 정도이다. 한쪽 끝에서 다른 쪽 끝으로 시선을 자연스럽게 옮길 수 있으며, 그의 그림을 보는 사람은 곧 그 그림에 심취해서 아무런 질문도 던지지 않고 그림의 아름다움을 즐기게 된다.

에서는 그림에서 전환점을 잘 다룰 줄 아는 특별한 능력이 있었던 것 같다. 에서의 가장 유명한 작품 중 하나인 〈변화Metamorphose〉를 보면, 처음 시작한 패턴에서 다양한 모습과 형태가 나타났다가 다시 처음의 패턴으로 돌아온다. 한 형태에서 다른 형태로 변화하는 모습은 물 흐르듯 자연스러워서 우리 시선은 아무런 거리낌 없이 그 과정을 따라간다. 사각형 패턴이 도마뱀 모양이 되고, 새가 도시의 모습으로 변하지만 그림은 항상 그 흐름을 유지한다. 〈변화〉라는 작품은 스피치 하는 사람이 전환점을 어떻게 구사해야 하는지를 잘 이해할 수 있는 훌륭한 본보기다.

---

내가 진행하는 스피치 워크숍에서는 수강생들에게 흔히 "최고의 전환점은 전환점이 아예 없는 것입니다"라고 말하곤 한다. 이렇게 말하는 이유는 간단명료한 스피치의 중요성을 다시 한 번 강조하기 위해

서다. 유식해 보이기 위해 책에서 읽은 다양한 이야기와 인용구를 많이 써야 한다는 강박관념을 가진 사람이 많다. 사실 그런 어려운 내용 때문에 스피치에 많은 전환점이 생긴다. 게다가 매끄럽게 넘어가지 못하면 인용구나 이야기를 쓴 것이 오히려 독이 되는 결과를 낳기도 한다.

정리해 보자. 스피치 할 때는 예전에 내가 느낀 감정을 다시 떠올려보고, 감정을 한껏 고조시켰다가 다시 듣는 사람들에게 감정적으로 쉴 여유를 주며, 스피치의 전환점에서는 감정을 적절하게 조절해야 한다. 이렇게 하면 청중은 처음부터 끝까지 연설자를 따라 막힘없이 감정 여행을 할 수가 있다. 스피치에서의 감정 여행은 마치 등산 가이드가 이끄는 산행처럼 연설자나 청중 모두가 함께 떠나는 여행이다.

## 스피치 기법 : 감정을 이끌어 내는 수단

청중이 다채로운 감정을 느끼도록 다양한 스피치 기법을 쓸 수 있다. 눈 맞춤이나 다양한 제스처, 목소리 변화와 같은 스피치 기법들은 스피치에서 확실한 효과를 발휘한다. 또한 스피치 전에 하는 멋진 자기소개나 깔끔한 연설자 약력 소개 같은 그 밖의 기법들도 청중이 감정 이입을 하는 데 미약하게나마 도움을 준다.

이 책은 파트2 전체를 이러한 스피치 기법을 설명하는 데 할애하고 있다. 다만 스피치와 스피치 기법은 그 성격이 하늘과 땅 차이라는 사실을 다시 한 번 명심하기를 바란다. 앞서도 언급했지만 스피치는 말하는 사람과 듣는 사람이 함께 떠나는 감정 여행이다. 반면 기법은 스피치 하는 사람에 따라서 각양각색으로 사용될 수 있다. 목소리에 변화를 주어 청중의 이목을 끄는 사람이 있는 반면, 파워포인트에 거의 모든 발표 내용을 담아내는 사람도 있고, 재미있는 농담으로 청중을 울렸다 웃겼다 하는 사람도 있다.

이처럼 스피치 기법은 마르지 않는 샘물과 같다는 점을 이해하는 것이 중요하다. 스피치 할 때 어떤 감정의 동선을 그릴지 머릿속에 들어 있다면, 자기에게 편안한 기법을 활용해서 청중이 감정 여행을 떠나도록 이끌면 된다. 남들이 이런저런 기법을 사용한다고 해서 덩달아 특정한 기법을 따라 해야 할 것 같은 압박감을 느낄 필요가 전혀 없다. 스피치 기법과 감정 여행에 대해 분명하게 이해한다면, 자기에게 편한 방식으로도 얼마든지 멋진 스피치를 해낼 수 있다.

## 치밀한 구성 : 감정의 흐름을 휘어잡아라

초기 정서에서 최종 감정까지 청중이 감정의 동선을 잘 따라가도록 하는 것 이외에, 전반적인 감정 흐름에도 세심하게 관심을 기울여야 한다. 전체적인 감정 흐름은 보통 스피치 구성을 어떻게 하느냐에 따라 달라진다. 스피치 할 때에는 전체적인 감정 흐름이 스피치의 목적과 부합하는지 그리고 스피치 도중에 일어나는 감정과 조화를 이루는지 한 걸음 물러나 자주 생각해 봐야 한다. 하지만 이런 미묘한 변화가 청중이 느끼는 최종 감정에 얼마나 큰 영향을 주는지 제대로 이해하는 사람은 거의 없다.

자신이 의도한 그대로 스피치 과정에서 감정을 불러일으킬 수 있을지 예상하기란 쉽지 않다. 하지만 전반적인 흐름 속에 녹아있는 미묘한 감정들이 스피치 목적에 부합하도록 만드는 일은 중요하다. 만약 이런 감정들이 스피치의 목적에 부합하지 않는다면, 청중은 혼란스러워할 것이고 결국 맥 빠진 스피치가 되고 만다. 스피치의 목적에 맞게 여러 감정이 얼마나 적재적소에 배치되느냐에 따라서 그저 괜찮은 스피치와 뛰어난 스피치가 구분된다.

예를 들어 발리우드Bollywood 영화 〈랑 데 바산티Rang De Basanti〉를 생각해 보자. 이 영화에는 젊은 친구 몇 명이 등장하는데, 한 사람을 빼놓고는 모두 별다른 근심 걱정 없이 살아가면서 국가나 공동체에 대한 책임감도 못 느끼는 평범한 청년들이다. 이 영화는 세상에 별 관심이 없던 그들이 여러 사건을 경험하면서 사회를 변화시키기 위해 적극적으로 동참하는 과정을 그리고 있다. 주인공들은 부조리한 현실에 대한 무력감에서부터 자신들이 사회에 큰 변화를 만들어낼 수 있다는 격정적인 감정까지 다양한 감정의 변화를 겪는다.

관객들은 영화 속 주인공들의 감정의 동선을 따라가면서 감정적으로 큰 변화를 경험한다. 이 영화는 도입부에서 후반부로 가면서 주인공들의 사회 인식뿐만 아니라 인도의 시국도 극적으로 변하기 때문에 과거로 돌아가는 이야기 전개가 전혀 없다. 이런 감정 여행은 출연진과 관객 모두를 변화시켰다. 라디오를 통해서 국민들에게 전하는 주인공의 큰 울림을 주는 스피치 또한 영화의 전개 과정과 잘 맞아떨어진다. 즉, 주인공은 부조리한 현실에 저항하라고 촉구한다. 더욱이 이 영화는 관객이 영화의 마지막 부분에서 시작 부분과는 완전히 다른 감정 상태에 빠질 수 있도록 스토리를 구성했다. 이런 구성 방식 덕분에 관객들은 영화에서 본 대로 자기 주변의 부조리한 사회 현실을 바꾸고자 하는 고취된 감정을 느끼게 된다. 이것이 바로 인도에서 이 영화가 수백만 명의 관객에게 큰 반향을 불러일으킨 이유 중 하나였다. 그런 폭발적인 반향의 영향으로 인도 전역에서는 촛불 시위가 벌어졌다. 젊은이들이 모여 정부의 부패에 대항하는 대규모 시위를 벌이기 시작했고, 형태는 달라졌지만 그런 저항은 지금까지도 계속되고 있다.

그렇다면 다음과 같은 방식으로 청중을 감정적으로 고무시키기 위한 스피치를 구성한다면 어떨까? 즉, 스피치를 준비하고, 청중에게 감정 여행을 떠나도록 한 다음, 다시 청중을 시작 지점으로 되돌려 놓는 것이다. 마지막 부분을 처음 내용과 연결시키는 방법은 스피치에서 자주 사용되는 구성 방식이다. 이때 감정 흐름을 한 번 살펴보자. 스피치를 시작할 때 청중은 대부분 감정적으로 중립적이다. 그들은 앞으로 무슨 일이 벌어질지 전혀 알지 못한다. 그러다가 연설자가 스피치에 감정 이입을 하면, 청중은 자연스럽게 그를 따라간다. 즐겁게 듣다 보면 마음을 사로잡고 감정적으로 고무되는 대목을 접하지만, 스피치는 돌고 돌아 결국 시작 부분으로 가서 끝을 맺는다.

이런 구성 방식은 청중을 스피치가 시작될 때의 감정 상태, 즉 중립적인 감정 상태로 되돌려 놓는다. 청중이 더 큰 대의를 위해서 행동하도록 만드는 동기부여의 성격의 강한 메시지를 전달하기에는 부적절하다. 기껏 고조된 감정에 찬물을 끼얹고 중립적인 감정만 부각된 상태에서 끝나기 때문이다. 스피치 할 때 듣는 사람으로 하여금 분기탱천하는 감정을 이끌어내려면 영화 〈랑 데 바산티〉의 이야기 전개 방식을 참고해서, 스피치의 시작과 끝에서 확실히 다른 감정을 불러일으키도록 해야 한다. 이렇듯 스피치의 시작과 끝을 다르게 만들려면, 서로 다른 장소, 서로 다른 인물(혹은 변화하는 인물), 서로 다른 시간 등등을 설정해야 한다.

이처럼 스피치 구조가 탄탄한 경우는 사실 드물며, 심지어는 매우 뛰어난 스피치조차 구조가 부실한 경우를 자주 본다. 스피치 자체가 주는 감동 못지않게 탄탄한 구조까지 뒷받침된다면 금상첨화가 아닐까!

## 감정 소통법으로 말하라

이번 장에서는 청중이 느끼는 감정을 중심으로 하는, 완전히 색다른 스피치 기법에 대해서 살펴보았다. 감정 소통법은 스피치의 정의에 대한 이해와 인간이 느끼는 다양한 감정의 개념을 바탕으로 개발한 말하기 기법이다. 감정 소통법은 스피치를 잘하고 싶은 사람들에게 두 가지 측면에서 영감을 준다. 첫째, 인간의 감정은 보편적이라는 사실이다. 사람마다 감정을 느끼는 방식을 다르지만 인간이라면 누구나 감정을 가지고 태어나며, 감정을 활용하는 능력이 있다. 즉, 우리는 모두 뛰어난 스피치를 할 수 있는 능력을 타고났다. 다만 인간의 감정에 대해 이해하고, 청중이 감정 여행을 떠날 수 있도록 청중과 공감하는 스피치 기법을 각자 개발하기만 하면 된다.

감정 소통법이 영감을 주는 두 번째 이유는 훌륭한 스피치를 하기 위해서 어떤 특별한 스피치 기법이 필요한 것은 아니라는 사실을 깨닫게 해준다는 점이다. 저마다 가지고 있는 성격과 문화가 다르므로 자신만의 특별한 스피치 기법을 개발한다면, 청중과 교감하고 또 청중이 감정 이입할 만한 스피치를 할 수 있을 것이다. 이런 깨달음은 아주 강력한 위력을 발휘한다. 스피치를 많이 해 본 사람이 자신만의 스피치 기법까지 개발한다면 무한한 가능성이 열릴 것이기 때문이다.

나는 스피치에 관한 차별화된 기법인 감정 소통법을 보다 분명하게 정립하는 한편, 자기 분야에서 두각을 나타낸 예술가들을 연구했다. 뛰어난 예술가라면 누구나 자기 작품을 사람들이 느끼는 감정 경험으로 생각한다. 그들이 사용하는 기법은 서로 다르지만, 사람들과 감정적으로 소통하기 위해 애쓴다는 점에서는 공통점을 가지고 있다. 그들은 또한 사람들의 뇌리에 오래 남는 감정의 역할을 잘 안다. 스피치를 잘 하려는 사람은 이렇듯 예술가들의 사고와 감성 활용법에서 많은 교훈을 얻을 수 있다. 다음 장에서는 이에 관해 살펴볼 것이다.

CHAPTER 5

# 최고의 예술가들에게
# 배우는 감정 소통

예술은 감정에 관한 것이다.
설명이 필요한 예술은 더 이상 예술이 아니다.
―피에르 오귀스트 르누아르

　인간의 감정을 활용해서 사람들에게 엄청난 영향력을 주는 기법은 지금까지 많은 예술 형태에서 나타났는데, 때로는 그것이 명백하게 드러나지 않는 경우도 있다. 영화나 음악에서는 일상적으로 우리가 느끼는 감정을 활용한다. 영화를 마지막으로 본 것이 언제인지 기억이 가물가물하더라도 눈물을 펑펑 흘리면서 본 영화는 기억나기 마련이다. 그와 마찬가지로 예전에 즐겨 들었던 명곡 역시 생생하게 기억하고 있을 것이다. 이미 뇌리에 각인되었기에, 비록 정확한 음정과 멜로디는 기억 못 할지라도 그때 받은 느낌은 고스란히 우리 몸에 남아있다. 즉, 우리는 그때 받았던 감정을 기억하고 있는 것이다. 우연인지는 몰라도 우리가 스피치를 기억하는 방식도 그와 비슷하다. 무슨 말을 들었는지 기억하진 못해도 그때 받았던 감정만큼은 분명히 기억한다.

이번 장에서는 예술가들의 마음속으로 들어가서, 그들이 어떻게 군침 도는 요리를 준비하고, 경이로운 춤을 출 준비를 하고, 숨이 멎을 듯한 아름다운 곡을 쓰는지 살펴보자. 예술가들은 과연 어떻게 감정적인 측면에서 예술에 접근할까? 예술가들의 작업 방식을 살펴보면 자연스럽게 깊은 인상을 줄 수 있는 연설문 작성법을 이해할 수 있다.

## 세계적인 셰프, 감성으로 요리의 풍미를 더하다

유명한 셰프 그랜트 애커츠Grant Achatz의 이야기는 얼핏 감정 접근법을 적용하기 힘들 것 같은 분야에 감성을 활용한 흥미로운 사례이다. 애커츠는 미국 시카고에 얼리니아Alinea라는 이름의 아방가르드 풍 레스토랑 하나를 소유하고 있다. 이 독특한 레스토랑에는 메뉴가 하나뿐인데, 그 메뉴는 보통 먹는 데 3시간 가까이 걸리는 23코스짜리 한 끼 식사이다. 애커츠는 미국 공영라디오NPR 프로그램 '프레시 에어Fresh Air'에 출연해 진행자 테리 그로스Terry Gross와 나눈 인터뷰에서 그런 독특한 레스토랑을 개설한 이유에 대해서 이렇게 설명했다. "우리가 그 요리로 시도하려는 것은 손님들에게 하나의 이야기를 들려주고, 고객들이 느낄 수 있는 무엇인가를, 요컨대 풍부한 감성 경험을 제공하려는 것입니다. 마치 훌륭한 현대 미술관을 거닐거나 교향곡을 감상하거나, 멋진 영화나 훌륭한 책을 읽을 때 느끼는 것과 비슷한 감정을 요리를 통해서 전달하려고 노력하고 있습니다."

애커츠가 지금껏 요리를 통해서 구현해 낸 것, 그것이 바로 내가 지금까지 스피치로 달성하고자 해온 목표이다. 감정은 요리에서나 스피치에서나 그 내용을 사람들의 뇌리에 각인시키는 역할을 하는 인류 보편의 언어이다. 하지만 사람들의 감성을 자극하는 데 활용하는 수단은 각각 다르다. 나는 스피치를 활용하고 애커츠는 요리를 활용한다. 테리 그로스와의 인터뷰에서 애커츠는 또 이렇게 말했다.

우리는 음식을 꼬치에 끼워 참나무 잎이나 참나무 가지를 태워서 향을 배게 합니다. 제가 미시간에서 어린 시절을 보낼 때만 해도 앞마당에 있는 참나무에서 떨어진 낙엽을 긁어모아 구석으로 치우거나 길가 옆에 쌓아놓고 그 위에 폴짝 뛰어오르곤 했었습니다. 결국 나중에는 그 낙엽 더미에 불을 붙이지요. 참나무 낙엽 타는 냄새는 아직도 제게 강렬한 향수를 불러일으킵니다. 참나무 낙엽 타는 냄새를 맡을 때면 미시간에 살았던 여덟 살 시절로 돌아간 듯한 기분이 듭니다.

애커츠가 요리를 준비하는 사고 과정은 우리가 이 책에서 논의한 스피치를 해나가는 과정과 상당히 흡사하다. 이를테면 애커츠는 자기가 고향 미시간에서 보냈던 어린 시절의 행복한 기억을 손님들에게 전할 최종 감정으로 정해 놓고 요리를 시작했다. 그리고 요리에 참나무 잔가지를 이용하고 참나무 낙엽을 태움으로써 손님의 감정을 자연스럽게 어린 시절에 대한 향수로 이끌었다. 애커츠는 이런 요리 도구들 혹은 감성의 촉매를 활용해서 손님들에게 자기가 어린 시절 느꼈던 행복한 감정을 그대로 선사했다.

셰프 애커츠와 고객에게 깊은 인상을 남기는 그의 강력한 감성 활용법에서 우리가 배울 수 있는 교훈은 무엇일까? 애커츠는 요리의 맛이라는 기본에 충실한 것은 물론이고, 깊은 인상을 남기는 요리를 만들기 위해 늘 손님이 식사할 때 느끼는 감정에 주목한다. 애커츠는 손님들에게 강렬한 감정을 자유자재로 불러일으키기 때문에 그가 만든 요리는 손님의 뇌리에 오래 각인된다. 요리에서 적용하는 이런 감성 접근법은 많은 면에서 이 책에서 다루고 있는 감정 소통법과 비슷하다.

특히 눈여겨보아야 할 대목은 애커츠가 요리에서 사람들의 감성을 자극하는 냄새를 이용했다는 점이다. 후각은 인간의 가장 원시적인 감각으로, 결과적으로 초기 인류와 포유류가 생존하는 데 아주 중요한 역할을 했다. 그렇기 때문에 후각은 아직도 인간 뇌의 감정 중추에 연결되어 있다. 냄새는 눈 깜짝할 사이에 강렬한 감정을 불러일으킨다. 하지만 이런 과학적 사실을 십분 활용해서 스피치 하는 경우는 드물다. 스피치에서 어떤 내용을 설명하려고 할 때, 그 정보를 시각적으로 묘사하려고 할 뿐 그런 시각적 이미지와 함께 떠오르는 냄새와 향기를 강조하는 사람은 거의 없다. 애커츠의 요리법과 과학적 사실을 통해서 알 수 있듯, 스피치 할 때에도 청중에게 강렬한 감정을 불러일으키는 후각을 자극하는 표현을 써야 한다.

## 영화음악의 거장, 음악에 감성을 덧칠하다

엔니오 모리꼬네Ennio Morricone는 영화 음악계에서 가장 위대한 작곡가 중 한 명이다. 엔니오 모리꼬네는 세르지오 레오네Sergio Leone 감독이 만든 서부극 3부작 〈석양의 무법자〉와 〈석양의 건맨〉, 〈황야의 무법자〉에서 영화음악을 맡으면서 세계적인 명성을 얻었다. 모리꼬네는 지금까지 500편 이상의 영화음악을 작곡했는데, 정말 믿기 어려울 만큼 대단한 업적이 아닐 수 없다. 그의 영화음악은 청중과 깊이 공명하면서 음악이 끝날 무렵에는 청중을 이전과는 완전히 다른 감정 상태로 끌고 가는 마력을 지녔다. 그의 음악은 청중이 감성 여행을 떠나도록 만드는 것이다.

모리꼬네가 레오네 감독과 함께 작업한 영화음악은 이제 전설이 되었다. 레오네 감독의 인생을 다룬 책 《세르지오 레오네―위대한 이탈리아인, 미국의 전설을 꿈꾸다》에서 모리꼬네는 레오네 감독과의 작업 과정을 이렇게 설명한다. "세르지오는 내게 대본조차 주지 않는다. 그저 주인공에 대한 자기 느낌을 말해줄 뿐이다. 심지어 그 장면이 어떻게 구성됐는지도 알려주는 법이 없다. 그래도 나는 세르지오에게 음악을 만들어 간다." 이런 그의 고백을 감안하면, 감정이 주인공을 만든다는 사실을 모리꼬네는 분명히 이해하고 있었던 것이다. 모리꼬네는 레오네 감독이 묘사하는 감정에 생기를 불어넣는 영화음악을 만들기 때문에 관객들은 그의 영화음악을 듣고 어떤 감정을 떠올리게 된다.

내가 진행하는 대중 스피치 워크숍에서는 청중의 감정을 변화시키는 음악의 힘이 얼마나 강한지 수강생들이 느끼도록 한 가지 연습을 시킨다. 수강생들에게 눈을 감고 〈석양의 무법자〉에 등장하는 모리꼬네의 장엄한 연주곡 '엑스타시 오브 골드 The Ecstasy Of Gold'를 감상하게 한다. '엑스타시 오브 골드'는 3분 40초짜리 연주곡으로, 시작은 차분하게 진행되지만 끝 부분에 가서는 듣는 사람에게 승리와 환희의 감정을 느끼게 한다. 이 곡을 들려줄 때마다 수강생들은 마지막 부분에서 자신들의 감정이 크게 변한다는 사실에 깜짝 놀란다. 음악으로 그렇게 강렬한 감정을 이끌어 내는 뛰어난 작곡가의 능력이 새삼 놀라울 뿐이다.

　　모리꼬네의 음악과 그와 비슷한 다른 작곡가들에게서 배울 수 있는 교훈은 무엇일까? 모든 위대한 음악은 청중의 감성을 흔드는 법이다. 따라서 작곡가들이 사람들에게 감동을 주는 원리를 이해한다면 스피치 하는 사람도 음악에서 나타나는 미묘한 변화를 관찰해서 감정을 다루는 법을 배울 수 있다. '엑스타시 오브 골드'에서 모리꼬네는 청취자들을 마치 절벽으로 몰듯 감정적으로 한껏 고취시켰다가, 청취자들이 감정적으로 잠시 숨을 돌릴 수 있는 음들을 중간중간에 많이 집어넣었다. 모리꼬네는 자기가 이 곡에서 원하는 감정의 변화가 너무 '급격하다'는 점을 알고 있는 듯하다. 그래서 모리꼬네는 격렬한 부분 뒤에 감정의 동요를 일으키지 않는 음악을 짧게 집어넣어서 청취자가 감정적으로 지치지 않도록 배려한 것이다. 모르꼬네 같은 거장이 사람의 감정을 다루는 법을 유심히 관찰하는 일은 매우 흥미롭다. 그뿐만 아니라 스피치 할 때 청중의 감정을 잘 다루고 싶은 사람이라면 누구나 그 과정에서 많은 깨달음을 얻을 수 있다.

## 세계적인 영화감독, 영화에 감성을 녹여내다

　인도 콜카타가 고향인 사티야지트 레이Satyajit Ray는 인도 출신으로는 가장 유명한 영화감독 중 한 명이다. 다른 뛰어난 영화감독들의 사례도 많지만 이번 장에서 사티야지트 레이를 사례로 드는 이유는 그가 아주 단순한 방식으로 인간의 감정을 포착해내기 때문이다. 사티야지트 레이는 멋진 영화음악이나 공들여 만든 무대 세트 없이도 언어와 문화와 국적을 뛰어넘어 영화를 보는 사람 모두에게 등장인물의 감정을 전달하는 능력을 보여주었다.

　레이의 영화들은 주인공의 실감 나는 감정 연기로 유명하다. 레이는 영화를 촬영할 때 대부분 무명 배우나 잘 알려지지 않은 배우를 섭외해서 최소한의 분장만 시킨 채, 자연스러운 분위기에서 촬영했다. 그의 영화에서는 정지 화면이 길게 이어지며, 음악은 거의 흐르지 않는다. 그 덕분에 레이는 등장인물들의 미묘한 감정 변화에 초점을 맞추어 이야기를 전개해 나갈 수 있었다. 책 《사티야지트와의 인터뷰》에서 그는 영화 제작에 대한 자기 소신을 이렇게 표현했다.

　　그 영화 특유의 장점은 인간 내면의 친밀함과 그것이 소통되는 과정을 포착해냈다는 점이 아닐까 생각한다. 그런 친밀함은 움직임이나 몸짓, 목소리 변화, 조명의 밝기를 조절하거나 주변 배경을 조작함으로써 드러낼 수 있다. 하지만 여러 장면을 잇달아 촬영하는 데 말 그대로 카메라나 주인공의 움직임이 반드시 필요한 것은 아니다. 그럼에도 불구하고 그 주인공은 얼핏 보기에 내면이 펼쳐지고 성장하는 것처럼 보인다. 영화라는 매개체의 가장 중요한 특성을 꼽으라고 한다면 '움직임'이라는 단어보다는 '성장'이라는 단어를 쓰고 싶다. 영화는 한 사람과 어떤 상황의 성장을 추적해 나가는 데 아주 뛰어난 도구이다. 그리고 그렇게 하기 위해서는, 즉 극도로 진실하게 사회적 상황을 묘사하고 인간관계의 극단을 파헤치기 위해서는 지금까지 예술 외적인 이유 때문에 영화 제작에서 오랫동안 인위적으로 시행되어온 모든 손쉬운 방법들을 제거해야만 한다.

그의 영화가 전 세계적으로 인정받은 이유도 인간의 감정과 인간관계의 실상을 탐구하고 포착하는 이런 능력 때문이었다. 레이는 단 한 번도 국제무대를 염두에 두고 영화를 만든 적이 없었다. 레이가 대상으로 한 관객은 동부 인도에 사는 소수의 벵골인들이었지만, 그가 만든 영화들은 전 세계 많은 팬의 사랑을 받고 있다. 그 이유는 무엇보다도 레이가 영화에서 인간의 감정을 다룰 줄 알았기 때문이다.

인간의 감정을 영화에 활용하려고 한 레이의 시도는 진심에서 우러나온 것이었다. 스피치를 잘하고 싶어 하는 사람이라면, 등장인물들의 감정을 개발하고 그런 감정을 제대로 표현하는 데 관심을 쏟아부은 레이의 모습에서 큰 교훈을 얻어야 할 것이다. 작가이자 마케팅 임원인 앤더슨 보이드Anderson Boyd는 감정을 다루는 레이의 능력을 두고 이렇게 말했다. "감정을 전혀 과장하지 않으면서도 관객에게 강렬한 감정을 느끼게 하는 것이 바로 레이의 능력이다. 그가 만든 영화를 보면 카타르시스가 아니라 그저 지성과 감성이 조화를 이룬다는 느낌을 받는다."

영화 속 주인공들이 보여주는 진정성으로 인해 관객이 받는 감정과 느낌이 더욱 강렬해졌다고 확신한다. 그런 진정성 덕분에 관객은 주인공들 사이에서 감정이 오가는 과정을 이해하고 즐길 수 있다. 레이는 두말할 나위 없이 영화에서 인간의 감정을 어떻게 다뤄야 하는지를 제대로 알고 있었던 감독이다.

레이처럼 독특한 방식이 아니더라도, 영화감독들은 예외 없이 인간의 감정과 등장인물들 사이의 관계를 이용해서 이야기를 만들어 나간다. 레이와 그 밖의 영화감독들이 활용하는 감정 접근법을 커뮤니케이션에 적용해 보자. 일례로, 파워포인트 프레젠테이션을 할 때 많은 사람이 멋져 보이는 모든 기법을 사용하려고 애쓴다. 그런 행동이 왜 효과적이지 않은지 우리는 레이의 영화제작 기법을 통해서 깨달을 수 있다. 레이의 영화에서는 과도한 음악이나 과격한 연기가 등장하지 않으므로 주인공의 감정과 그들 사이에서 일어나는 감정이 영화의 중심이 된다. 나는 레이가 만든 영화들을 볼 때 특히 감정 이입되는 장면에 주목하면서, 레이가 그 장면들을 통해서 표현하려고 했던 의도가 무엇이었는지 파악하는 연습을 하기도 했다.

이러한 예술가들의 사례를 통해서 우리는 무엇을 배울 수 있을까? 명연설가 이외에도 감정을 다루는 예술가들의 노하우를 이해하면 스피치나 대화를 어떻게 이끌어가야 할지, 생각하고 계획하는 데 큰 통찰을 얻을 수 있다. 모든 예술의 최종 목표는 청중의 감정을 사로잡는 것이다. 혁신적인 아이디어를 표현하고, 상식에 도전하며, 대중에게 즐거움을 선사하거나 작품을 전시하는 것이 예술가의 역할이지만, 궁극적으로 대중은 그 예술가의 작품으로부터 어떤 감정을 느꼈는지를 기억한다. 이처럼 간단한 원리를 이해하면 예술가들의 감정 접근법을 활용해 의사소통 능력을 키울 수 있다. 즉, 영화의 한 장면을 연구해서 스피치에 그대로 적용하거나, 화가의 붓놀림을 유심히 관찰한 다음 스피치에서 어떤 시각적인 표현을 쓸지 아이디어를 얻을 수도 있는 것이다. 이처럼 우리 일상생활에는 스피치에 활용할 만한 소재들이 무궁무진하게 널려 있다. 다만 그런 소재들을 발굴하기 위해서 감정을 알아차리는 집중력과 호기심만 있으면 된다.

## 감정을 활용한 원고 쓰기 : 간단한 스피치 예시

마지막으로, 스피치에 감정을 활용하기 시작한 이후 나의 스피치가 얼마나 환골탈태하였는지 실제 사례를 하나 소개하고자 한다. 스피치 제목은 '사랑의 빛깔The Color of Love'로 미국에 처음 와 텍사스에이앤앰Texas A&M대학교에서 대학원생으로 있을 때의 경험을 바탕으로 쓴 연설 원고이다. 미국에 와서 첫 6개월간 나는 지독한 향수병에 시달렸다. 1996년 2월의 어느 날, 아침에 일어나 보니 밖에는 눈이 내리고 있었다. 내가 살던 텍사스 지역에는 눈이 거의 내리지 않아서 사람들은 밖으로 나와 오래간만에 설경을 만끽했다. 하지만 흰 눈 때문에 내 마음은 더 우울해졌고 가족에 대한 그리움 또한 깊어졌다. 그날 내가 느낀 감정은 아주 강렬했다. 아마도 내 인생에서 처음으로 가족의 소중함을 절실히 느낀 날이었을 것이다. 십 년이 훌쩍 지난 지금까지도 그날의 기억이 생생하다. 그래서 가족의 소중함에 대한 스피치를 하기로 결심했을 때, 1996년 눈이 내리던 그날 내가 느꼈던 괴로움과 가족에 대한 간절함을 청중이 그대로 느끼도록, 나아가 청중도 가족의 소중함을 깨달도록 만들어야겠다고 생각했다.

이 스피치를 준비하면서 멋진 결론을 도출하기가 만만치 않다는 사실을 깨달았다. 스피치 도중에 일어나는 감정들은 제대로 포착할 수 있었지만, 결론 부분에서는 당시에 느꼈던 강렬한 감정을 청중에게 제대로 전달하지 못했다. 한 마디로, 청중에게 전할 최종 감정을 효과적으로 표현하지 못했다. 나중에 다시 한 번 그때 만든 스피치를 살펴보니 눈 내리던 그날의 사연이 나오는 본론에서 결론으로 넘어가는 전환점의 감정 처리가 매끄럽지 못했다. 그래서 영화 〈딜 차타 해〉를 참고해서 102쪽 참조 스피치 결론 부분으로 향하는 감정 흐름을 다시 조정했다. 그런 노력은 나름대로 성공적이어서 스피치를 들은 청중 중에는 눈물을 흘리는 사람도 있었고, 스피치가 끝나고 내게 찾아와 감사를 표현하기도 했다. 지금부터 소개할 연설 원고는 감정에 대한 이해를 바탕으로 다른 예술 형식에서 쓰는 기법을 스피치에 적용했을 때, 감정 흐름이 얼마나 매끄럽게 변하는지를 잘 보여주는 사례다. 이 책의 에필로그에는 더 많은 스피치 사례들이 나와 있다. 각각의 사례에 대해서 구체적으로 설명해 두었으니 참고하길 바란다. 연설문에 쓰인 모든 줄임표(…)는 잠시 쉬었다 말하라는 의미이다.

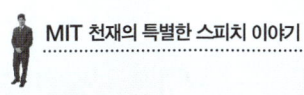 MIT 천재의 특별한 스피치 이야기

# 사랑의 빛깔

"할머니, 그러시면 안 돼요!" 제가 소리쳤습니다. 할머니는 웃으시면서 이렇게 말씀하셨죠. "왜 그러니 비카스. 누가 날 말리겠니?" 맞는 말씀이었죠. … 누구도 감히 할머니를 말릴 수 없었을 겁니다. 하지만 저는 고집스럽게 말했습니다. "할머니, 이 빗은 쓰시면 안 돼요. 어서 제자리에 두세요. 안 그러면 물건을 사야 한단 말이에요." 할머니는 순진한 눈빛으로 저를 바라보며 이렇게 말씀하셨습니다. "비카스, 저기 빗이 산더미 같이 쌓여 있잖니. 그래서 쓰려고 하는 거란다." 저는 너무 창피해서 더 이상 말을 잇지 못했습니다.

신사 숙녀 여러분, 할머니와 쇼핑할 생각이라면 창피함을 감수할 준비를 하셔야 할 겁니다. 저희 할머니 연세쯤 되면 남들이 뭐라 하던 신경 쓰지 않는데, 그때 저는 마침 남들의 시선을 끔찍이 의식하는 십 대 소년이었습니다. 제가 열다섯 살이던 해 여름에 할머니가 인도 콜카타에 있던 우리 집으로 찾아오셨습니다. 쇼핑하러 가던 그날, 할머니는 머리를 감은 후 새로운 빗을 사야겠다고 작정을 하셨지요. 할머니는 저에게 이렇게 말씀하셨습니다. "비카스, 시장에 같이 가자꾸나. 내가 머리 손질할 빗이 없단다."

그래서 할머니와 저는 시장에 함께 갔습니다. 콜카타에 있는 시장의 모습은 여기서 볼 수 있는 시장의 모습과는 사뭇 다릅니다. 시장에 들어서면 각종 향신료 냄새가 진동하고, 도로에는 인력거들이 달가닥 소리를 내며 왔다 갔다 하고, 장 보러 온 사람들 수천 명이 싼 물건을 찾아 이 가게 저 가게를 찾아다닙니다. 드디어 할머니께서 한 가게 안으로 들어가십니다. 거기서 제일 좋은 빗 하나를 집어 드신 할머니는 몇 분 동안 빗질을 하더니 조용히 빗을 내려놓고는 다음 가게로 가서 또 똑같은 과정을 반복하십니다. 그래서 저는 할머니와 최대한 멀리 떨어져서 걸었고, 할머니가 빗을 집어 드실 때마다 혹시 하는 희망으로 가게 주인들은 낯빛이 밝아졌습니다. 할머니가 머리를 빗으로 빗자 가게 주인의 기대는 점점 더 부풀어 올랐습니다. … 그러나 할머니는 그냥 가게를 빠져나오셨습니다. 정말 온당하지 않았지요.

시장에서 무려 세 시간을 구경하고서 우리는 그냥 집으로 돌아왔습니다. … 빗은 한 개도 사지 않고 말입니다. 이제 비단결 같이 다듬어진 머리카락을 쓰다듬으며 할머니는 만족스러운 표정으로 말씀하셨습니다. "비카스, 수요일 날 또 시장을 가자꾸나. 그때도 머리를 감고 가야겠다."

그해 여름 할머니와 저는 콜카타 시장을 뻔질나게 찾아갔습니다. 비록 빗은 한 번도 사지 않았지만, 십 대인 저에게도 갈 때마다 시장의 풍경이 달라진다는 것을 느낄 수 있었습니다. 사람들은 이전보다 더 활기차 보였고, 시장은 더 많은 에너지로 넘쳐나는 것 같았습니다. 마치 시장 전체의 빛깔이 전보다 훨씬 더 다채로워진 느낌이었습니다. 그때는 그 이유를 도무지 알 수 없었습니다.

그 후로 많은 세월이 흐른 뒤, 한 장소의 분위기를 완전히 바꿔 놓을 수 있는 사람이 누구인지 깨닫게 되었습니다. … 그것도 다채롭게 말입니다. 때는 1996년 2월, 인도에서 미국 텍사스 휴스턴으로 이사한 지 얼마 지나지 않았을 때였습니다. 그날 휴스턴에는 눈이 내리고 있었습니다. 휴스턴에서는 눈을 볼 기회가 흔하지 않아서 사람들은 너나 할 것이 없이 밖에 나가서 눈을 즐겼습니다. 하지만 저는 그때 침대에서 울고 있었습니다. 할머니에 대한 간절한 그리움 때문이었습니다. 그제야 제가 할머니의 사랑을 당연하게만 여겼다는 사실을 처음으로 깨달았습니다. 할머니는 언제나 저를 사랑해 주셨습니다. … 할머니의 사랑에는 아무런 조건도 없었습니다. … 그런데 저는 그때까지 단 한 번도 감사하다는 말을 드린 적이 없었습니다. 저는 그때 할머니의 눈을 보면서 "죄송해요"라고 외치고 싶었습니다. 하지만 할머니는 인도에 계셨지요. … 너무나 먼 곳이었습니다.

우울한 기분을 털어버리려고 저는 밖으로 나갔습니다. 눈을 구경하는 사람들의 표정에는 경이로움이 묻어났습니다. 땅 위에 내린 눈은 마치 한 폭의 그림과 같았고…자연이 그린 아름다운 그림을 사람들은 감상하고 있었습니다. 왜 저는 그런 그림을 볼 수 없었을까요? 그렇게 아름다운 눈이 왜 저에게는 … 차갑고 하얗게만 느껴졌을까요?

그때 할머니와 함께 형형색색의 콜카타 시장을 구경했던 어린 시절의 기억이 떠올랐습니다. 만약 할머니가 옆에 계셨다면 눈이 내리던 그날 저도 자연이 만들어낸 한 폭의 그림을 마음껏 감상할 수 있었을 거라는 생각이 들었습니다. 할머니가 계셨다면 그 그림을 사랑이라는 빛깔로 그려내셨을 테니까요.

너무나 많은 사람이 흑백 논리로 세상을 살아가고 있습니다. 그리고 우리는 주변에 있는 가까운 사람들과 소통하지 못하는 까닭에 인생에서 가장 아름다운 그림들을 감상할 기회를 놓쳐 버리고 맙니다. 나와 가장 가까이에 있는 이들만이 그런 그림을 그릴 수 있습니다…각자가 가진 사랑의 빛깔로 말입니다.

저는 이제 인도를 방문할 때면 할머니와 함께 시장에 가려고 애를 씁니다. 할머니는 여전히 그 빗을 집으시고, 머리를 빗으신 다음, 다시 제자리에 내려놓으십니다. 하지만 이제 저는 할머니와 함께 걷습니다. … 마치 "방해하지 마세요, 지금 할머니와 함께 있는 중이라고요!"라고 외치듯이 당당하게 말입니다.

그리고 가끔씩 그냥 멈춰 서서 온갖 색깔들로 가득한 가게들을 멍하니 바라봅니다. 그러던 어느 날, 할머니를 따라가는 어느 십 대 소년이 제 눈앞에 나타난 적이 있습니다. 할머니를 부끄러워하는 그 소년의 모습을 본 저는 등골이 오싹해졌습니다. 눈 내리던 그날, 인생에서 가장 소중한 것을 깨닫지 못했다면 지금 제 인생은 어떻게 달라졌을까요? … 할머니께서 그려내신 그 사랑의 빛깔을 깨닫지 못했다면 말입니다.

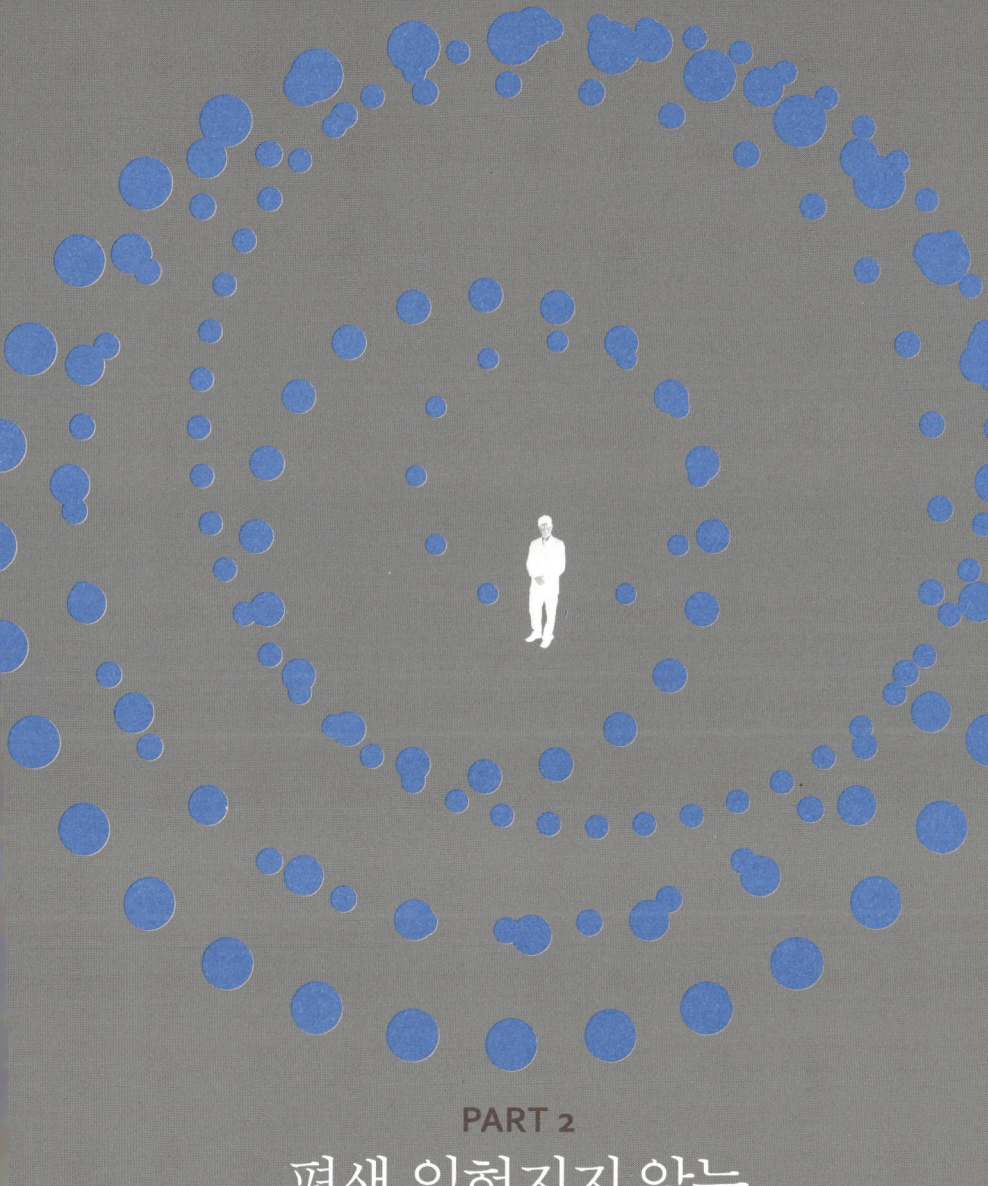

**PART 2**
# 평생 잊혀지지 않는
# 말의 비밀

emotion & communicate

CHAPTER 6

# 당신은 타인의 마음을 움직일 수 있는가

필요한 기술을 알려주기만 하면 사람들은 자신의 타고난 능력과 호기심을 발휘해서
당신의 기대를 훨씬 뛰어넘는 깜짝 놀랄 만한 일들을 이뤄낼 것이다.
―빌 게이츠

공기 중에는 긴장감이 가득했고, 청중은 질서정연하게 둘러앉아 조용히 연설자의 첫마디를 기다리고 있었다. 연설자들이 스피치 중간에 조금이라도 방해를 받으면 안 되었으므로 경호원은 출입문을 이미 통제한 상태였다. 주최 측에서는 대회의 규칙과 심사위원들을 소개하고, 청중에게 휴대폰 상태를 진동으로 해달라고 협조 요청을 했다. 그렇게 세계연설대회 준결승전의 일환으로 '2006 7지역Region Ⅶ 연설대회'가 치러지고 있었다. 이번 대회의 우승자는 이듬해 열릴 세계 '스피치 올림픽' 결승전에 참가할 자격이 주어졌다.

'스피치 올림픽'으로도 불리는 세계연설대회는 비영리단체인 토스트마스터즈 인터내셔널이 매년 개최한다. 이 책을 집필할 즈음, 토스트마스터즈 스피치 클럽에는 116개국 13,000명 이상의 회원이 활동하고 있다. 2006년 당시 7지역에는 매사추세츠, 로드아일랜드, 뉴욕, 뉴저지, 워싱턴, 그리고 펜실베이니아 일부 지역이 포함되어 있었다. 이 준결승전은 펜실베이니아 주 필라델피아에서 열렸다.

요제프 마르튼스Josef Martens는 그날 저녁 참가한 연설자 중 한 명으로, 워싱턴 주를 대표해서 출전했다. 전문 강사인 요제프는 흥미로운 이력의 소유자였다. 그는 독일 이민자 출신으로 물리학 박사임에도 대중 연설에 소질이 있었는데, 그 두 가지 능력을 동시에 갖춘 사람을 찾기란 여간 어려운 일이 아니다. 요제프는 자신의 과학적 소양과 스피치 기술을 결합시켜 기업이 창의적이고 혁신적인 업무 환경을 만들어내도록 전문적으로 조언하는 일을 했다.

자기 차례가 되자 요제프는 특이한 소품 하나를 들고 무대로 나아갔다. 무대에 오른 그는 목표를 이루기 위해서 끊임없이 나아가지 않으면 우리 인생은 정체되고 시들어간다는 내용의 연설을 했다. 주목할 점은 그가 '구르는 돌에는 이끼가 끼지 않는다' 와 같은 진부한 표현 대신, 길이가 긴 거실용 전기스탠드에 자전거 바퀴 하나를 단 기발한 소품을 가지고 나와 자기주장을 과학적으로 설명했다는 점이다. 전기스탠드 중심부에는 자전거 바퀴가 달려 있어 굳이 똑바로 세우지 않아도 소품이 저절로 굴러갔다. 요제프는 거기에 레버까지 달아 바퀴의 회전 속도를 마음대로 조절할 수 있게 했다. 그때까지 스피치에서 소품을 그렇게 기가 막히게 활용한 경우는 한 번도 보지 못했었다. 요제프는 레버를 이용해 바퀴를 돌렸고, 자전거 바퀴는 계속 똑바로 나아갔다. 쌩쌩 돌아가는 자전거 바퀴를 지켜보며 그 소품이 곧 기울어져 꽈당 넘어질 것이라고 예상하는 청중은 아무도 없었다. 하지만 곧 그런 일이 벌어졌다. 청중은 몇 초 동안 바퀴가 잘 굴러가는 모습에 감탄했지만, 요제프가 바퀴를 멈추자마자 그 기계장치는 곧바로 균형을 잃고 한쪽으로 쓰러졌다. 똑바로 견고하게 굴러가던 물체가 한순간에 무기력하게 쓰러진 것이다.

요제프는 이 스피치에서 회전 속도가 0이 되면 결국 운동량도 0이 된다는 각운동량보존법칙을 우리 인생에 비유했다. 삶의 깊은 교훈을 담고 있는 물리법칙을 깨달은 청중은 놀라서 입을 다물지 못했다. 우리가 알아차리지 못했을 뿐, 자연현상 속에 이미 인생을 살아가는 해답이 담겨 있었던 것이다. 객석에 앉아 요제프의 스피치를 들으며, 내 마음속에는 놀라움과 실망감이 교차했다. 요제프의 기가 막힌 스피치 도구 활용법에 감탄이 절로 나왔지만, 방금 이번 대회 우승자의 스피치를 들은 것 같아 마음이 씁쓸했다.

요제프는 인생에 대한 비유를 시각적 이미지로 멋지게 표현해냈다. 각운동량보존법칙은 회전하는 팽이나 자이로스코프gyroscopic compass를 관찰하면 쉽게 알 수 있는 내용으로, 요제프는 추상적인 물리 법칙을 활용해서 청중에게 다가가는 방법을 찾았던 것이다. 그의 창의적인 소품 활용 덕분에 청중은 강력한 감정들, 이를테면 뜻밖의 놀라움과 감탄, 경이로움을 느꼈다. 요제프가 전달한 메시지는 청중의 뇌리에 깊이 각인되어 5년이 훨씬 지난 지금까지도 생생하게 기억날 정도다!

## 스피치 기술이란 무엇인가

수 세대 동안 웅변가들은 뛰어난 스피치 기법이 엄청난 위력을 발휘한다는 점을 잘 알고 있었다. 아리스토텔레스는 오늘날 표현으로 연설의 전달력을 뜻하는 히포크리시스hypokrisis를 청중에게 감동적인 연설을 하기 위한 중요한 요소라고 생각했다. 《명연설의 기술The Art of Great Speeches》을 쓴 데니스 글로버Dennis Glover에 따르면, 뛰어난 연설 능력으로 권력을 잡았던 히틀러는 대중에게 강렬한 메시지를 전달하기 위해 "극적인 제스처를 치밀하게 연습한 후에" 연설했다고 한다.

요제프나 아리스토텔레스, 히틀러 모두 파트1에서 설명한 스피치의 기본 원리를 활용하고 있다. 다만 감정을 청중에게 전달하는 방법에 차이가 있을 뿐이다. 커뮤니케이션에 활용되는 이와 같은 스피치 기법과 기교를 통틀어 스피치 기술이라고 부른다. 스피치 기술은 음색, 목소리 변화, 제스처, 파워포인트 프레젠테이션, 스토리, 소품, 음악 등 모든 형태의 스피치 기법과 기교를 아우른다. 말 그대로, 스피치 기술은 의사소통을 가능하게 하는 모든 요소를 망라한 개념이다.

스피치 기술과 커뮤니케이션이 많이 헷갈리는 것은 그런 이유 때문이다. 커뮤니케이션 과정은 청중이 느끼는 감정 경험인 반면, 스피치 기술은 청중이 감정 경험을 떠나도록 유도하는 수단이다. 연설자는 스피치 기술을 활용해서 청중의 초기 정서를 파악하고, 스토리를 비롯한 다양한 스피치 기법을 활용해 청중과 친해지면서 교감하고, 청중이 최종 감정에 이를 때까지 감정 이입하도록 이끈다. 연설자가 스피치 기술을 얼마나 자유자재로 구사하느냐에 따라서 청중이 느끼는 감정 경험의 질이 결정된다. 달리 말해서, 스피치의 기초 원리를 활용해서 연설문을 정성껏 만들 수 있지만, 청중에게 스피치를 제대로 전달하기 위해서는 스피치 기술이 반드시 필요하다.

## 기법에 집착하지 마라

영화 〈와호장룡〉은 2001년 아카데미 영화상 4개 부문을 석권한 것을 비롯하여 수많은 영화제에서 수상했고 흥행에도 성공했다. 기가 막힌 무협 액션과 한 폭의 그림 같은 영상 이외에도 이 영화는 삶에 대한 깊이 있는 질문을 던짐으로써 관객들이 동양 사상을 진지하게 사유하도록 만들었다. 그중에서도 특히 내 마음을 사로잡은 대목이 있었다.

강호에 대한 동경이 깊은 귀족 가문의 젊은 처녀 위쟈오롱이 강호 고수인 리무바이가 가지고 있던 명검인 청명검을 훔친다. 청명검만 있으면 누구와 싸워도 이길 수 있다고 믿기 때문이다. 강호에서 다양한 검객을 만나 여러 차례 그들을 제압하면서 위쟈오롱의 그런 믿음은 더욱 강해진다. 한편 리무바이는 비록 위쟈오롱이 자기 검을 훔치기는 했으나 그녀의 잠재력을 알아보고 수제자로 삼아 더 가르치고 싶어 한다. 영화 후반부, 리무바이는 위쟈오롱에게 그녀가 가지고 있던 잘못된 생각을 깨우쳐 주려고 여러 차례 가르침을 준다. 위쟈오롱과 검으로 맞붙은 리무바이는 임시변통으로 만든 검과 나무 막대기만 가지고도 청명검을 가지고 있던 위쟈오롱을 제압한다. 서로 대결을 벌이는 내내 리무바이는 위쟈오롱에게 검술의 밑바탕은 균형과 조화, 그리고 정신력에 있는 것이지 검 자체에 있는 것이 아니라고 말한다. 진정한 고수는 그 밑바탕이 튼튼해서 무슨 검을 쓰든 늘 강하다는 것이다.

프레젠테이션을 잘하고 싶은 사람이라면 리무바이가 던진 이 메시지에 귀 기울여야 할 것이다. 프레젠테이션 초보자들은 종종 프레젠테이션을 잘하기 위해서는 스피치 기법이 중요하며, 프레젠테이션의 고수들은 훌륭한 스피치 기법을 많이 안다고 믿곤 한다. 하지만 정작 고수들은 절대 스피치 기법에 집착하지 않는다. 그들은 청명검을 가진다고 해서 저절로 뛰어난 검객이 되지 않는다는 사실을 잘 이해하고 있다. 효과적으로 프레젠테이션 하는 사람들은 프레젠테이션의 기초를 이해하고 난 후에야 비로소 여러 스피치 기법을 배운다. 그다음 단계인 프레젠테이션 고수들은 효과적인 기법을 물샐틈없이 활용해서 의사소통의 능률을 향상시킨다. 높은 수준에 오르기까지의 과정은 보지 않고 결과에만 주목하다 보니, 스피치 기법이 프레젠테이션의 성패를 결정짓는 요인이라는 오해가 때때로 생긴다.

동기부여 강사 다나 라몬Dana Lamon은 뛰어난 스피치에는 기법이 필요 없다는 점을 잘 보여준다. 그는 네 살 때 시력을 잃어 앞이 전혀 보이지 않는다. 따라서 보통의 연설자들처럼 청중과 눈을 맞춤으로써 소통하는 방법을 쓸 수 없다. 무대 위치를 파악하기도 힘들어서 무대를 돌아다니는 대신 자기가 만질 수 있는 곳 주변의 한 장소에 서서 말하는 것을 선호한다. 하지만 다나는 청중과 눈 맞춤하는 자기만의 독특한 방법을 터득했다. 연단을 이용해서 무대 위에서의 자기 위치를 파악하는 것이다. 그는 이렇게 말한다.

> 말할 때 상대방을 쳐다보는 일은 내게 늘 중요합니다. 십 대 때 학교와 사교 모임에서 다른 맹인 친구들이 상대방을 바라보지 않고 말한다는 사실을 발견했지요. 나는 그런 행동을 '맹인벽blindism'이라고 단정하고 그렇게 행동하지 않겠다고 굳게 다짐했습니다. 그래서 강연 전에 늘 장소를 확인합니다. 청중이 왼쪽과 오른쪽 어디쯤 앉아 있는지 좌석 높이는 어느 정도인지 확실하게 파악해두지요. 연단이나 의자 또는 탁자를 청중의 위치를 파악하는 기준으로 삼아 청중을 마주 보고 말합니다. 가능한 한 연단을 청중의 중앙에 위치시키려고 하는데, 그렇게 하면 스피치 하기가 좀 더 수월해요. 청중의 모습도 머릿속에 그려봅니다. 그러고는 마치 청중이 눈에 보이는 것처럼 몸과 머리를 움직여 객석을 훑어보지요. 내 모습 자체를 프레젠테이션 수단으로 활용해서 청중에게 호응하는 것입니다. 그래서 청중의 반응이나 박수 소리, 웃음소리, 그 밖의 감탄사가 들리면 소리가 나는 쪽으로 방향을 고쳐 잡습니다.

만약 다나가 스피치의 기초를 이해하지 못했다면, 앞을 보지 못하는 것은 치명적인 핸디캡이 되었을 것이다. 그리고 중요한 두 가지 스피치 기법, 즉 눈 맞춤과 무대 움직임 또한 활용할 수 없었을 것이다. 하지만 다나는 청중이 들썩일 정도로 흥미진진한 스피치를 할 줄 안다. 다나는 스피치 그 자체가 스피치 기법보다 훨씬 더 값지다는 점을 이해하고 있다. 그는 끊임없이 청중과 대화를 나누는데, 청중의 감정 반응을 살핌으로써 자신이 지금 스피치를 잘하고 있는지, 청중과 공감하고 있는지, 그리고 청중이 자신과 함께 감정 여행을 계속해서 하고 있는지를 파악할 수 있어서다. 다나는 이렇게 말한다. "앞서 방향을 잡기 위해 활용한 청중의 반응과 박수, 웃음소리, 그리고 그 밖의 다른 감탄사를 듣고 있으면 청중이 나와 함께하는지, 나를 잘 따라오고 있는지, 청중과 내가 어떻게 공감대를 이루고 있는지 알 수 있습니다."

다나의 스피치 방법이 정말 놀라운 것은 그가 무의식적으로 감정소통법을 사용하고 있다는 점이다. 그는 청중에게 어떤 감정을 불러일으키고 싶을 때 어떤 스피치 기법을 써야 하는지 잘 알고 있을 뿐 아니라 여의치 않을 경우 스피치 기법을 수정하거나 상황에 맞는 다른 스피치 기법을 활용할 줄 안다. 결국 중요한 것은 청중과 깊은 대화를 할 수 있느냐의 여부이지, 기법 그 자체가 아니다.

지금까지 살펴보았듯, 효과적인 의사소통을 위해 반드시 말하기 기법이 필요한 것은 아니다. 또한 지금까지 스피치와 관련해 무슨 이야기를 들었든 간에, 무대에서 큰 제스처를 쓰고 많이 움직이는 것만이 인상적인 스피치를 할 수 있는 유일한 길은 아니다. 이런 기본적인 사실을 이해한다면 목소리가 좋지 않은 사람, 크고 열정적인 목소리로 말하기보다는 차분하게 말하기를 좋아하는 내성적인 사람, 원어민 앞에서 말하기를 주저하는 이민자들도 희망을 가질 수 있다. 이제 자신감을 가지고, 자신이 좋아하는 스피치 기법을 찾아서 효과적인 커뮤니케이션에 도움이 되는 기법을 개발하는 데 박차를 가할 차례이다.

## 스피치에 알맞은 말 습관을 지녔는가

예전에 내 마음을 사로잡았던 상사가 있었다. 그는 부드럽지만 단호한 목소리로 안면을 텄고, 흥미롭고 재미있는 이야기와 짧은 예화로 상대의 주의를 끌었으며, 겸손한 태도로 인생의 교훈을 전달함으로써 듣는 사람에게 동기부여를 해주었다. 그는 자기 분야에서 인정받고 있었으며 경험도 풍부했는데, 나로서는 그가 왜 더 승진하지 못했는지 의아할 뿐이었다. 하지만 얼마 후 그가 한 무리의 직원들을 앞에 두고 스피치 하는 장면을 목격하며 나의 의구심은 해소되었다. 일대일 대화에서 장점이었던 그의 작은 제스처와 부드러운 목소리는, 대중 스피치에서는 전혀 관심을 끌지 못했다. 뒷줄에 앉아있던 많은 직원이 그의 말소리가 제대로 들리지 않아 애를 먹고 있었다. 짧은 예화 또한 목소리 변화나 제스처도 전혀 없이 '전혀 극적이지 않게' 표현한 까닭에 청중의 흥미를 끌지 못했다. 프레젠테이션이 끝날 때쯤, 나는 그가 왜 더 승진하지 못했는지 알 수 있었다. 회사에서는 직책이 높으면 높을수록 더 많은 사람을 통솔하는 능력을 중요하게 생각하기 때문이다.

사람들 대부분은 각자 고유한 말하기 습관을 지니고 있다. 이런 습관은 말할 때 자연스럽게 나오는데, 익숙한 상황에서는 그 나름의 효과를 발휘하지만 익숙하지 않은 상황이 펼쳐지면 통하지 않는 경우가 종종 발생한다. 이는 늘 똑같은 방식으로 감정을 표현하기 때문이다. 상황에 따라 말하기 습관을 바꾸지 못하는 사람들, 특히 스피치에서 평상시 말버릇을 바꾸지 못하는 사람들은 스피치의 기초를 전혀 이해하지 못하고 있기 쉽다. 이들은 익숙한 상황에서는 감정을 잘 표현하지만, 다른 커뮤니케이션 상황에서는 어쩔 줄 몰라 한다. 상황별로 다른 스피치 기법이 필요하다는 사실을 모르므로, 상황에 맞는 스피치 기법을 개발해 본 경험도 없다. 한마디로, 커뮤니케이션 상황이 변할 때 듣는 사람이 감정 이입하도록 만들 준비가 안 되어 있다.

대개 능수능란하게 말을 잘하는 사람은 자기 스타일에 맞는 스피치 기법을 별로 힘들이지 않고 자연스럽게 활용한다. 그러나 말 잘하는 이들의 가장 큰 강점은, 상황별로 감정을 다르게 표현할 줄 안다는 것이다. 그들은 커뮤니케이션의 기초가 튼튼해서 어떤 상황에서든 자기만의 대화 스타일은 물론이고 상대의 성격, 그리고 환경을 감안하여 알맞은 스피치 기법을 사용한다. 효과적으로 스피치 하려면 물론 다양한 기법을 활용할 줄 알아야 하겠지만, 그렇다고 해서 일부 강사가 강조하듯이 모든 스피치 기법을 익힐 필요는 없다.

특정 상황에서는 효과가 있었던 스피치 기법이 상황 변화에 따라서 어떤 문제를 일으킬 수 있는지 살펴보자.

/**목소리 변화**/ 목소리 변화는 대중 스피치를 하는 사람들이 청중에게 감정을 전달하기 위해 흔히 사용하는 방법이다. 크고 깊은 목소리는 분노를 나타낸다. 부드럽고 깊은 목소리는 두려움을 나타내며, 템포가 빠른 목소리는 흥분을 표현한다. 그러나 소수의 청중을 앞에 두고 스피치 할 때 목소리 변화를 너무 많이 주는 것은 효과적이지 않다. 그런 상황에서는 목소리 변화를 최소화해야 한다. 서로 친밀한 사람들끼리의

대화이므로 감정의 변화를 표현할 정도의 목소리 변화면 충분하다. 사람들 몇 명이 모인 곳에서 목소리 변화를 너무 많이 주면 듣는 사람의 집중을 오히려 방해하게 된다.

/제스처/ 테이블에 둘러앉아서 대화할 때처럼 소수의 사람과 대화할 때, 적절한 타이밍에 제스처를 쓰면 내가 말하는 요점을 힘 있게 강조할 수 있다. 일례로 동의나 거부를 나타낼 때 머리를 좌우로 흔드는 것은 대화 시 사용하는 대표적인 제스처다. 그러나 많은 사람 앞에서 스피치 할 때 제스처가 작으면 비효율적이다. 이런 상황에서는 호감을 표시하려면 손 동작을 크게 하고, 동의를 나타내려면 과장된 표정을 짓는 것이 효과적이다.

커뮤니케이션에 관한 책을 쓴 저자 대부분이 스피치 기술에 대한 책을 낸다. 그래서 시중에는 다양한 스피치 기법의 미묘한 차이와 그 활용법, 사례들을 담고 있는 말하기 책이 넘쳐난다. 따라서 이 책에서는 말하기 기술에 관해서 하나하나 다루지는 않았다. 대신 청중의 감정이입을 가능하게 하는 스피치 기법의 핵심 내용을 추려내 전하려 한다. 그리고 수년 동안 직접 대중 스피치를 하면서 쌓은 지식과 경험에서 얻은 실제 사례 및 흥미로운 사실들을 추가했다. 이를 통해 여러분이 언제, 왜, 어떤 스피치 기법을 사용해야 하는지 이해할 수 있기를 바란다.

CHAPTER 7

# 어눌해도 말 잘하는 사람이 될 수 있다

말을 할 때는 간략하고 강렬하게 해야 한다.
말은 마치 태양광선과 같아서 압축하면 할수록 더욱 강렬한 에너지를 발산한다.
―로버트 사우디, 영국 시인 겸 전기 작가

"조국이 여러분을 위해 무엇을 할 수 있는지 묻지 말고, 여러분이 조국을 위해 무엇을 할 수 있을지 스스로 물어보십시오." 이 명언이 없었다면, 과연 존 F. 케네디의 대통령 취임 연설이 미국인들에게 그렇게 강렬한 인상을 남겼을까? 케네디의 상징과 같은 이 명언은 온 국민에게 충격을 가져다주었다. 그 문구는 당시 젊은 대통령이던 케네디의 슬로건이 되었고, 케네디가 구상했던 '조국에 헌신하는' 자세를 압축적으로 표현하고 있다. 케네디 대통령의 연설 역시 다른 명연설과 마찬가지로 대중에게 미치는 말의 영향력이 얼마나 막강한지를 잘 보여준다.

우리는 어디선가 등장한 문구 하나가 사람들의 상상력을 자극하고, 그 문구가 사람들의 마음을 사로잡으며 들불처럼 번져 결국 주변 모든 사람의 입에 오르내리게 된다고 생각한다. 하지만 언론에는 멋진 말보다는 말실수가 비치는 경우가 훨씬 더 많다. 말실수를 하거나 형편없는 말솜씨로 구설에 오른 인물이 텔레비전에 나와서 해명하거나 사과하는 모습을 볼 때면, 스피치에서 완벽한 어휘 사용이 얼마나 중요한지를 새삼 느끼게 된다.

많은 이가 명연설을 하려면 완벽한 타이밍에 멋들어진 표현을 써야만 한다고 생각한다. 그러나 이런 생각은 대중 스피치에 대한 가장 잘못된 믿음 가운데 하나다. 다른 많은 사람과 마찬가지로 나 역시 오랫동안 단어 선택만 잘하면 내 스피치가 완전히 달라질 거라고 믿었다. 정확한 타이밍에 적절한 표현을 쓰면 사람들에게 강렬한 인상을 남길 수 있으리라 생각했던 것이다. 오로지 그 순간에 쓸 '완벽한' 표현을 찾는 데 집중했다. 그러나 시의적절하게 맞아떨어지는 표현을 찾는 일은 사막에서 바늘 찾기보다도 더 어려웠다. 단어를 찾는 데 집착하다 보니 정작 가장 중요한 청중과의 교감을 제대로 할 수가 없었.

이런 이유로 대중 스피치의 선구자인 데일 카네기 또한 표현에 대한 집착을 경계하라고 지적한다. 데일 카네기는 《카네기 스피치 & 커뮤니케이션 Quick and Easy Way to Effectives Speaking》에서 "자기가 할 말을 미리 작성하고 외우는 것은 시간과 정력을 낭비하는 일이며 위험을 자초하는 짓이다. 우리는 지금까지 늘 자연스럽게 말해왔다. 우리는 무슨 말을 할지 고민하는 것이 아니라 어떤 생각을 말로 표현할지 고민한다. 생각이 분명하면 말은 마치 숨을 쉬듯 자연스럽게 무의식적으로 흘러나온다"라고 했다.

나는 이제 말이 스피치의 핵심이 아님을 잘 이해하고 있다. 사실 말은 청중이 감정 이입할 수 있도록 연설자가 사용하는 수단일 뿐이다. 스피치가 끝난 후, 청중이 연설자의 말을 몇 마디나 기억할 것 같은가? 표현은 잘 기억나지 않지만, 그로 인해 느낀 감정은 또렷이 떠오른다.

스피치를 잘하기 위해 말을 완벽하게 구사할 필요가 없다니, 이 얼마나 속 시원한 해답인가. 이런 믿음을 가지고 있으면 말할 때 정확한 표현에 구애받지 않고 청중에게 감정을 전달하는 데 충실할 수가 있다. 대중 스피치에 대한 두려움도 그 뿌리부터 송두리째 뽑아 버린다. 준비해둔 말을 잊어버릴까 봐 전전긍긍하며 스피치를 몹시 두려워하던 사람들도 불현듯 자신이 괜한 걱정을 하고 있었다는 사실을 깨닫게 될 것이다. 사실 또박또박 말하는 것은 스피치에서 청중에게 아주 적은 영향을 미칠 뿐이다. 연설자는 그저 자신의 느낌과 감정을 충실히 표현하면 된다.

그렇다고 해서 말의 중요성을 완전히 무시하는 것은 절대 아니다. 적확한 표현을 쓸 때 그와 비슷한 표현보다 감정의 흐름을 더 잘 전달할 수가 있다. 같은 맥락에서 스피치 할 때 단어 선택도 중요하다. 단어를 잘못 선택하면 연설자가 청중에게 전하는 감정의 흐름이 방해를 받거나 제대로 전달되지 않을 수 있다. 예를 들어 전혀 일리가 없는 말이나 표현을 쓰면 청중은 연설자가 지금 도대체 무슨 말을 하고 있는지 의아해할 수밖에 없다. 이렇게 되면 청중과의 교감은 물 건너간다.

내가 말하고자 하는 것은 감정의 흐름을 방해하지 않는 한 스피치에서 정확한 표현은 그다지 중요하지 않다는 것이다. 표현은 연설자의 감정을 전달하는 수단일 뿐이며, 감정이 잘 전달되었다면 그것으로 제 임무를 다한 것이다. 많은 연습을 통해 연설자는 스피치가 어떻게 흘러가고 있으며, 스피치의 흐름을 방해하는 표현이 무엇인지 제대로 인지할 수 있다. 그런 경우에는 스피치의 흐름을 방해하는 표현 대신 윤활유 역할을 하는 표현을 찾아 쓰면 된다.

전혀 알아들을 수 없는 외국 영화를 보고 눈물을 흘린 적이 있는가? 이런 경험이 단 한 번이라도 있는 사람은 내 말의 요지가 무엇인지 이해할 것이다. 스피치와 마찬가지로 영화도 청중이 떠나는 일종의 감정 여행이다. 영화에 등장하는 배우의 느낌과 감정을 관객이 제대로 이해하기만 한다면, 그 영화는 성공적이라고 할 수 있다. 마찬가지로 달변이라고 해서 청중에게 반드시 큰 감동을 주는 것은 아니다. 반대로 큰 감동을 주는 스피치에 꼭 달변이 필요한 것도 아니다.

최근 한 직장 동료의 감동적인 스피치를 들은 적이 있다. 그는 스피치에서 자기가 성공하도록 헌신을 아끼지 않은 부모님에 대한 진심 어린 감사를 표현했다. 그는 부모님이 더 나은 미래를 찾아 멕시코에서 미국으로 불법 이민을 오게 된 여정에 대해서 말했다. 그의 부모님은 자녀들에게 더 나은 삶의 기회를 보장해줘야겠다는 일념 하나로 낯설고 선 외국 땅에서 자녀들을 떠올리며 고군분투했다고 한다. 감성을 자극하는 그의 스피치는 듣는 사람들에게 강한 인상을 남겼다. 그는 스피치 도중에 적절한 표현을 찾느라 꽤 오랫동안 뜸을 들였다. 표현이 아쉬운 부분도 있었고, 때때로 문법이 틀린 경우도 있었다. 하지만 그의 스피치를 듣던 사람은 누구나 부모님에 대한 그의 절절한 마음을 그대로 느낄 수 있었다. 그의 감동적인 스피치는 말을 매끄럽게 하지 못하는 사람이라도 감정 이입을 이끌어 낼 수 있고, 타인의 인생을 확 바꿀 만한 강렬한 스피치를 할 수 있다는 사실을 잘 보여주었다. 이처럼 공감을 이끌어 내고 자신의 느낌과 감정을 제대로 표현할 수만 있다면 누구나 뛰어난 스피치를 할 수 있다.

그렇다면 수많은 정치인이나 연예인이 하루가 멀다 하고 텔레비전에 나와 자기가 특정한 상황에서 쓴 표현과 관련해 그 본래 의도를 해명하는 것은 어떻게 이해해야 할까? 이런 사실은 지금까지 설명한 내용과 모순되는 것처럼 보인다. 하지만 다음 질문을 한 번 생각해 보자. 만약 현장에서 스피치를 듣는 것이 아니라 녹음한 스피치를 듣는다면 어떻게 될까? 그런 경우에는 연설자가 무대에서 스피치 할 때의 분위기나 맥락, 연설자의 감정 등을 전혀 '느낄' 수가 없다. 녹음된 내용을 듣고 또 듣거나, 읽고 또 읽으면서 연설자의 감정과 맥락을 유추할 수밖에 없을 것이다. 이는 쉽지 않은 과정이며, 말하는 사람의 의도를 제대로 파악하지 못할 공산이 크다. 이 같은 상황에서는 단어 하나하나가 스피치의 매우 중요한 요소가 된다.

방송에 출연해서 스피치 하거나 현장에서 스피치를 듣지 못한 사람들을 위해 프레젠테이션을 녹음하는 경우, 스피치에서 쓰는 표현의 중요성은 그만큼 더 커진다. 이런 현상은 특히 정치인들의 연설에서 두드러지게 나타난다. 정치인이 어떤 연설을 했을 때, 그 자리에 없던 평론가들은 언제나 정치인의 표현을 두고 요모조모 따지고 왈가왈부하기 마련이다. 가끔 어떤 정치 평론가들은 전체 내용을 듣지도 않고 연설의 한 토막 또는 일부만 듣고서 결론을 내리기도 한다. 말의 의미를 너무 협소하게 해석해서 본래의 취지가 왜곡되는 경우도 있다. 정치인들은 자신의 말이 여론과 배치될 때 "전체 맥락을 고려하지 않았다"며 상황을 모면하려 하는데, 실제로 그런 일이 종종 일어나기도 하는 것이다. 그래서 유명 인사들은 화면에 자막이 뜨는 원격 프롬프터를 보며 준비해둔 연설문을 읽지만, 안타깝게도 미리 쓴 대본을 읽기만 해서는 깊은 감동을 주기가 무척 어렵다.

이처럼 상황에 따라서는 단어나 표현을 세심하게 고려해야 하지만, 대부분 스피치 현장에서는 일일이 신경 쓰지 않아도 된다. 매끄러운 말 이상으로 강력한 감정 전달 수단들을 이용해 현장의 청중에게 효과적으로 감정을 전달할 수 있기 때문이다. 이와 관련된 몇 가지 기법을 알아보자.

## 시각적인 표현을 사용하라

연구 결과에 따르면, 사람들은 데이터를 숫자로 보거나 귀로 들을 때보다 눈으로 볼 때 더 잘 기억한다고 한다. 《디자인 불변의 법칙 125가지 Universal Principles of Design》에는 이른바 '그림 우월 효과'를 보여주는 흥미로운 실험 하나가 등장한다. 이 실험에서 사람들은 그림만 봤을 때보다 문자와 그림을 동시에 봤을 때 광고를 더 잘 기억하는 것으로 나타났다. 스피치에서도 청중이 머릿속으로 구체적인 모습을 그려볼 수 있도록 시각적인 표현을 쓰면 전달력이 높아진다.

나는 항상 스피치에 등장하는 인물을 생동감 있게 묘사하는 표현을 사용한다. 2007년 세계연설대회에서 우승한 연설 '스와미의 질문' 중 일부를 보자. 나는 청중에게 다음과 같이 스와미를 소개했다.

"어느 날 오후 어머니와 저는 인도 콜카타에 있는 낙후된 동네를 찾아갔습니다. 그 동네는 집들이 너무 다닥다닥 붙어 있어서 햇빛이 전혀 들지 않을 정도였습니다. 한 작은 오두막 앞에 이르자, 뜨겁고 습한 공기 속에서 향신료 냄새가 흘러나왔습니다. 그곳에 사람들이 '스와미'라고 부르는 성자가 앉아 있었습니다. 땀에 전 짙은 황색 법복을 입은 그는 자기를 찾아온 사람들의 고민을 풀어주는 일을 했습니다."

여기에서 스와미의 모습과 그가 살던 집을 시각적으로 표현하기 위해서 내가 어떻게 냄새와 색깔 그리고 촉감을 나타내는 표현을 썼는지에 주목하자. 이런 시각적 표현 덕분에 이제 청중은 스와미의 모습을 구체적으로 떠올릴 수가 있다. 청중은 스와미의 얼굴과 옷, 작은 오두막과 주변의 풍경을 상상한다. 구체적인 상상은 조금씩 다를 수 있지만, 여기서 그것은 별로 중요하지 않다. 스와미에 대한 시각적 이미지를 떠올린 청중은 이제 스와미를 더 또렷하게 기억할 수 있다.

## 시와 운율, 노래를 활용하라

운율감이 있는 문장을 쓰거나 시를 활용하면 더욱 효과적인 스피치를 할 수가 있다. 물론 청중이 시적인 표현 하나하나를 기억하지는 못하지만, 시는 감정이 자연스럽게 흘러가는 데 도움을 준다. 유명한 영국 시인 윌리엄 워즈워스William Wordsworth는 에세이 《서정담시집Lyrical Ballads》에서 시를 "강렬한 감정들의 자연스러운 흐름"이라고 표현했다. 만약 스피치에서 시를 적재적소에 배치해 청중과 이런 감정을 한꺼번에 '묶어서' 공유한다면, 시는 감정을 전달하는 훌륭한 매개체가 될 것이다.

그와 마찬가지로 멋진 목소리를 가진 사람이 스피치 도중에 노래 몇 소절을 부르는 경우도 많다. 스피치에서 노래가 효과를 발휘하는 이유는 시가 스피치에서 효과를 발휘하는 이유와 비슷하다. 노래는 사람의 감정을 가장 잘 전달할 수 있는 수단이다. 노래를 잘하는 사람은 그저 몇 소절 부르는 것으로도 청중의 마음을 사로잡을 수 있다. 나는 캐나다 캘거리에서 열린 2008년 세계연설대회에서 그런 광경을 목격했다. 그날 대회의 우승자는 고(故) 라션다 런들스LaShunda Rudles 씨로 미국 텍사스 주 댈러스 출신의 아프리카계 미국인 여성이었다. 라션다는 뛰어난 연설자였을 뿐만 아니라 풍성한 감성을 담아내는 목소리를 가진 멋진 가수이기도 했다. 그녀는 스피치 중간 멋진 목소리로 노래를 불러 큰 반향을 일으켰는데, 그 덕분에 청중과 정서적으로 깊이 교감할 수 있었다. 라션다는 스피치에서 노래가 얼마나 큰 영향력을 발휘할 수 있는지를 단적으로 보여준 사례이다.

## 제대로 표현해야 제대로 전달된다

　말은 스피치에서 정보와 감정을 전달한 중요한 수단이다. 우리는 사회 각계각층의 리더나 연설가가 사용했던 멋들어진 표현이 오래 회자되는 것을 보며 유려한 표현에 대한 강박에 사로잡힌다. 그러나 스피치에서 좋은 표현이란 그 유려한 정도가 아니라 연설자가 본래 나타내고자 했던 정보와 감정을 얼마나 잘 전달했는가에 따라 판가름난다.
　만약 처음 의도한대로 내용과 감정을 잘 표현했다면, 표현 방식은 크게 중요하지 않다. 같은 감정과 내용을 나타낸다고 하더라도 서로 다른 다양한 표현을 쓸 수도 있다. 스피치의 목적에 충실하다면 어떤 표현이든 모두 쓸모가 있다. 표현 기법 또한 효과적인 스피치에 도움을 줄 수 있다. 시나 두운법과 같은 특정한 표현 기법을 사용하면 감정을 흐름을 원활하게 만드는 데 도움이 된다. 스피치 중간에 노래를 하는 사람도 있는데, 청중에게 보다 강렬한 인상을 남기고 싶다면 자신에게 적합한 표현법을 개발해 사용해야 한다.
　한편, 목소리 또한 주요한 감정 전달의 매개체이다. 이어지는 장에서는 또 하나의 스피치 기법인 목소리 변화에 관해서 좀 더 자세하게 살펴보기로 하자.

CHAPTER 8
# 목소리에 표정을 담아라

> 아, 인간의 목소리는 얼마나 아름다운가! 인간의 목소리는 그야말로 영혼의 오르간이다!
> 인간의 영혼은 오직 목소리를 통해서만 그 모습을 드러낸다.
> ─헨리 워즈워스 롱펠로, 미국의 시인

목소리는 우리가 말을 할 때 감정을 주고받는 주요 수단이다. 특히 스피치에서 목소리가 효과적인 수단인 이유는 높낮이와 크기를 조절함으로써 다양하게 변화시킬 수 있기 때문이다. 사람은 감정을 목소리와 연결시켜서 생각하는 경향이 있다는 것을 아는가? 요컨대 날카롭고 큰 비명은 극단적인 분노나 괴로움을 연상시킨다.

연설자가 가진 목소리는 마치 가수가 치는 기타나 화가가 그리는 그림과 별반 다르지 않다. 하지만 목소리를 사용해서 감정을 제대로 소통하려면 기술을 연마하고 연습도 해야 하며, 무엇보다도 목소리를 통해서 감정이 소통되는 원리를 잘 이해해야 한다.

마치 연주자가 악기를 연주하듯이, 연설자는 자기 목소리를 이용해서 청중과 유머를 나누거나 짜릿한 흥분감을 공유할 수 있고, 경이로움에 가득한 어린이의 모습을 눈앞에 그리듯 표현할 수도 있다. 하지만 대부분은 이처럼 다양한 감정을 표현하는 데 필요한 목소리의 다양한 변화나 뚜렷한 차이를 거의 만들어내지 못한다.

이를 위해 내가 진행하는 대중 스피치 워크숍에서는 수강생들에게 음악 서너 곡을 들려준다. 먼저 수강생들이 눈을 감고 음악을 감상하도록 한다. 음악이 끝나면 수강생들에게 계속 눈을 감고 있으라고 말한 뒤, 나도 그들이 느끼는 감정을 같이 음미한다. 그런 후에 함께 그 곡을 들으면서 공감한 부분과 음악을 들을 때 마음속에 그린 시각적 이미지를 두고 토론한다. 그때마다 깜짝 놀랄만한 결과가 나오는데, 수강생들은 마치 사진처럼 또렷하게 그 곡이 나타내는 이미지를 시각적으로 표현하기도 하고, 곡 마지막 부분에서 느낀 강렬한 감정에 대해서 이야기하기도 한다. 이처럼 좋은 음악 한 곡이 선사하는 효과는 정말 놀랍다.

우리는 모두 그와 비슷한 경험을 하면서 살아간다. 화나는 일이 생기면 우리는 목소리를 높인다. 너무 흥분하면 말을 빨리할 수가 없다. 슬픈 감정이 들면 대개 부드러운 목소리로 침착하게 말하게 된다. 하지만 우리는 스피치에서 감정을 표현하는 목소리의 속도와 크기의 역할이 얼마나 중요한지 제대로 이해하지 못하고 있다. 스피치 할 때 자기 목소리와 감정을 일치시키려고 의식적으로 노력하는 사람은 거의 없다.

그 이유는 스피치 할 때 스스로 감정을 느끼지 못하기 때문이다.

스피치에서 열정을 표현하려는 경우, 연설자 자신이 열정을 느끼지 못하면 그 감정을 제대로 표현하기 어렵다. 하지만 말하면서 스스로 열정을 느끼면, 말하는 템포와 목소리에서 자연스럽게 이런 감정이 표현될 것이다. 만약 그가 분노를 느낀다면, 부지불식간에 목소리가 높아지게 되어 있다. 그것은 자연스러운 반응이라 할 수 있다.

여기서 잠깐, 주의할 점이 있다. 목소리 톤과 템포는 자연스럽게 의도한 감정을 효과적으로 표현하는 최적 지점 sweet spot 으로 나아간다. 그렇다고 해서 목소리의 최적 지점이 저절로 찾아지는 것은 아니다. 감정을 효과적으로 표현하기 위해 연설자는 목소리에 어떤 변화가 필요한지 피드백을 받고, 자기 목소리를 인식하며 개선점을 곰곰이 생각해 보아야 한다. 예를 들어, 스피치 할 때 분노가 폭발했다면 흥분을 가라앉혀야 할 것이고 작은 회의실에서 스피치 한다면 상대적으로 목소리를 좀 낮춰야 할 것이다. 분노할 때 나타나는 자신의 잘못된 목소리 톤과 템포를 인식하면, 좀 더 좋은 목소리를 전달할 수가 있다. 감정을 잘 나타내는 데 최적의 속도가 꼭 필요한 것은 아니다. 내 경험상, 감정을 잘 담아낼 수 있는 자기만의 목소리 템포로 시작하는 것도 좋다. 스피치를 잘하는 사람은 멘토의 지도와 피드백을 받아 특정한 스피치에 맞는 맞춤식 목소리 템포와 크기를 구사할 줄 안다. 궁극적으로 스피치는 청중이 우선이어야지, 연설자가 우선이 되어서는 안 된다.

## 청중의 귀를 끌어당기는 목소리의 조건

두 물체가 서로 다른 주파수로 진동할 때 거기에는 한 물체에서 다른 물체로 에너지를 이동시키는 공명resonance이라는 강제적인 힘이 존재한다. 이런 에너지를 이용하면 나중에 큰 움직임이나 커다란 소리로 증폭시킬 수 있다.

인간의 목소리 또한 공명을 한다. 하지만 공명하는 목소리로 스피치 하는 사람은 아주 드물다. 공명하는 목소리는 전달력이 아주 뛰어나다. 공명하는 목소리는 사방으로 분명하게 전달되는 장점이 있어서 그런 목소리를 가진 사람은 넓은 공간에서 발표하더라도 청중을 향해 일부러 목소리를 높일 필요가 없다.

프레젠테이션을 할 때 종종 목소리 전달력에 관한 질문을 받는다. 사람들이 목소리 표현에 어려움을 겪는 원인은 크게 두 가지다. 첫째, 긴장감이다. 사람마다 다른 성대를 가지고 있으므로 편안한 마음으로 발성할 때 최고의 목소리가 나온다. 마음이 편안할 때 나오는 목소리는 별다른 노력 없이도 멀리까지 나아간다. 그러나 초조함을 느끼면 근육이 긴장한 나머지 공명하는 목소리가 나오지 않는다. 이런 상황에서는 소리를 고래고래 질러야 목소리가 겨우 전달된다. 이렇게 쥐어짠 목소리는 청중에게 과장된 느낌을 준다.

둘째, 이때까지 공명하는 목소리를 내본 경험이 없어서다. 자기 목소리를 녹음해서 한 번 분석해 보자. 그렇게 원인을 분석하고 노력하다 보면 공명하는 목소리를 만들 수 있고 그러면 전달력도 훨씬 더 높아진다. 어떤 이들은 남들 앞에서 말하려 하면 긴장한 나머지 온몸이 빳빳하게 굳어서 자연스러운 목소리를 전혀 내지 못한다. 이런 경우 청중에게 잘 전달되는 공명하는 목소리를 내기까지 상당한 노력이 필요하다.

공명하는 목소리를 개발하는 최고의 방법은 맞춤식 목소리 훈련을 하는 것이다. 나는 종종 조용한 방에 앉아 고대 산스크리트어인 '옴ohm'을 계속 읊조린다. '옴'은 흔히 사람들이 명상할 때 내는 소리다. 처음에는 배꼽에서 시작되어 계속해서 소리의 시작점이 점점 더 위로 올라가게 된다. 그러다가 마지막으로 소리가 나오는 지점이 바로 우리 머리이다. 이 방법은 지금까지 내 취향에 잘 맞았고, 공명하는 목소리를 개발하는 데 많은 도움이 되었다.

한편 목소리의 높이pitch는 목소리에서 나오는 주파수를 양적으로 표현한 개념이다. 목소리 높이는 말하는 사람의 감정을 드러내는 확실한 수단이다. 두려움과 분노, 흥분 같은 감정 때문에 신체가 스트레스를 받으면, 입안과 식도 사이에 있는 인두가 좁아져서 성대에서 찢어지는 음이 나온다. 그와 비슷하게 사랑과 기쁨의 감정을 느끼면 우리 신체는 느긋해지고 성대 근육도 이완되어 낮은음이 나온다.

목소리 크기와 톤 또한 감정을 드러내는 중요한 수단이다. 큰 목소리는 넘치는 에너지를 나타내고 흥분과 관련한 여러 가지 감정들을 표현하는 반면 낮은 목소리는 차분함을 나타낸다. 한편, 두 사람이 똑같은 목소리 높이와 크기를 가지고 있더라도 목소리 톤이 서로 다르면 표현하는 느낌이 달라진다.

## 침묵의 힘을 활용하라

잠시 쉬어가기는 제대로 구사하기 어렵고 잘못하면 분위기가 어색해질 수도 있는 스피치 기법이지만, 잘 활용하기만 하면 더할 나위 없이 효과적이다.

얼마 전 근처 학교에서 열린 연설대회에 심사위원으로 참가했다가 쉬어가기의 어마어마한 효과를 목격했다. 참가 학생들의 나이는 여덟 살에서 열여섯 살까지 다양했고, 엄청난 스피치 재능을 가진 친구들이었다. 하지만 그날 내 눈에 띈 참가자는 준비해온 대로 스피치 한 어린 남학생이었다. 그 남학생은 연설문을 곧이곧대로 외워온 것이 분명해 보였고, 대개 사람들이 발표할 때 그러듯이 긴장감으로 벌벌 떨면서 스피치를 이어나갔다. 3분 스피치 중에서 1분쯤 지났을 때 그 남학생은 갑자기 말문이 막혀 버렸다. 그 후 30초 동안은 너무나 겁을 먹은 나머지 청중과 눈도 마주치지 못하고 바닥만 내려다보면서 다음 할 말이 무엇인지 기억해내려고 애썼다. 나는 그 30초 동안 벌어진 특이한 광경에 크게 놀랐다. 청중 대부분이 그 어린 남학생을 뚫어지라 쳐다보면서 온전히 집중하고 있었던 것이다. 잡다한 생각은 다 잊어버린 듯했다. 청중의 그런 반응을 보고 있자니 그 남학생이 최우수상을 받아도 손색이 없겠다는 생각이 들었다. 대회장 안에는 전 세계의 어느 연설자도 부러워할 만큼 깊은 정적이 흘렀다. 스피치에서 쉬어가기의 힘을 깨달았던 순간이었다.

물론 청중이 그 남학생을 안타깝게 생각해서 그랬다고 반박할 수도 있다. 어느 정도는 그런 이유도 있었을 것이다. 맞는 말이다. 하지만 여기서 말하고자 하는 요지는 침묵이 그 어떤 말보다도 더 강한 힘을 발휘할 때가 있다는 것이다. 스피치를 잘하고 싶은 사람이라면 침묵의 의미를 이해하고 침묵을 즐길 줄 알아야 한다.

스피치는 독백이 아니라 주고받는 대화와 같다는 사실을 이해하면 스피치 할 때 언제 그리고 어떻게 쉬어가기를 해야 하는지 분명하게 알 수 있다. 요컨대 청중에게 질문을 던지고 나서 곧바로 말을 이어야 할까, 아니면 잠시 쉬어가야 할까? 당연히 쉬어야 한다. 대화할 때를 떠올려보자. 질문하고 나면 상대가 대답할 때까지 잠시 기다린다. 그리고 상대가 대답하는 와중에 끼어든다면 무례한 행동이므로 상대방이 대답을 다 할 때까지 기다려야 마땅하다. 스피치 상황에서도 마찬가지다. 스피치 도중에 연설자가 질문을 던지면 청중은 보통 소리 내어 대답하기보다는 마음속으로 생각할 시간을 가진다. 질문을 던지고 나서 몇 초 동안 쉬어가기를 한다면, 스피치를 잘하고 있는 것이다. 스피치 하다가 어느 부분에서 얼마만큼 쉬어가야 할지 감이 잡히지 않을 때는 스피치 역시 대화라는 사실을 다시 한 번 떠올려보기 바란다. 그러면 그에 대한 명쾌한 답을 얻을 수 있을 것이다.

영화 〈그레이트 디베이터스 The Great Debaters〉는 스피치에서 침묵이 얼마나 강렬한 인상을 남길 수 있는지를 잘 보여준다. 이 영화는 한 작은 흑인 대학의 토론팀이 카리스마 넘치는 리더 덕분에 토론 대회에서 연전연승을 거둔다는 내용이다. 영화의 마지막 부분에서 흑인 대학 토론팀은 최강의 하버드대학교 토론팀과 대결을 벌인다. 이 인상 깊은 장면은 두 팀이 토론을 벌이는 동안에 일어난다. 먼저 터너Turner대학 토론자가 자신들의 논점을 내놓고, 하버드대학팀도 이에 맞서 자신들만의 해답을 내놓는다. 다시 터너대학팀의 차례다. 터너대학의 발표자가 긴장한 모습으로 연단으로 걸어간다. 그리고 연단에 올라간 발표자는 한참 동안 아무 말도 하지 않는다. 그러자 토론장에 숨소리 하나 나지 않는 깊은 침묵이 흐른다. 가족들이 라디오에서 그의 토론 대결을 듣고 있는 가운데, 그의 여동생은 이렇게 소리친다. "도대체 왜 오빠는 아무 말도 안 하는 거야?"

발표가 시작되자, 발표자인 주인공은 한 남성이 린치를 당한 장면을 목격하고 나서 자기와 친구들이 어떤 두려움과 말 못할 감정을 느꼈는지에 대해서 말한다. 주인공은 인간이라면 누구나 그런 식으로 취급당해서는 안 되며 그런 차별에 대항하는 것이 자신들의 의무라고 역설한다. 주인공은 이렇게 말하면서 발표를 마친다. "폭력이든 불복종이든 저의 의무는 저항하는 것입니다. 여러분은 제가 후자를 택하기를 기원할 것입니다."

자기 스피치의 감성적인 부분을 잘 인식하고 있었던 이 토론자는 침묵, 즉 쉬어가기를 통해서 그 감정을 두드러지게 만들었다. 그가 말하는 내용은 토론장에 모인 사람들의 심기를 불편하게 만들 수도 있었다. 백인들로 가득한 토론장에서 흑인에 대한 린치 행위를 말하기란 쉬운 일이 아니다. 그래서 그는 침묵으로 무대를 채웠다. 그의 침묵은 청중을 불편하게 할 정도로 길었지만, 그 덕분에 청중은 다음에 나올 불편한 이야기에 대한 마음의 준비를 할 수 있었다. 이 장면은 스피치에서 쉬어가기의 중요성을 잘 보여주는 동시에 스피치 기법을 어떻게 사용해야 청중의 감정을 사로잡을 수 있는지 멋지게 보여주는 사례이다.

## 영어 스피치 : 원어민처럼 말하지 않아도 괜찮다

내게는 독특한 악센트가 있다. 1995년 미국에 처음 왔을 때보다는 많이 나아졌지만, 아직도 고향에서 쓰던 억양이 남아 있는 것이다. 미국에 사는 수백만 명의 사람이 저마다 특이한 억양을 가지고 있는데, 특히 이민자들의 경우에는 악센트가 심하다. 하지만 걱정할 필요는 전혀 없다. 예를 들어, 어느 가게에서 자기가 사는 지역에서는 흔히 볼 수 없는 독특한 물건을 보았다고 하자. 그러면 누구나 그 물건에 눈이 갈 것이고 한참을 바라보며 그 물건에 대해 생각할 것이다. 악센트도 그와 마찬가지다. 제대로 활용할 줄만 알면 악센트는 스피치의 가장 큰 자산이 된다. 악센트가 있는 사람은 스피치를 시작하자마자 청중의 주목을 받는다. 첫마디를 내뱉을 때부터 관심을 끌기 때문에 청중은 점점 더 연설자에게 흥미를 느끼고 연설자의 관점에서 이야기를 듣고 싶어 한다.

그러나 원어민이 아니기에 조심할 점도 있다. 첫째, 원어민처럼 빨리 말하려고 해서는 안 된다. 청중이 독특한 악센트를 좋아하는 것과는 별개로, 그 말을 이해하는 데 시간이 걸리는 까닭이다. 특히 어떤 단어의 발음을 잘못하거나 원어민이 잘 쓰지 않는 표현을 사용할 때 그런 일이 벌어질 수 있다. 둘째, 자기 모국어에 없는 알파벳 발음에 유의해야 한다. 모국어를 발음하던 대로 영어를 발음하면 원어민들이 이해하기 어려울 것이다. 따라서 자기가 쓰는 모국어와 완전히 발음이 다른 영어 표현을 익혀두고, 그런 단어는 천천히 발음하거나 비슷한 뜻의 다른 단어를 사용하는 것이 좋다.

다시 한 번 강조하지만 나는 독특한 악센트를 내 장점으로 생각하고 있다. 그래서 일부러 원어민처럼 보이기 위해 악센트를 꾸미는 등의 노력은 하지 않는다. 익숙하지 않은 발음을 하려고 애쓰면서 스트레스 받기보다는 자연스럽게 말할 때가 마음이 훨씬 편안하다. 물론 독특한 악센트 때문에 말의 속도를 조절해야 하는 등 일정한 제약이 있는 것은 사실이다. 그래서 능력 범위 안에서, 청중이 내가 하는 말을 제대로 이해하고 있는지 확인하기 위해 늘 청중의 표현을 관찰한다. 이렇게 하면 보통 악센트를 가진 사람의 장점(청중의 즉각적인 관심)을 십분 활용할 수 있다.

이처럼 목소리는 감정을 표현할 뿐 아니라, 악센트나 발음 등을 통해 연설자가 어떤 배경을 가진 사람인지 드러내기도 한다. 지금까지 살펴본 표현 기법이나 목소리 이외에도 감정을 전달할 수 있는 의사소통 수단은 많다. 제스처와 소품 그리고 무대 활용이 대표적이다. 노련한 연설가는 이런 비언어적 의사소통 수단을 이해하는 것은 물론이고 이를 잘 활용해서 청중이 스피치에 깊이 감정 이입하도록 유도할 줄 안다. 다음 장에서는 비언어적 의사소통 수단에 대해서 더 자세하게 살펴보자.

CHAPTER 9

# 확실한 차별점을 만드는
# 제스처·소품·무대 활용법

몸으로 보여주는 행동의 울림이 말보다 백 배 강하다.
―랠프 왈도 에머슨

    스피치 하는 사람들 대부분이 제스처의 힘을 전혀 깨닫지 못한다. 제스처에 약한 사람들은 자기가 전하는 메시지를 약화시키거나 혼란스럽게 만들거나 심지어 아예 무용지물로 만드는 제스처를 쓴다. 반면 제스처에 능한 사람들은 제스처를 청중과 소통하는 또 하나의 창구로 활용해서 전하고자 하는 핵심 메시지를 강화한다. 제스처로 스피치에 활력을 불어넣는 것이다.

    1999년 세계연설대회 우승자 크레이그 밸런타인Craig Valentine이 제스처의 중요성을 잘 보여주는 재미있는 스피치 훈련을 진행하는 모습을 본 적이 있다. 그 스피치 훈련법에 반한 나머지 내가 진행하는 대중 스피치 워크숍에서도 그 훈련법을 아직까지 활용하고 있다(물론 그의 허락을 구했다). 우선 수강생들에게 나를 바라보고 똑바로 서라고 지시한다. 그 다음에는 "왼손을 오른손 위에 올려놓으세요", "오른손을 왼쪽 팔꿈치에 올려놓으세요"라고 말하면서 여러 가지 동작을 시킨다.

동작 하나하나를 직접 시연해 보이면서 수강생들이 그대로 따라 하게 한다. 보통 "자, 이제 오른손을 왼쪽 뺨에 대세요"라는 말과 함께 연습을 끝내는데, 그때 의도적으로 손을 턱에다 댄다. 이때 수강생들의 반응을 보면 정말 놀랍다. 수강생 50% 이상은 오른손을 왼쪽 뺨에 대라고 분명히 들었음에도 자기도 모르게 손을 턱에 갖다 댄다. 이것이 바로 제스처의 힘이다!

이 연습을 통해 우리는 뇌가 외부 정보를 어떻게 받아들이는지 중요한 통찰을 얻을 수 있다. 연구에 따르면 시각 이미지는 음성 메시지보다 훨씬 더 강하게 뇌를 자극한다. 앞서 나온 몸동작 따라 하기 훈련에서도 이런 사실이 그대로 드러났다. 수강생들은 시각 이미지와 음성 메시지 사이에 엇박자가 나는 경험을 했는데, 상대적으로 시각 이미지가 더 강렬했기 때문에 내가 말을 잘못한 것이라고 오해하고는 곧바로 내 동작을 그대로 따라 했다. 말하는 동시에 거기에 맞는 적절한 행동과 제스처를 취하고, 적재적소에 소품과 무대를 활용하는 일은 스피치 하는 사람이라면 누구나 어려움을 겪는 부분이다.

이번 장에서는 스피치에서 활용할 수 있는 중요한 비언어적 의사소통 방식, 즉 제스처와 소품, 무대 활용을 다룬다. 이들 3가지 방식은 서로 관계가 있지만, 각각 다루어도 될 정도로 상당한 차이가 있다.

Using Emotions

**말과 글을 이기는 시각적 단서의 효과**

시각적 단서와 그 내용이 일치하지 않는 경우를 종종 목격할 수 있다. 예컨대 문에는 '미시오'라고 적혀 있는데 정작 문고리는 당기게 되어 있는 식이다. '미시오'라고 적힌 표시는 밀면 이 문이 열린다는 뜻을 나타내고 있지만, 문고리는 확실히 '당기시오'라는 시각적 메시지를 담고 있는 것이다. 이 경우 사람들은 대개 시각적 단서를 더 정확하다고 믿고 문에 적혀있는 내용이 잘못되었다고 생각한다. 이런 사실에 비추어 스피치에서 제스처와 반대되는 내용을 말하면 청중이 어떻게 받아들일지 생각해 보자.

## 제스처, 그 자체가 문제가 아니다

생각을 표현하기 위해 취하는 모든 동작을 제스처라고 부를 수 있다. 우리는 아이디어나 생각을 나타내기 위해 팔이나 손을 많이 쓴다. 일상생활에서는 별다른 생각 없이 사용하지만, 스피치 할 때 부적절한 제스처를 쓰면 낭패를 볼 수도 있다. 대중 스피치 워크숍에서 내가 흔히 수강생들에게 하는 질문도 "스피치를 할 때 손동작은 어떻게 해야 할까요?"이다.

많은 연설자가 자신이 손을 너무 많이 움직인다든지 해서 청중의 주의가 산만해지면 어쩌나 걱정한다. 물론 청중의 집중도를 떨어뜨리는 제스처는 되도록 자제해야 하겠지만, 실은 그것보다 더 근본적인 문제가 있다. 스피치 할 때 자신의 제스처가 이상하다고 느껴지면, 그런 생각 때문에 불안한 마음이 들 수밖에 없다. 어쩌면 청중은 연설자의 제스처로 인해 산만해지는 등의 영향을 받지 않았을 수도 있다. 그렇더라도 불안해하는 연설자의 모습을 보고 똑같이 불안을 느낄 것이다. 즉, 제스처 그 자체가 아니라 스피치 하는 사람이 불안한 모습을 보이는 것이 더 큰 문제이다.

제스처로 인해 듣는 사람의 주의가 산만해지는 일은 생각보다 많지 않다. 그럼에도 주의를 방해하는 제스처를 알아내고 싶다면, 자신이 어떤 제스처를 사용했는지 피드백을 받아보는 것이 좋다. 스피치에서 제스처는 청중의 감정 이입을 돕는 역할, 다시 말해 스피치 그 자체를 돕는 수단이 되어야 한다. 만약 스피치에서 특정한 제스처나 소품이 두드러지면, 청중은 잠시 멈춰서 '왜 저렇게 행동할까?', '저 소품은 대체 뭐지?'라는 식의 생각을 하게 된다. 청중이 의문을 품는 것 자체는 문제가 아니다. 여기서 중요한 것은 그 몇 초 동안 연설자는 청중의 관심을 잃고, 청중은 더 이상 스피치에 감정 이입을 하지 못한다는 사실이다.

부적절한 제스처를 찾아내는 또 다른 방법은 자신의 스피치 장면을 녹화해 보는 것이다. 주의를 산만하게 하는 제스처는 녹화한 영상을 보면 한눈에 알 수 있다. 이때, 그냥 혼자 볼 것이 아니라 반드시 다른 사람의 피드백을 받아야 한다. 자신의 스피치 장면을 모니터링하다 보면 혹독한 자기비판에 빠지기 쉬운데, 연설자 입장에서는 고민스러운 부분이 청중 입장에서는 별문제가 안 되는 경우도 많기 때문이다.

Using Emotions

### 언어 외적인 부분이 큰 차이를 만들어내다

1960년 미국 대선에서 리처드 닉슨과 존 F. 케네디 후보의 첫 토론은 비언어적 의사소통의 중요성을 분명하게 보여주었다. 토론이 벌어지던 날, 닉슨은 몸 상태가 좋지 않았다. 닉슨은 메이크업도 하지 않은 데다 옅은 색깔의 양복을 입고 텔레비전 토론에 나간 까닭에 창백한 피부가 더욱 부각되고 말았다. 시청자들 눈에 닉슨은 피곤해 보이고 무기력해 보였다. 반면 케네디는 짙은 정장을 입고 나와 혈색이 좋은 피부가 더욱 돋보였다. 케네디는 메이크업을 하고, 토론이 시작되기 몇 시간 전부터 스피치와 제스처를 미리 연습했다. 라디오로 두 후보의 토론을 들은 사람들은 닉슨이 토론에서 이겼다고 생각했지만, 텔레비전으로 토론을 시청한 대다수 국민은 케네디가 이겼다고 생각했다. 이처럼 케네디는 언어 외적인 메시지 덕분에 대선 토론에서 크게 우세를 보일 수 있었다.

---

스피치를 녹화해서 분석하는 것은 스피치 능력을 키우는 데도 도움이 된다. 이를 위해 음 소거한 채로 영상을 보자. 제스처와 표정, 몸동작만 봐도 이야기의 흐름을 알 수 있겠는가? 말과 언어 외적인 표현들이 엇박자를 내고 있지는 않은가? 만약 그런 상태라면, 어떤 제스처가 이상한지 또 그런 부적절한 제스처를 어떻게 말과 일치시킬지 판단할 수 있을 것이다.

노련한 연설가들은 이와 같은 심도 있는 분석을 통해 자기 스피치에서 헷갈리거나 확실히 해둘 부분을 찾아낸다. 그런 다음 표현에 딱 들어맞는 적절한 제스처를 개발해서 적재적소에 그런 제스처를 활용한다. 아래와 같이 표를 작성해서 첫 번째 칸에는 스피치 그 자체에 필요한 표현들을 적고, 두 번째 칸에는 그런 표현에 맞는 제스처들을 적어 넣은 후 이를 활용하는 것도 좋은 방법이다.

| 스피치 | 제스처 |
|---|---|
| 스피치 내용 | 관련 제스처 |

## 소품 활용을 겁내지 마라

소품은 시각적으로 청중과 소통한다는 면에서 제스처와 그 성격이 비슷하다. 다만 제스처는 몸의 일부분을 활용하는 반면 소품은 물체를 활용한다는 점에서 차이가 있을 뿐이다. 스피치에서는 어떤 것이든 소품으로 쓸 수 있다. 옷이나 그림은 물론이고, 심지어 (세계연설대회에서 내가 그랬듯) 편지 봉투를 소품으로 사용할 수도 있다.

제스처와 마찬가지로 소품은 주로 연설자가 전달하려는 뜻을 강조하기 위해서 활용한다. 소품을 잘 활용하면 말로 설명하기 어려운 개념도 효과적으로 표현할 수 있다. 예전에 검은 망토로 자신이 겪은 역경을 표현하는 사람을 본 적이 있다. 그는 그때까지 말을 더듬는 습관으로 큰 곤란을 겪었는데, 소품을 활용함으로써 말하기에 대한 두려움을 극복했다며 자신의 어두운 시절을 검은 망토에 비유했다. 검은 망토를 쓰고 무대에 등장한 그는 곧 망토를 벗어 던지고 가슴을 활짝 폈다. 망토를 벗어 던지고 환한 빛을 맞이한 그의 모습이 주는 상징성은 강렬했는데, 그것은 언어 장애를 극복했다는 자기 승리의 극적인 표현이었다. 아마 그런 심정을 말로는 제대로 표현하기 힘들었을 것이다.

스피치에서 소품을 활용하려면 반드시 꼼꼼하게 계획을 세워야 한다. 소품은 특정한 효과를 노리고 활용하는 물건이다. 만약 그런 효과가 이미 달성되었다면, 청중이 계속해서 스피치에 감정 이입할 수 있도록 소품을 얼른 치워야 한다. 요컨대 달에 가본 적이 있는 어느 우주 비행사가 달 위를 걸었던 자기 모습을 상기시키려고 달 모형을 소품으로 쓴다고 하자. 달 모형은 '내가 달에 가본 적이 있다'라는 사실을 상기시키는 아주 중요한 목적을 지니고 있으며 그것이 주는 정서적 충격도 대단하지만, 달 모형이 나타났을 때 청중은 그 순간 집중력을 잃게 된다. 청중은 달 모형을 이리저리 분석하고 그 밖의 다른 사항들을 알아내느라 바빠진다. 이때 연설자는 청중에게 감정을 가라앉힐 시간을 주고, 그들의 궁금증을 풀어준 다음, 청중이 다시 스피치에 감정 이입하도록 소품을 안 보이는 곳으로 치워야 한다.

어떤 경우에는 소품을 치우는 타이밍이 스피치에서 소품의 적절성을 판단하는 결정적인 기준이 되기도 한다. 나 또한 세계연설대회 결승전에서 편지 봉투 하나를 소품으로 활용했다. 애초에는 그 편지 봉투 속에 있는 편지를 꺼내서 갈기갈기 찢은 다음 공중에 뿌리려는 계획을 세웠었다. 찢어진 종잇조각들이 내 머리 위로 떨어지는 모습은 청중에게 강렬한 인상을 남길 터였고, 그런 광경은 청중에게 전하려는 메시지와도 일맥상통했다. 하지만 편지를 갈기갈기 찢으면 나중에 직접 바닥에 흩어진 종이 가루를 모두 치워야만 할 것이고, 게다가 종이 가루가 무대 바닥에 그대로 남아있으면 청중의 주의가 산만해질 게 뻔했다. 결국 봉해진 편지 봉투만 보여주고 편지 봉투 속의 내용물은 청중의 상상에 맡기기로 했다. 결국 그 편지 봉투 소품은 비교적 강렬함은 덜 했을지 몰라도, 하나의 스피치 '수단'으로 쓰기에는 제격이었다.

물론 이런 결정을 한 뒤에도 편지 봉투를 사용하기 전에 소품 활용 과정을 더 간소화해야 했다. 처음에는 스피치 도중 편지 봉투가 필요한 순간이 올 때까지 양복 안주머니 속에 넣어두려고 했다. 그런데 무대에 오르기 전 예행연습을 해 보니, 편지 봉투를 꺼내는 것은 아무런 문제가 없었지만 잠시 스피치를 중단하고 그 동작에 집중하지 않고서는 편지 봉투를 다시 양복 안주머니에 넣기가 힘들었다. 그렇게 되면 청중은 편지 봉투를 양복 주머니에 다시 집어넣으려고 애쓰는 내 모습을 지켜보느라 정신을 빼앗기고 말 것이었다. 결국 양복 안쪽에 큰 주머니 하나를 달아서 편지 봉투를 다시 쉽게 양복 안에 집어넣을 수 있도록 했다.

훌륭한 소품 활용은 청중에게 강렬한 시각적 인상을 남기고 연설자가 전하는 메시지를 부각시킨다. 따라서 스피치를 잘하고 싶은 사람이라면, 필요할 때 하나의 스피치 기법으로서 소품을 적절하게 활용할 줄 알아야 한다.

## 무대 활용하기 : 확실하게 돋보이는 방법

"마치 무대 위에 스와미가 서 있는 것 같더군요." 세계연설대회 우승이 확정된 후 내게 축하 인사를 건네러 온 누군가가 이렇게 말했다. 우승 스피치를 할 때 나는 스피치 속 등장인물인 스와미를 위한 '자리'를 무대 위에 미리 설정해 두었다. 즉, 무대 오른쪽 뒤편을 스와미의 자리로 설정하고 말하는 도중 스와미에 대한 내용이 나올 때마다 그쪽으로 걸어갔다. 그렇게 몇 분이 흐르자 무대 오른쪽 뒤편은 자연스럽게 스와미 차지가 되었다. 이 방법은 너무나 잘 통해서 스피치를 끝낼 때쯤 무대 오른쪽 뒤편을 가리키기만 해도 청중은 지금 누구를 가리키고 있는 것인지 알아챌 정도였다. 우승을 축하해 주러온 그 신사분이 해준 말처럼 그런 무대 활용법은 엄청난 효과를 발휘했다.

대중 스피치에서 무대 활용법이 흔히 쓰이는 것은 아니지만, 그렇기에 무대 활용은 아주 강력한 스피치 기법이 될 수 있다. 이것은 특히 인물이 여러 명 등장하는 이야기에서 효과가 크다. 스피치를 잘하는 사람은 목소리와 몸짓, 장소를 바꿔가며 다양한 등장인물을 표현할 줄 안다. 무대 위에서 연설자가 특정한 장소로 이동하기만 해도 청중은 맥락을 파악하고 특정 인물과 관련된 표현을 떠올린다. 이쯤 되면 연설자는 자신이 누구를 연기하고 있는지 굳이 말할 필요도 없다. 무대 위치만 보고도 청중은 연설자가 말하는 사람이 누구인지 알아차린다. 청중이 헷갈리지 않고 이야기를 잘 따라오고 있는 것을 알면 그때부터 연설자는 마음 놓고 이야기를 전달할 수 있다.

꼭 등장인물을 표현하기 위해서만 무대를 활용하는 것은 아니다. 다음과 같이 적절하게 무대를 활용함으로써 표현력을 배가할 수 있다.

**/과거의 사건을 이야기할 때/** 이때는 뒤로 몇 걸음 물러서는 것도 좋은 방법이다. 이제 '과거 이야기로 돌아간다'는 것을 청중에게 시각적으로 보여주는 것이다. 설사 이 제스처를 청중이 깨닫지 못한다고 하더라도 그런 몸동작으로 인해서 그다음에 하는 표현이 더욱 강렬한 인상을 남기게 된다.

**/사건들을 시간순으로 이야기할 때/** 이때는 무대 한쪽에서 다른 쪽으로 이동해 보자. 만약 일어난 사건이 많지 않다면, 사건에 따라서 무대 이곳저곳을 특정 사건과 연관시킬 수도 있다. 무대에서 한쪽 방향으로 이동하기만 해도 그런 행동이 시간을 흐름을 나타내주므로 청중에게 전하는 시각적 전달력을 높일 수 있다.

**/청중에게 중요한 논점을 강조할 때때/** 이때는 몇 걸음 앞쪽으로 나아가는 것이 좋다. 이 기법은 스피치에서 흔히 사용되는데, 제스처와 무대 활용법 중간쯤에 속한다고 볼 수 있다. 다른 사람과 마주 보고 대화할 때를 한 번 떠올려보자. 몸을 앞쪽으로 기울이고 말하기만 해도 상대의 호감도가 바로 상승한다. 먼저 몸을 앞으로 기울이면 대개 이야기를 듣는 상대방도 자연스럽게 몸을 앞으로 기울이게 된다. 스피치에서 연설자가 청중 쪽으로 몇 걸음 앞으로 다가가도 그와 비슷한 효과가 나

타난다. 이 기법은 여러 번 사용해도 무방하지만, 그 효과를 반감시키지 않으려면 너무 자주 사용하거나 부적절하게 사용하지 않아야 한다.

## 어디까지나 보조 수단일 뿐이다

몸짓 언어 같은 언어 외적인 의사소통 방식은 정보와 감정을 전달하는 보조 수단으로 생각해야 한다. 안타깝게도 스피치 하는 사람들 대부분은 이런 언어 외적인 스피치 기법들을 전혀 사용할 줄 모르거나 말과 몸짓 언어 사이에 엇박자를 낸다. 언어 외적인 의사소통 기법이 연설자의 말과 일치하지 않으면 청중은 혼란스러워진다.

제스처나 소품을 스피치에서 전혀 활용하고 싶지 않은 사람이라도 언어 외적인 의사소통 기법을 제대로 이해하고 있으면 스피치에 많은 도움이 된다. 보디랭귀지에 대한 기본적인 이해만 있어도 청중을 혼란스럽게 만드는 나만의 무의식적인 제스처를 알아차릴 수 있을 것이다.

한편 제스처와 소품, 무대 활용법으로 스피치 전달력을 높이고자 하는 사람은 이런 언어 외적 의사소통 기법들을 익혀 자기감정을 좀 더 확실하게 표현할 수가 있다. 언어 외적 기법들을 잘 활용하기만 하면, 말만으로는 전하기 힘든 미묘한 감정을 분명하게 전달해서 청중에게 강렬한 인상을 남길 수 있을 것이다. 당연한 말이겠지만, 스피치의 달인들은 이런 언어 외적 스피치 기법들을 개발하는 데 시간을 쏟으며 또 스피치에서 자주 활용한다.

CHAPTER 10

# 뻔하지 않은 스토리텔링의 기술

스토리텔링은 오늘날 자기 생각을 세상에 내놓는 가장 강력한 방법이다.
―로버트 매키, 영화감독 겸 시나리오 작가

1920년대 하버드경영대학원은 대학원생들을 좀 더 효과적으로 가르치기 위해 사례연구법을 도입했다. 사례연구법은 학생들이 미해결된 최근 실제 비즈니스 사례들을 연구함으로써 특정 주제를 더욱 흥미롭게 배우고 기억력도 높이는 방법이다. 사례연구는 이제 대부분의 경영대학원에서 일반적인 교수법으로 자리 잡았다.

사례연구는 스토리텔링이 어떻게 무미건조한 주제를 흥미롭게 탈바꿈시키고 사람들의 적극적인 참여를 이끌어 내는지를 잘 보여준다. 사례연구를 할 때 교수진은 특정한 비즈니스 상황을 제시하고, 이름과 개성이 각기 다른 인물들을 등장시켜 학생들에게 사업가의 사업 동기와 사고 과정을 보여준다. 학생들은 각자 비즈니스 상황에 등장하는 인물이 된다고 가정해봄으로써 자칫 딱딱한 지식 위주로 흐르기 쉬운 경영 수업에 느낌과 감정을 실어 참여할 수 있다. 사례연구법은 학생들이 수업에 적극적으로 참여하고 특정 주제를 오래 기억하도록 돕는 데 이야기를 어떻게 활용하는지를 보여주는 훌륭한 사례다.

인류 문명의 역사가 시작된 이후로 위대한 인물들은 하나같이 사람들에게 지식과 즐거움을 선사하는 이야기의 힘을 잘 알고 있었다. 기원전 1200년경에 호메로스가 쓴 이야기들은 오늘날까지 영향을 미치고 있다. 예수와 부처에서부터 고대 힌두 신화를 쓴 작가들에 이르기까지, 역사상 미래를 개척한 거의 모든 현인은 뛰어난 이야기꾼이기도 했다. 오늘날에도 뛰어난 연설자들은 스피치에서 다양한 목적으로 이야기를 폭넓게 활용한다. 예시를 들거나 유머나 흥미를 돋우기 위해서 혹은 자기가 깨달은 교훈을 전하거나 청중과 친해지기 위해서, 아니면 그냥 청중을 즐겁게 해주기 위해서 이야기를 들려준다.

스피치에서 이야기가 널리 활용된다는 점은 다들 잘 알고 있지만, 시간을 들여 왜 이야기의 힘이 그토록 강한지 이해하려고 하는 사람은 거의 없다. 나는 이야기의 힘을 강조하기 위해 사람들에게 다음과 같은 비유를 자주 든다.

누구나 음식점 이름을 떠올리기만 해도 군침이 도는 그런 자기만의 맛집이 있다. 이런 맛집은 질리지도 않는다. 대개 이런 맛집에는 다른 음식점에서는 구경하기 힘든 아주 특별한 요리가 한두 가지 이상 있기 마련이다. 하지만 매번 똑같은 맛집에 가서 똑같은 음식만 먹는다면 아마 따라가는 아내나 남편은 질색할 것이다. 다른 음식도 좀 먹어야 살 것 아닌가.

자, 이제 여러분이 좋아하는 맛집에서 나오는 요리를 하나 떠올려 보자. 그 요리가 식탁으로 나올 때 새어 나오는 군침 도는 냄새, 그리고 음식을 입에 넣었을 때 느껴지는 기가 막히는 맛을 상상해 보자. 그 순간 왜 그토록 기분이 좋은가? 그 요리가 특별한 이유는 무엇인가?

결국 다음과 같은 유익한 질문을 해 볼 수 있겠다.

- 배를 채운 것은 고기인가, 아니면 소스인가?
- 그 요리를 특별하게 만든 것은 고기인가, 아니면 소스인가?

아마도 열에 아홉은 배를 채운 것은 고기와 채소이지만, 요리를 특별하게 만든 재료는 양념과 소스라고 대답할 것이다. 다시 말해, 우리는 고기를 먹으러 맛집에 가지만 결국 기억에 남는 것은 그 소스이다.

대중 스피치와 프레젠테이션도 그와 똑같다. 내가 가지고 있는 특별한 이야기를 들려주면 사람들은 그것을 오래 기억한다. 마치 실력 있는 요리사가 고기에 특별한 양념과 소스를 뿌려서 손님에게 내놓듯이, 스피치를 잘하는 사람은 사건 뒤에 숨겨진 특별한 사연을 청중에게 들려준다. 다른 사람들과 비슷한 이야기라 할지라도 그것은 연설자 자신만이 가지고 있는 독특한 이야기이므로 청중은 그 이야기를 기억한다.

나는 기술 분야의 프레젠테이션에 많이 참석한다. 보통 어떤 주제가 나오느냐에 따라서 프레젠테이션을 들을지 말지 결정하는데, 업무에 적용할 수도 있는 주제라면 찾아가서 듣는 편이다. 하지만 기술 분야의 프레젠테이션을 듣다 보면 단지 사실만 나열하는 경우가 비일비재하다. 그런 프레젠테이션은 기술을 발전시키는 데는 도움이 될지 몰라도, 기억에는 거의 남지 않는다. 만약 기술 분야의 발표자가 연구와 관련된 이야기를 해준다면 훨씬 더 즐겁게 프레젠테이션을 지켜볼 수 있을 것이고 기억에도 더 오래 남을 것이다.

그렇다면, 왜 연구자들은 프레젠테이션에서 자기 이야기를 하지 않는 것일까? 아마도 시간 제약이 가장 큰 이유일 것이다. 대부분의 학술 발표는 20분에서 30분 사이에 끝마쳐야 한다. 간단히 말해서 연구자는 피땀 어린 수년간의 연구 성과를 불과 30분 안에 발표해야만 하는 것이다. 여간 어려운 일이 아니다.

나는 이와 같은 학술 발표에도 색다른 접근법이 필요하다고 생각했다. 그래서 내 연구 성과를 짧은 프레젠테이션 시간 안에 전부 다루려고 하지 않고, 그 대신 한두 가지 주제를 잡아 청중의 기억에 남는 스피치를 하려고 노력한다. 내 프레젠테이션을 듣고 흥미를 느끼는 사람은 연구 성과 전체를 제대로 보여주는 내 논문도 읽어볼 가능성이 크기 때문이다. 이처럼 학술 발표를 할 때에도 이야기를 활용하거나 청중의 뇌리에 남을 수 있는 다른 스피치 기법을 적용해 볼 수 있다.

물론 질이 떨어지는 연구 성과나 사실을 그럴싸한 이야기만으로 포장할 수는 없다. 학술 발표에 참가한 사람들이 시사점이나 교훈을 얻을 만한 눈에 띄는 논점을 전혀 제시하지 못한다면 청중의 실망감만 키울 뿐이다. 뛰어난 연구 성과 그 자체보다 흥미 있는 스토리가 더 중요할 수는 없다. 이야기는 연구 성과를 참가자들의 뇌리에 각인되도록 도와주는 수단일 뿐이다.

스피치에서 이야기가 왜 중요한지 이해했으니, 이제 스토리텔링의 방법을 배워보자. 앞서 우리는 이미 인상에 남는 스피치를 하려면 감정이 중요하다는 것을 배웠다. 이야기는 감정 전달에 안성맞춤이다. 청중은 이야기 속에 등장하는 인물에 감정 이입해서 그들의 기쁨과 고통을 함께 느낀다. 이야기를 활용하면 이처럼 청중의 감정적 동화를 이끌어내어 훨씬 더 뇌리에 남는 스피치를 할 수 있다.

## 특화된 나만의 이야기 소재를 찾는 방법

인생의 역경, 엄청난 용기를 보여주는 일화, 인생을 확 바꿔놓은 놀라운 전환점 등 특별한 사건만이 스피치에서 이야기 소재가 될 수 있으리라 생각하는 사람이 많다. 그리고 자신의 이야기는 소재 거리로는 미달이라 생각하며 자기 사연을 꺼내놓기를 꺼린다. 이러한 편견에서 벗어나라. 사실 이야기 소재는 발에 채일 만큼 우리 주변에 널려 있다. 색다른 시각으로 바라보기만 하면 흔한 일상의 사건들마저도 가장 흥미진진한 이야기로 탈바꿈시킬 수 있다. 이처럼 스토리텔링을 위해 다른 시각을 갖는 것을 필자는 '이야기 안경'을 쓴다고 일컫는다. 이야기 안경을 쓰고 세상을 바라보면, 마트에서나 아이들과 함께 있는 집에서나 매일 일어나는 일상 속에서 인상 깊은 이야기를 발견할 수가 있다.

이야기 소재를 찾기 힘든 이유는 우리가 찾아 나서지 않기 때문이다. 다시 말해, 이야기 안경을 쓰고 세상을 보지 않아서이다. 시간이 날 때 이야기 안경을 쓰고 동네를 한 번 둘러보자. 그러면 그간 단지 머리로 기억하거나 글로 남기지 않아서 지나쳐온 흥미로운 이야기 소재들을 무궁무진하게 발견할 수 있을 것이다.

스피치의 달인들은 항상 이야기 안경을 쓰고 다닐 뿐만 아니라 흥미로운 사건이나 아이디어를 기록하려고 늘 '아이디어 노트'를 들고 다닌다. 요즘처럼 스마트폰이 넘쳐나는 시대에 사진은 사건을 기록하는 가장 손쉬운 방법이다. 전문 강연자 중에는 사건의 핵심을 담으려고 간단하게 녹음하는 것을 더 선호하는 사람도 있다. 하지만 주머니에 작은 수첩을 가지고 다니면서 이야기가 될 만한 소재를 찾아 몇 마디 기록하는 이들이 훨씬 더 많다.

이야기 소재를 찾았다면, 나중에는 그런 아이디어들을 '이야기 수첩'에 옮겨 적는다. 이야기 소재를 다시 옮겨 적을 때는 나중에 그 사건이 잘 기억나도록 일어난 일들을 상세하게 기록해둔다. 몇 사람에 대해서만 간단히 메모하거나 이야기에 등장하는 모든 인물을 상세하게 적어 둘 수도 있다. 어떤 경우이든 이처럼 기록해두면 나중에 스피치에서 이야기 소재로 요긴하게 활용하기 좋다. 이렇다 하다 보면 오랜 시간이 지나지 않아 이야기 소재를 차곡차곡 쌓아둔 나만의 수첩이 생길 것이다. 스피치 달인들은 보통 이야기 수첩을 이리저리 훑어보다가 스피치 내용에 적당한 이야깃거리를 손쉽게 찾아낸다.

## 3C를 활용해서 스토리 구성하기

한 가지 아이디어에서 멋진 이야기를 만들어내려면 자주 연습하고, 필요한 부분은 보완해야 한다. 스토리는 스피치의 목적에 부합하는 감정을 청중에게 환기시킬 수 있도록 전개해야 한다. 멋진 이야기를 만들어내기 위해서는 스토리텔링의 '3C' 원칙을 기억해두자. 3C란 인물Character, 갈등Conflict, 구조Construction를 말한다. 3C는 스토리텔링 책에서 자세히 다루는 개념이지만, 스피치에 사용하는 감정 접근법으로도 효과적이다.

인물 설정은 자신의 이야기에 등장할 주인공을 발굴하는 것을 말한다. 혹시 지역 신문의 부고란을 보고 북받쳐서 눈물을 흘린 적이 있는가? 아마 없을 것이다. 세상을 떠난 이를 위해 장례식이 열린다는 소식을 보아도 우리는 대개 무덤덤하다. 그들이 내 삶과 전혀 무관한 사람인 까닭이다. 그러나 만약 신문에서 친한 친구나 이웃 또는 회사 동료의 사망 소식을 접한다면 감정 반응은 180도 달라질 것이다. 내가 잘 아는 사람일수록 감정 이입하기가 쉽다. 이런 맥락에서 스피치에 청중이 친숙하게 느낄 핵심 인물을 등장시킬 필요가 있다. 말하는 사람이 이야기 속 등장인물에 감정 이입하면, 듣는 이들의 공감을 이끌어 내기가 훨씬 쉽고 훌륭한 스토리텔링을 해낼 수가 있다.

한편, 갈등은 청중에게 이야기를 받아들이도록 만드는 효과적인 방법이다. 이야기 속에 잘 짜인 갈등 상황을 집어넣으면 청중은 왜 그런 갈등이 일어났는지 곰곰이 생각하면서 그 이유를 알아내려고 애쓰게 된다. 등장인물이 옳고 그름을 놓고 갈등을 벌이면 청중은 감정적으로 긴장하고, 감정이 점점 고조되다가 갈등이 비로소 해결되면 큰 희열을 맛본다. 이야기 속에서 갈등이 생기면 청중은 또한 그것을 마치 자기 이야기마냥 느끼게 되는데 갈등 상황에서 어느 쪽이 옳은지에 대한 생각이 서로 다르기 때문이다. 청중은 결국 어느 쪽을 택할지 결정하고 그 인물에 감정 이입한다. 인물을 잘 설정하면, 청중은 마치 자기가 그 갈등 속에 들어가서 심리적 동요를 겪는 것 같은 착각에 빠진다. 이야기 속에서 갈등을 설정하고 서서히 그 갈등이 해소되는 과정을 들려주는 것만큼 청중을 몰입하게 하는 데 탁월한 방법도 없다.

 3C의 마지막 구성 요소는 이야기 구조이다. 이 책에서 지금까지 다룬 스피치 기법 중 감정의 흐름과 가장 가까운 것이기도 하다. 잘 짜인 이야기는 청중의 감정이 물 흐르듯 자연스럽게 흘러가도록 만든다. 따라서 청중은 자기가 전혀 모르는 인물이나 이야기 속에 등장하지 않는 인물이 스피치에 나오더라도 주의가 산만해지지 않는다. 이야기가 자연스럽게 흘러가므로 청중은 이야기의 한 부분에서 다른 부분으로 막힘없이 따라갈 수가 있다. 한 마디로, 이야기 구조가 좋으면 청중은 연설자의 감정 동선을 따라가기가 훨씬 수월하다.

 이야기 구조는 스피치와 마찬가지로 서론, 본론, 결론의 세 부분으로 나눌 수 있다. 우선 서론은 장면이 정해지고 주요 인물들이 등장하는 부분이다. 서론을 좋게 시작하면 무대에서 초반에 청중의 이목을 집중시킬 수 있어서 본론과 결론으로 자연스럽게 이끌어가기 좋다. 서론 부분에서 청중의 이목을 끌 수 있는 방법 몇 가지를 알아보도록 하자.

1 먼저 질문을 던지는 방법이 있다. 연설자는 흔히 무대에 올라가서 "여러분 중에서 몇 분이나 ㅇㅇ을 해 보셨나요?"와 같은 질문을 던지면서 스피치를 시작한다. 이렇게 하면 청중은 모든 생각을 내려놓고 질문에 집중하게 된다. 질문은 흥미를 유발하는 효과도 있는데, 청중은 자기와 같은 '입장'을 가진 사람이 몇 명이나 되는지 알고 싶어 하기 때문이다.

2 스피치에서 자주 쓰는 또 다른 방법은 "운명은 정해져 있다"와 같은 논쟁을 불러일으킬 만한 주제를 꺼내는 것이다. 이런 방법 역시 매우 유용하다. 논쟁거리가 많은 주제가 등장하면 찬반 의견이 엇갈리게 마련이다. 스피치에서 논쟁을 불러일으키면 청중은 생각을 딱 멈추고 스피치에 참여해 그 주제에 집중한다. 청중은 두 편으로 나뉘어 아마도 격렬하게 찬성하거나 반대할 것이다. 어떤 쪽이든 논쟁거리를 던진 연설자는 자기 목적을 달성하게 된다.

3 마지막으로, 청중의 시선을 끌기 위해 아주 색다른 방법을 쓸 수도 있다. 예컨대 코미디언이자 전국적으로 유명한 전문 강사이며 유머학회의 창립자인 대런 라크루와가 대표적이다. 대런은 무대에서 바닥을 바라보며 앞으로 넘어지는 우스꽝스러운 장면을 연출했다. 물론 그 장면은 대런이 연습한 그대로 연출된 것이었지만, 어쨌든 청중은 깜짝 놀랐고 그런 '관심 끌기 전

략 은 통했다. 대런은 나중에 이런 동작을 다양한 스피치 상황에서 활용할 수 있게 되었다. 대런 라크루와는 2011년 세계연설대회 우승자이기도 하다.

청중의 이목을 집중시키는 역할 이외에도 서론은 나머지 스피치를 준비하는 단계로서 중요하다. 그래서 이야기에 등장하는 주요 인물들의 이름이나마 서론에서 짤막하게 언급하는 것이 좋다. 이때 반드시 인물들의 개성을 살려서 표현해야 한다. 인물들의 모습에 생기를 불어넣는 몇 가지 방법은 다음과 같다.

1. 시각적인 표현을 이용해서 인물을 묘사하라. 눈에 잡힐 듯한 생생한 표현을 쓰면 청중은 그 모습을 마음속으로 그려볼 수 있다. 이것은 마치 작가가 작품에 등장하는 주인공들을 아주 자세하게 묘사하는 것과 비슷하다. 작가는 주인공의 외모와 걸음걸이, 목소리와 악센트까지 구체적으로 묘사해서 독자가 그들의 모습을 상상할 수 있도록 한다.

2. 등장인물마다 서로 다른 목소리와 악센트를 사용하라. 항상 이렇게 할 수는 없지만, 스피치에서 이렇게 목소리와 억양에 변화를 주면 큰 효과를 볼 수가 있다. 이렇게 하면 이야기 속에서 서로 다른 인물이 등장하더라도 그때그때 핵심 인물이 누구인지 청중이 헷갈리지 않는다.

3. 각각의 인물마다 무대 위에서 등장하는 장소를 다르게 정하라. 이렇게 하는 것 또한 청중의 분명한 이해를 돕는 데 도움을 준다. 청중은 지금 연설자가 어떤 인물에 대해서 설명하거나 말하고 있는지 혼란을 느끼지 않게 된다.

4. 마지막으로, 필요하다면 이야기 속 인물을 상기시키는 복장을 해라. 이런 방법은 스피치 내내 이야기의 초점이 한 인물에게 맞춰질 경우 특히 효과가 있다. 하지만 공식 석상에서 스피치하는 경우에는 이런 특이한 복장이 부적절할 수도 있다.

서론에서 청중의 이목을 끌고 이야기에 등장하는 인물들을 소개했다면, 스피치의 두 번째 단계인 본론에 들어갈 준비가 된 것이다.

본론은 이야기의 중심이 되는 부분이다. 본론은 이야기의 기본 뼈대에 생기를 불어넣는다. 등장인물들이 더 자세하게 묘사되고, 인물들의 성격도 더 세밀하게 드러난다. 앞서 살펴보았듯이, 청중이 인물의 모습을 생생하게 떠올릴 수 있도록 구체적으로 묘사하는 것이 특히 중요하다. 본론은 또한 등장인물 간의 관계가 발전되고 갈등이 일어나는 단계이기도 하다. 이는 이야기를 생동감 있게 만드는 중요한 요소이다. 이 단계에서 청중과 등장인물 사이에 공감이 일어난다. 청중이 등장인물에 공감하면 청중은 연설자와 일심동체가 된다.

본론의 가장 큰 특징은 갈등이 고조되는 지점이라는 것이다. 갈등을 푸는 대안이 현실적이고, 스피치의 결론이 많은 여운을 남길 때 이런 갈등은 청중에게 더욱 매력적으로 다가간다. 예전에 '최고의 인생'이라는 제목의 스피치 대본을 쓴 적이 있다. 좀 더 효과적인 스피치를 완성하려고 아무리 고민해도 왜 그 스피치가 그렇게 임팩트가 없는지 도무지 이유를 알 수 없었다. 그 스피치는 유머로 가득했고 뜻깊은 메시지도 담겨 있었지만, 마지막 부분에서 왠지 강렬한 인상이 남지 않았다. 그래서 몇 주 동안 원고를 개선하려고 이모저모 궁리를 해 보았지만 결국 해답을 찾지 못했다. 그런데 마침내 아내가 그 스피치의 문제점을 콕 집어주었다. 아내는 내 스피치에 극적인 갈등이 없다고 지적해주었다. 그러면서 이야기 속에 갈등만 집어넣는다면 훌륭한 스피치가 될 것이라고 했다. '최고의 인생' 스피치 대본은 이 책 에필로그에 실려 있으니 278쪽 참조 대본에 나온 갈등 상황이 과연 효과적이었는지 각자 평가해 보기 바란다.

　갈등 상황 속에 반드시 등장인물 사이의 대립을 그려야 한다거나 좋은 측면과 나쁜 측면을 모두 다룰 필요는 없다. 갈등 속에 두 가지 상반되는 주장을 등장시키는 것만으로도 충분하다. 한 인물의 내면에서 일어나는 갈등을 이야기할 수도 있다. 예컨대 자살할 마음을 먹은 남성이 건물 꼭대기에서 뛰어내릴까 말까를 두고 마음속으로 갈등하는 장면을 그리는 것이다.

　본론을 지나면 마지막으로 결론이 나온다. 이야기 속의 갈등이 해소되는 부분이 바로 이 부분이다. 서론과 본론에서 제기된 모든 의문이 결론에서 해소되어야 비로소 청중은 마지막 부분에서 모호한 기분을 느끼지 않는다. 결론 부분에서 갈등이 해소되면 청중은 강렬한 감정을 느끼는데, 그 감정은 그때그때 달라진다. 자기가 원하는 결론이 나오면 만족감을 느끼고, 부당한 결론이 나오면 분노나 혐오감을 느낀다. 어떤 경우이든, 이야기 속에서 제기된 의문들이 모두 풀리고 청중이 스스로 판단할 수 있어야 스피치에 대해 온전한 감정을 느낄 수가 있다.

갈등의 해소 부분에서 청중은 스피치에 심오한 교훈을 얻고 거기에 공감한다. 이야기 속에 등장하는 갈등이 고조되면서 느낀 감정 덕분에 청중은 그런 교훈을 받아들이고, 결국 스피치의 목적에 부합하는 감정을 느끼게 된다.

청중에게 스피치의 교훈을 전하는 가장 흔한 방법은 그것을 직접적으로 표현하는 것이다. 예컨대 "제 이야기에서 여러분이 얻을 수 있는 한 가지 교훈은……"이라고 단도직입적으로 말하면서 전달하고 싶은 핵심 메시지를 몇 마디로 압축해서 말하는 것이다. 이렇게 하면 이야기의 핵심 메시지를 간단명료하게 전달할 수 있어서 모호한 부분이 전혀 남지 않는다. 전하고자 하는 메시지가 청중에게 강렬하고 분명하게 전달되므로 곧바로 강한 인상을 남길 수가 있다. 이처럼 단도직입적으로 메시지를 전하는 방법은 비슷한 사회 문화적 배경을 지니고 있는 청중에게 가장 효과가 크다. 반면 각양각색의 배경을 가진 청중은 같은 이야기를 듣더라도 각자 얻어내는 교훈이 다른 까닭에 단도직입적 메시지가 오히려 독이 될 수도 있다.

그래서 어떤 연설가들은 다양한 성향의 청중을 대할 때면 색다른 접근법을 쓰기도 한다. 스피치 말미에 확실한 결론을 내리지 않고 여운을 남기는 것이다. 이렇게 하면 청중은 각자 이해한 대로 스스로 교훈을 얻는다. 이렇게 스피치를 마무리 짓는 이야기 구성은 설계하기가 어렵고 상당한 기술과 연습이 필요하지만, 상대적으로 폭넓은 분야의 청중을 참여시킬 수 있다는 장점이 있다.

## 스피치에서 스토리를 어떻게 활용할 것인가

스피치의 성격과 길이에 따라 스피치에서 사용하는 이야기의 형태가 달라진다. 짧은 스피치에는 2분 정도의 이야기가 적당하고 비교적 긴 시간 진행되는 기조연설에서는 10분짜리 이야기를 할 수도 있다. 또한 비슷한 이야기를 서로 다른 스피치에서 사용해서 상황별로 다른 교훈을 이끌어 내기도 한다.

스피치의 목적과 길이가 분명할 때는 이야기 수첩에서 상황에 맞는 적당한 아이디어나 이야기를 찾아 쓰면 된다. 이렇게 한 가지 아이디어나 이야기를 선택하고 필요에 따라서 그 길이를 늘이거나 줄이는 것이다. 이때부터 효과를 극대화하는 이야기 구성 과정이 시작된다.

어떤 이야기를 스피치에 적용하기로 했다면, 그 이야기를 수차례 검토하며 해당 스피치에 맞게 수정할 필요가 있다. 이야기는 청중의 감성을 자극하는 수단임을 잊지 말자. 스피치 맥락에서 꼭 필요하지 않은 인물이나 전하려는 메시지와 맞지 않는 내용 등 불필요한 부분은 하나하나 찾아내서 제거해야 한다. 이때, 똑같은 이야기라도 맥락에 따라서 인물의 중요성이 달라질 수 있다.

청중이 눈앞에 있다고 상상하며 이야기의 흐름을 세심하게 살펴보자. 이야기하는 동안 갑자기 엉뚱한 내용이 튀어나와서는 곤란하다. 이야기를 실타래 풀듯 술술 풀면 청중의 사고와 감정 또한 자연스럽게 흘러간다. 하지만 도중에 뜬금없이 새로운 인물이 등장하는 등 엉뚱한 내용이 하나라도 등장하면, 청중은 이야기를 새로 파악하느라 강연자의 말에 집중하기가 힘들어진다. 따라서 이야기 속에서 청중의 집중력을 떨어뜨리는 내용은 밭에서 돌을 골라내듯 빠짐없이 골라내야 한다.

자기에게 기가 막힌 사연이 있다면서 스피치 할 때 그 이야기를 꼭 써먹어 보겠다고 하는 사람들이 가끔 있다. 하지만 이는 잘못된 접근법이다. 이런 행동은 마치 장작이 필요하지도 않은데 도끼를 들고 있다고 해서 아무 나무나 무턱대고 베는 것과 같다. 그런 사람들을 만날 때면 이야기 그 자체에 너무 빠져들지 말라고 충고해 준다. 이야기는 감정을 표현하는 하나의 스피치 기법일 뿐이지 이야기가 스피치 그 자체인 것은 아니다. 다른 모든 스피치 기법과 마찬가지로 이야기 또한 잘못 활용하면 무용지물일 뿐이다.

제대로 활용할 줄 아는 사람이든 그렇지 못한 사람이든, 멋진 스토리가 청중의 감성을 자극하는 뛰어난 스피치 기법임을 누구나 알고 있다. 반면 파워포인트는 사람의 감정을 표현하는 데 효과적이지 않은 스피치 수단이라고들 생각한다. 다음 장에서는 파워포인트 활용법의 핵심 문제를 짚어보고, 어떻게 하면 파워포인트를 활용해서 효과적인 프레젠테이션을 할 수 있을지 몇 가지 방법을 알아본다.

CHAPTER 11
# 지금까지의 파워포인트 프레젠테이션은 잊어라

권력은 타락하기 마련이고, 파워포인트는 완전히 잘못된 길로 빠지기 마련이다.
―에드워드 터프티, 예일대학교 명예교수이자 프레젠테이션 전문가

1990년대 후반과 2000년대 초반 캘리포니아 실리콘밸리는 활황이었다. 포부가 큰 벤처 사업가들은 기술 관련 아이디어를 손에 잡히는 대로 시장에 쏟아냈고, 벤처 투자가들은 너나 할 것 없이 이런 아이디에 사업 자금을 댔다. 마케팅 전문가이자 사업가인 세스 고딘이 만약 그 당시 젊은 사업가들의 프레젠테이션을 지켜봤다면 낙제점을 줬을 것이다. 세스 고딘은 파워포인트 프레젠테이션 실력이 엉망인 벤처 사업가나 경영자들을 수도 없이 목격한 까닭에 직접 효과적인 프레젠테이션 비법에 관한 책을 쓰기까지 했다. 세스 고딘이 쓴 《최악의 파워포인트Really Bad PowerPoint》는 베스트셀러에 올랐고 지금도 파워포인트 프레

젠테이션 분야에서 훌륭한 참고서 역할을 하고 있다.

지금까지 수많은 커뮤니케이션 전문가들이 잘못 활용되는 파워포인트 사례를 지적해왔다. 프레젠테이션 전문가로 유명한 가르 레이놀즈Garr Reynolds는 《프레젠테이션 젠Presentation Zen》에서 "키노트나 파워포인트는 절대 프레젠테이션 기법이 아니다. 파워포인트는 단지 제대로 디자인을 하면 효과적으로 활용할 수 있고 그렇지 못하면 효과가 떨어지는, 프레젠테이션 할 때 필요한 수단일 뿐이다"라고 썼다.

레이놀즈의 지적처럼, 파워포인트 슬라이드는 지금까지 프레젠테이션의 보조 수단이라기보다는 프레젠테이션 그 자체로 인식되어 왔다. 회사에서 동료에게 파워포인트 슬라이드를 요청하면서 "프레젠테이션 한 것 좀 보내줘"라고 말하는 경우가 얼마나 많은가. 오늘날 프레젠테이션을 준비하는 사람들은 파워포인트가 '곧' 프레젠테이션이라고 착각한다. 그러면서 그저 잘 읽기만 하면 사람들이 파워포인트에 집중할 것이라고 철석같이 믿는다. 하지만 청중은 절대 그런 파워포인트에 눈길을 주지도, 발표자의 말을 기억하지도 않을 것이다!

세스 고딘은 《최악의 파워포인트》에서 프레젠테이션 할 때 파워포인트를 이용하는 이유에 대해 몇 가지 흥미로운 관점을 제시했다.

사람들이 파워포인트를 주로 이용하는 첫 번째 이유는 파워포인트에 나온 글을 그대로 읽기 위해서다! 지금까지 파워포인트의 내용을 읽기만 하는 경우가 얼마나 많았는가. 그냥 읽기만 하는 당신의 프레젠테이션을 들으러 굳이 사람들이 회의를 할 필요가 있을까? 그럴 거라면 차라리 자료를 파일로 보내주는 편이 더 낫지 않을까?

파워포인트를 사용하는 두 번째 이유는 만약을 대비해 프레젠테이션 내용을 문서화하기 위해서다. 회의가 끝난 후에(최악의 경우 회의 전에) 파워포인트 슬라이드를 나눠줌으로써 발표자는 정식 보고서를 쓸 필요가 없고, 그것에 대해 회의 시간에 프레젠테이션 하면서 참석자들에게 암묵적인 허락을 받을 수가 있다.

세 번째 이유는 발표자가 방금 한 말을 참석자들이 떠올리기 쉽기 때문이다. 슬라이드를 그대로 읽는 한이 있어도 아예 안 하는 것보다는 낫다는 것이다. 어쨌든 슬라이드를 읽는다면 그것은 참석자들에게 말 그대로 자기가 읽는 대본을 제공하는 셈이다.

이 책의 첫 장을 읽어본 독자라면, 이렇게 슬라이드를 읽는 행위는 전혀 커뮤니케이션이 아님을 깨달았을 것이다. 고딘은 같은 책에서 비효율적인 파워포인트 프레젠테이션에서 가장 치명적인 요소는 바로 감정 전달이라고 지적한다. 혼란스러운 디자인과 방대한 텍스트를 집어넣은 파워포인트 자료는 보는 사람의 사고 흐름을 방해하는 까닭에 청중은 멍한 상태가 될 수밖에 없다. 고딘이 이해 불가능한 자료가 잔뜩 들어간 끔찍한 파워포인트 슬라이드에 질색하고, 발표자들이 흥미나 열정을 전혀 불러일으키지 못하는, 판에 박은 슬라이드를 무덤덤하게 보여줄 때 아무런 감흥을 느끼지 못했던 것도 어찌 보면 당연하다.

고딘은 최악의 파워포인트 슬라이드에 대해서 날카롭게 비판한 몇 안 되는 커뮤니케이션 전문가다. 데이터 시각화 분야의 전문가인 에드

워드 터프티Edward Tufte 박사 역시 기업 내에서의 파워포인트 활용을 비판했는데, 특히 나사나 보잉 같이 최첨단 기술을 다루는 조직에서의 파워포인트 활용을 문제 삼았다. 터프티 박사는 《아름다운 증명Beautiful Evidence》에서 다양한 사례를 인용해 자신의 주장을 뒷받침하고 있다. 그런 인용 사례 중에서 챌린저호 참사를 조사한 우주선귀환업무그룹RFTG의 최종 보고서는 특별히 다음과 같이 지적하고 있다.

> 우리는 또한 의사결정을 할 때 그 근거로 정밀한 기술 보고서를 작성하지 않고 보통 마이크로소프트 파워포인트 차트를 만들거나 이메일로 그것을 대신한다는 사실을 발견했다. 컬럼비아호 사고조사위원회는 보고서에서 파워포인트로 기술 보고서를 작성하는 문제를 비판했고, 그 밖의 다른 전문 기관들 역시 그러한 프레젠테이션 소프트웨어가 기술 보고서나 그와 유사한 의미 있는 문서들을 빠르게 대체하고 있는 현실을 주목하고 있다. 회의에서 간략한 요점과 제한된 정보를 제공하는 용도로 활용하는 파워포인트와 그 밖의 유사한 프레젠테이션 소프트웨어들이 공학 기술 업계에도 파고들고 있다. 그러나 이런 형태의 프레젠테이션 자료가 공식 문서를 대신해서는 안 되며, 보충 자료로 활용되어서도 안 된다.

고딘은 이미 우리가 파워포인트를 사용할 때 겪는 첫 번째 큰 장애물인 프레젠테이션 발표자의 감정 전달의 부재 문제를 지적한 바 있다. 터프티 박사는 자신이 쓴 글에서 파워포인트의 두 번째 문제점을 지적한다. 즉, 파워포인트 슬라이드는 문서에 비해서 정보 전달의 폭이 굉장히 좁다는 것이다. 터프티 박사는 사람들이 회의나 보고서 내용을 손쉽게 문서화하려고 파워포인트를 사용한다고 비판한다. 달리 말해서, 파워포인트는 글자 크기의 한계에다 본래 용도가 프레젠테이션인 까닭에 일반적인 문서처럼 농밀한 정보를 효과적으로 전달할 수 없는 매체라는 뜻이다. 파워포인트는 복잡한 개념과 정보, 데이터를 전달하는 데 절대 이상적인 도구가 아니다. 아마도 최악의 파워포인트 프레젠테이션이 그렇게 많이 일어나는 원인 중 하나는, 애초에 복잡한 내용을 전달하기에 부적합한 도구인 파워포인트를 가지고 발표자들이 난해하고 복잡한 정보를 전달하려 애쓰기 때문일 것이다.

앞서 이 책의 파트1을 읽은 독자라면 문자와 정보로 빽빽하게 채워진 어수선하고 복잡한 파워포인트 슬라이드가 발표자와 청중 사이의 감정적 교감을 깨뜨린다는 점을 잘 이해할 것이다. 이렇게 되면 청중은 프레젠테이션에 집중할 수 없고 발표자는 청중과 교감하려고 다시 더 많은 시간을 소비해야 한다. 파워포인트의 근본적인 한계에 대한 터프티 박사의 지적은 우리가 파워포인트로 발표할 때 청중의 공감을 얻기가 왜 그토록 어려운지를 잘 설명해준다.

이처럼 잘못된 파워포인트 활용법과 파워포인트 슬라이드의 근본적인 한계는 사람들의 뇌리에서 금방 잊히는 프레젠테이션을 낳는다. 과연 개선할 방법은 없는 것일까? 반대로 파워포인트가 그렇게 비효율적인 도구라면 왜 우리는 아직도 프레젠테이션 할 때 파워포인트를 사용하는 것일까? 이제 발표할 때 파워포인트를 프레젠테이션 도구로 활용하지 말아야 할까? 결론부터 말하자면, 문제점이 있다고 해서 굳이 파워포인트 사용을 그만둘 필요는 없다. 지금까지의 파워포인트 사용법을 180도 다르게 바라본다면 해답을 찾을 수 있다.

 레이놀즈와 고딘, 터프티 박사를 비롯하여 많은 커뮤니케이션 전문가들이 효과적인 파워포인트 사용법에 관해서 많은 아이디어를 내놓았다. 이번 장의 목적은 전문가들의 파워포인트 활용 기법을 재탕하는 것이라기보다는 파워포인트 사용법에 대한 확실한 기본 개념 하나를 제시해서 발표자들이 최악의 파워포인트 프레젠테이션을 만드는 그 두 가지 원인을 제대로 인식할 수 있도록 돕는 것이다.

## 반드시 기억할 두 가지 : 단순하게, 천천히

 레이놀즈는 파워포인트 슬라이드를 단순하게 만들 수 있는 다양한 방법을 소개한다. 특히 파워포인트 슬라이드에 여백을 두는 것은 전달력을 높이는 단순하지만 효과적인 방법이다. 레이놀즈에 따르면, 여백은 우아함과 명료함을 암시하고 고급, 세련됨, 중요함과 같은 느낌을 준다고 한다. 프레젠테이션 기획과 디자인 전문가인 낸시 두아르테Nancy Duarte는 《슬라이드올로지slide:ology》에서 "(파워포인트 슬라이드에) 확실한 여백을 두는 것은 괜찮지만, 반대로 슬라이드를 어수선하게 만들면 디자인이 엉망이 된다"라고 썼다.

 이 말은 자세하고 복잡한 전문적인 내용은 다 빼버리고 프레젠테이션의 질적인 수위를 조절해야 한다는 뜻일까? 전 세계에서 아마도 가장 '엽기적인' 장소인 MIT에서 공부한 덕분에 필자는 '원래 복잡한 개념'이 있다는 사실을 잘 알고 있다. 이와 관련해 터프티 박사는 파워포인트 프레젠테이션으로 이루고자 하는 목표가 무엇인지부터 파악하라고 조언한다. 예컨대 복잡하고 데이터가 많이 들어 있는 심각한 주제를 발표할 때는 반드시 요약 보고서나 기술 보고서를 만들어서 참석자들이 미리 읽어볼 수 있도록 한다. 이렇게 하면 회의 시간에 발표자가 관련 내용을 설명하면서 회의를 이끌어갈 수가 있다. 보고서에 나와 있는 복잡한 내용은 다시 언급할 필요가 없고 핵심만 정리해서 말하면 되므로 간략하게 프레젠테이션 할 수 있다. 이렇게 하면 단순성이라는 조건을 충족하면서도 의미 있는 프레젠테이션이 가능하다.

때로는 미리 참석자들에게 자료를 나눠줄 수 없는 경우도 있다. 학회가 대표적인데, 이런 장소에서는 어쩔 수 없이 슬라이드에 복잡한 내용을 담을 수밖에 없다. 이런 경우에는 자기 생각을 압축적으로 나타낼 수 있는 핵심 주제, 예컨대 청중의 흥미를 끌 수 있는 혁신 사례 같은 것을 발표 주제로 삼은 다음, 슬라이드 몇 장 안에 그 내용을 압축해서 나타내면 된다. 만약 복잡한 내용을 어쩔 수 없이 발표해야 하는 상황이라면, 그 주제에 관해서 가능한 한 천천히 설명하고, 청중과 교감하면서 청중의 사고 흐름이 끊기지 않도록 해야 한다. 이를테면 기본 슬라이드에 참조 슬라이드를 추가로 집어넣거나 하나의 슬라이드를 여러 장으로 쪼개서 쉬운 내용에서부터 어려운 내용으로 난이도를 높여가며 복잡한 내용을 천천히 설명하는 것이다.

## Using Emotions

### 세로쓰기는 금물이다

장뤼크 두몽Jean-luc Doumont 박사는 파워포인트 슬라이드 그래프 X축에는 밑에서부터 위로 쓰인 글자가 등장한다고 지적한다. 발표자들이 파워포인트에 이렇게 세로쓰기 글자를 집어넣는 이유는 크게 두 가지다. 첫째, 발표자 대부분이 그래프를 수정도 하지 않은 채 그냥 문서에서 긁어서 파워포인트에 붙이기 때문이다. 둘째, 글자를 세로로 쓰면 슬라이드 공간을 아껴서 X축에 글자를 더 집어넣을 수 있어서다. 이렇게 하면 슬라이드에 더 많은 내용을 담을 수가 있다. 하지만 명료함이 그 무엇보다도 중요한 프레젠테이션에서 세로쓰기가 있으면 가독성이 떨어진다. 그래프 X축에 세로로 쓴 글자가 있으면 청중은 그 글자를 읽으려고 끊임없이 머리를 한쪽으로 기울여야 한다. 따라서 X축에 나와 있는 순서가 뒤집힌 세로쓰기 글씨를 제거하고 그래프 제목에 X축 내용을 포함시키거나 글자 배열을 뒤집지 말아야 한다. 그렇게 하면 청중은 발표자의 프레젠테이션을 빨리 따라갈 수가 있다. 가독성은 파워포인트 시각 자료가 갖춰야 할 필수적인 덕목 중 하나다. 이 방법을 쓰면 슬라이드의 여백도 더 늘어난다.

이런 방법으로 프레젠테이션 하면 청중은 파워포인트 슬라이드의 복잡함을 장애물로 여기지 않게 되어 발표 내용을 서서히 이해할 수 있다. 일단 복잡한 개념을 이해하고 나면 프레젠테이션에 감정 이입할 수 있어서 더 오래 기억에 남는다.

## 감정과 시각 이미지, 이야기를 활용하라

앞서 언급한 이들을 비롯해서 많은 프레젠테이션 전문가들은 또한 글자가 거의 없거나 아예 없는 시각적인 슬라이드를 만들라고 조언한다. 프레젠테이션 전문가들은 대개 아이스톡포토Istockphoto.com 같은 이미지 전문 웹사이트에서 내려받은 고화질 이미지만 사용해 프레젠테이션 한다. 사진을 비롯한 시각 자료는 양쪽 뇌를 모두 활성화시키므로 발표자와 청중 모두 흥미진진하게 프레젠테이션에 집중할 수가 있다. 사진 이외에도 눈앞에 나타날 것 같은 구체적인 묘사를 활용함으로써 비슷한 효과를 낼 수 있다.

감정 기억emotional memory에 대한 연구 결과는 시각 이미지의 힘이 얼마나 대단한지를 과학적으로 보여준다. 앞서 우리는 보스턴대학교 켄싱어 박사의 감정 기억에 대한 실험 결과를 살펴보았다80쪽 참조. 켄싱어 박사는 또한 사진시각 자극과 언어에 뇌의 편도체가 어떻게 반응하는지를 관찰했다. 앞서 언급했듯 편도체는 감정 기억을 만들어내는 역할을 한다. 켄싱어 박사는 자기공명영상장치fMRI를 이용해서 21명의 참가자들이 감정이 들어간 사진과 표현에 어떻게 반응하는지를 관찰했다. 연구 결과는 흥미로웠다. 자기공명영상장치를 분석한 결과, 감정이 들어간 사진과 표현 모두 참가자들의 좌측 편도체를 활성화시켰지만 우측 편도체를 활성화시킨 것은 시각 자극 한 가지뿐이었다. 편도체가 감정 기억 형성에 중추적인 역할을 한다고 할 때, 이런 결과는 청중도 말보다는 사진을 더 잘 기억하리란 점을 시사한다.

이야기를 활용하는 것 또한 프레젠테이션을 차별화시킬 수 있는 방법이다. 유독 파워포인트 프레젠테이션에서는 이야기를 활용하는 발표자가 드물다. 대개는 결론만 제시할 뿐, 결과를 얻어내는 과정에서 겪었던 실패나 시련에 대해서는 한 마디도 하지 않는다.

몇 년 전, 어느 국제학회에 참석해서 논문 내용을 발표한 적이 있었다. 그 논문에는 우리 팀의 오랜 연구 결과가 담겨 있었고, 그 결과는 사뭇 놀랄 만한 것이었다. 우리 연구진은 그 논문에서 대부분의 연구자가 직관적으로는 파악하기 힘든 색다른 관점을 제시했다. 필자는 프레젠테이션을 스토리텔링으로 진행하기로 마음먹고, 어떤 이야기를 쓸까 잠시 고민하다가 셜록 홈스가 사건을 푸는 방식을 발표에 적용해 보기로 했다. 대중적이면서도 논란거리가 많은 셜록 홈스라는 인물의 특징이 우리의 발표 내용과 맞아떨어지는 것 같았다.

나는 마치 셜록 홈스가 범죄 현장에서 사건을 파헤치듯 프레젠테이션을 시작했다. 우리 연구실을 범죄 현장으로, 우리가 수집한 데이터를 사건의 물증에 비유했다. 그리고 발표를 마무리할 때는 홈스의 유명한 명언 "불가능한 것을 제외하고 남은 것이 아무리 믿기 힘들더라도 그것이 진실이다"를 인용했다. 실험 결과를 설명하기 위해 우리가 제시한 색다른 결론은 논란의 소지가 많았고, 그런 면에서 그 명언은 안성맞춤이었다. 셜록 홈스의 모든 수수께끼 같은 사건들이 그렇듯이, 의문점을 풀면 사건은 명백해진다는 사실을 강조한 것이다. 그렇게 홈스의 명언으로 프레젠테이션을 끝맺었다.

반응은 아주 뜨거웠다. 발표가 끝나고 많은 참석자가 다가와 정말 즐겁게 프레젠테이션을 지켜봤다고 말해 주었다. 스토리텔링으로 딱딱한 학술 프레젠테이션이 차별화된 것이다. 홈스가 사건을 파헤치는 방식으로 프레젠테이션 하자, 우리 연구 주제에 대해 문외한인 참석자들까지 흥미롭게 발표를 지켜보았다. 참석자들 모두 수수께끼 같은 문제를 푸느라 프레젠테이션에 몰입했던 것이다. 이처럼 스토리텔링과 이미지를 활용하면 청중의 감정 이입을 유도해서 인상 깊은 프레젠테이션을 할 수가 있다.

## 세상을 뒤흔든 두 번의 프레젠테이션

이제 유명 인사 두 명의 프레젠테이션 사례를 통해서 복잡한 내용과 감정을 어떻게 파워포인트 슬라이드 속에 담아내는지 그 노하우를 살펴보도록 하자. 두 유명 인사의 실제 사례는 생생한 파워포인트 프레젠테이션이란 과연 무엇인지 이해하는 데 도움을 줄 것이다.

2000년 초 '불편한 진실'이라는 제목의 놀랄 만한 프레젠테이션이 지구 온난화 논쟁을 완전히 바꿔 놓았다. 이 프레젠테이션은 우리가 지구 온난화에 제대로 대응하지 않는다면 심각한 기후 변화가 찾아올 수 있다는 점을 보여줌으로써 인류의 관심이 필요한 이슈를 마침내 부각시켰다. 여기서 놀라운 것은 그 주인공이 흔히 '따분한 고어Gore the Bore'로 불리는 전(前) 미국 부통령 앨 고어Al Gore였다는 점이다. 대선에서 유권자들과 공감하는 데 서투른 엘리트로 비친 까닭에 자기 고향인 테네시 주에서도 승리를 거두지 못한 것으로 유명한 바로 그 앨 고어였다. 그렇다면 어떻게 그가 전 세계를 사로잡는 프레젠테이션을 할 수 있었을까?

고어의 프레젠테이션은 이후에 다큐멘터리 영화로 제작되어 유명 영화제에서 수상했고, 고어는 지구촌에 온난화의 위협에 대한 강력한 경고 메시지를 보낸 공로를 인정받아 유엔 정부간기후변화위원회IPCC와 공동으로 노벨 평화상까지 받았다. 그런 굉장한 프레젠테이션을 할 수 있었던 비결은 놀랍게도 파워포인트 슬라이드에 들어 있었다.

대선 당시 앨 고어가 열정이 없었던 것은 분명히 아니었다. 단지 유권자들과 친숙해지는 데 그리고 감정을 표현하는 데 어려움을 겪었을 뿐이다. 그러나 '불편한 진실' 프레젠테이션에서 그는 감정을 제대로 표현할 수 있는 스피치 수단을 찾아냈다. 그것은 바로 사진이었다. '불편한 진실' 프레젠테이션 슬라이드는 거의 사진으로 가득 차 있다. 따라서 누구나 그 내용을 보고 따라가기가 쉽다. 고어는 복잡한 수식을 없애는 대신, 수십 년 동안 진행된 지구 온난화로 극적으로 변한 자연의 모습을 사진을 통해 극명하게 대비시켰다. 빽빽한 수식과 글자가 아니라 이런 사진들 덕분에 청중은 지구 온난화 현상의 과학적 근거를 확신할 수 있었다.

놀랍게도 고어의 스피치 전달력은 대선에 출마했을 당시와 크게 달라지지 않았지만, 고어는 그동안 청중과 친해지고 자기감정을 전달하는 법을 터득했던 것이다. 고어는 파워포인트 슬라이드로 지구의 과거와 현재의 모습을 극적으로 대비시키면서 지구 온난화로 인한 빙하

침식과 환경 파괴에 대한 공포감을 불러일으켰고, 그 덕분에 프레젠테이션에 감정을 담아낼 수 있었다. 게다가 청중은 지구를 구하기 위해 나선 한 남자의 흥미로운 스토리에 공감했기 때문에 고어가 전하는 메시지는 더욱 강한 인상을 남겼다. '불편한 진실' 프레젠테이션에서 고어는 시각적인 파워포인트 슬라이드와 흥미로운 이야기를 청중과 정서적 교감을 나누고 청중이 감정 이입하는 통로로 활용했다. 그 결과 눈부신 프레젠테이션을 할 수 있었다.

프레젠테이션에서 파워포인트의 단순함과 여백의 미를 확실하게 보여준 또 다른 사례는 작고한 스티프 잡스의 아이폰 출시 프레젠테이션이다. 고어와는 대조적으로 잡스는 원래부터 카리스마 넘치는 발표자였고, 청중과 교감하는 데 굳이 파워포인트가 필요하지 않았다. 그래서 잡스는 슬라이드를 아주 단순하고 우아하게 그리고 시각적으로 만들어서 청중과의 교감을 더욱 강화하는 쪽으로 활용했다. 앞서 언급한 아이폰 출시 프레젠테이션에서 잡스는 90분 동안 슬라이드를 100장 이상 활용했는데, 슬라이드 한 장당 5~10단어 정도, 가장 적을 때는 한두 단어만 사용했으며, 거의 모든 슬라이드에는 사진이나 이미지를 삽입했다. 아이폰 실물 사진을 비롯한 이런 이미지들은 아주 단순해서 누구나 직관적으로 이해할 수 있었다.

이처럼 잡스는 파워포인트 슬라이드를 앨 고어와는 완전히 다른 방식으로 활용했다. 청중의 감성을 자극하는 내용을 슬라이드에 표현한 것이 아니라 슬라이드로 그저 청중이 좀 더 프레젠테이션에 감정 이입할 수 있도록 도왔다. 반면 고어는 파워포인트 슬라이드를 감정을 표현하는 중요한 도구로 사용했다. 고어는 자신의 전달력이 아니라 사진으로 청중의 감성을 자극하는 데 방점을 뒀던 것이다. 중요한 점은 스티브 잡스와 앨 고어 두 사람 모두 파워포인트 슬라이드를 활용해서 인상적인 프레젠테이션을 했다는 사실이다.

## 파워포인트는 어디까지나 스피치 수단에 불과하다

파워포인트는 오늘날 전 세계 어디서나 활용하는 프레젠테이션 도구이다. 회사에서는 흔히 파워포인트를 이용해서 프레젠테이션을 한다. 파워포인트가 욕을 많이 먹은 이유는 제대로 준비를 안 한 발표자가 파워포인트 슬라이드 뒤에 숨어서 청중과 교감하려는 최소한의 노력조차 없이 발표하기 때문이다. 그런 일이 비일비재한 까닭에 사람들은 파워포인트 프레젠테이션을 보더라도 별다른 감흥을 느끼지 못한다. 몇몇 예외를 제외하고, 파워포인트 시대에 이루어진 프레젠테이션은 대체로 사람들에게 큰 감동을 주지 못하고 있다.

그러나 문제의 원인은 파워포인트 그 자체에 있다기보다는 발표자가 효과적인 파워포인트 활용법을 잘 모르는 데 있다. 슬라이드에 빽빽한 단어와 텍스트를 집어넣어 감성 전달을 제대로 못 하는 것이 대표적인 문제점이다. 거기에다 난해한 내용을 억지로 전달하려고 하는 까닭에 청중의 집중력을 떨어뜨린다.

이런 문제점들은 심플한 파워포인트 슬라이드를 사용해서 청중에게 전하고 싶은 핵심 메시지를 극대화하면 극복할 수 있다. 슬라이드 한 장에 단어 몇 개만 집어넣거나 사진과 이미지만 담아서 보여주면 감정을 표현하는 데 아주 효과적이다. 만약 불가피하게 난해한 내용을 설명해야 하는 경우에는 여러 장의 슬라이드에 난이도별로 순차적으로 나타내거나 참조 슬라이드를 추가로 집어넣어서 청중이 항상 집중할 수 있도록 해야 한다. 이렇게 간단한 몇 가지 사항만 유념해도 청중에게 좋은 인상을 남길 수가 있다.

한편, 스피치 하는 사람의 다채로운 성격과 문화적 배경을 감안하지 않고는 스피치 기법을 논하기 힘들다. 과거의 경험과 체질에 따라서 각자 성격이 다른 까닭에 사람마다 자기에게 편한 스피치 기법이 다를 수밖에 없다. 이와 마찬가지로 청중의 사회적 문화적 통념에 따라서 연설자의 스피치가 잘 전달되기도 하고 그 반대가 되기도 한다. 이어지는 장에서는 성격 유형과 문화적 배경에 따라서 달라지는 스피치 기법에 대해 자세하게 알아보자.

CHAPTER 12

# 성격과 문화에 따라 말하기도 달라져야 한다

> 외향적이어야 스피치를 할 수 있는 것이 아니다.
> 스피치는 일종의 연기이고, 연기자 중에는 아주 내성적인 사람들이 많다.
> ─말콤 글래드웰

MIT에 다니는 2학년 학부생들은 매년 일주일 동안 팀별 활동 역량 강화를 위해서 연수를 떠난다. 절반은 회사 연수로, 절반은 현장 실습으로 이루어지는 이 학부생 현장 학습 프로그램 UPOP은 2학년 학생들에게 미리 기업 현장을 체험할 기회를 제공하기 위해서 고안되었다.

현장 학습 프로그램의 일환으로, MIT 학생들은 팀별로 나뉘어 특정한 성격 유형의 청중을 상대로 하는 프레젠테이션 과제를 받는다. 과제에 흥미를 유발하기 위해서 청중은 각 팀이 선호하는 문제해결 방식, 즉 분석형<sub>한 분야에 탁월한 괴짜</sub>, 창의형<sub>공상을 잘하는 사람</sub>, 조직형<sub>돈 계산을 잘하는 사람</sub>, 친화형<sub>예민한 사람</sub>에 따라서 정해진다. 각 팀은 정해진 팀의 성격에 맞게 프레젠테이션 해서 그들의 마음을 사로잡아야 한다. MIT 학생들로서는 난생처음으로 듣는 사람의 욕구를 감안하면서 발표하는 셈이다.

스피치 강사들은 시도 때도 없이 청중의 욕구에 부합하는 프레젠테이션을 하라고 강조한다. 대중 스피치 워크숍에 가면 '청중을 연구하라' 거나 '청중의 욕구를 파악하라' 와 같은 말을 귀에 못이 박이도록 들을 수 있다. 청중의 입맛에 맞는 맞춤식 프레젠테이션이 최고의 프레젠테이션이기는 한다. 그러나 잠깐만 곰곰이 생각해 보자! 청중의 욕구를 파악하는 일이 성공적인 프레젠테이션의 필수 조건이라면, 발표자 본인의 타고난 소질과 자기만의 프레젠테이션 방식이 어떤 것인지 먼저 이해해야 하지 않을까? 또한 발표자가 사용하는 스피치 기법이 자기 성격에 맞아야 효과적인 프레젠테이션을 할 수 있지 않을까? 안타깝게도 그런 부분의 강조하는 스피치 강사들은 찾아보기 힘들다. 일반적으로 대중 스피치 워크숍에서는 전체 수강생들에게 천편일률적인 스피치 기법을 강조한다.

작가이자 인생 코치인 수전 던Susan Dunn은 커리어 인텔리전스Career Intelligence 웹사이트에 기고한 글에서 "사람들은 외향적인 사람은 치켜세워주고, 내성적인 사람은 기를 죽인다"라고 썼다. 확실히 각자의 타고난 성격은 스피치 준비 방식에 영향을 줄 수밖에 없다. 타고난 본성에 따라서 프레젠테이션을 준비 습관이 정해져 있기 마련이고, 스피치 하는 사람에 따라서 사용하는 스피치 기법도 달라지는 법이다.

사람은 타고난 두뇌 성격이 있다는 주장을 뒷받침하는 과학적 증거가 늘어나고 있다. 데브라 존슨Debra Johnson과 그 연구진의 1999년 논문에 따르면, 내성적인 사람은 미래를 계획하고, 과거를 기억하며, 문제를 해결하는 것과 같은 사고를 담당하는 뇌 영역의 혈류가 좋다고 한다. 그렇다면 이 말은 내성적인 사람은 스피치에서 시각적인 이미지를 표현하는 말을 쓰거나, 어떤 '깨달음'의 순간을 표현하거나, 자기 스피치가 청중에게 미칠 영향을 미리 예상하는 역량이 상대적으로 더 뛰어나다는 의미는 아닐까? 내성적인 사람들은 확실히 이런 영역에 강점을 나타낸다.

반면 외향적인 사람은 냄새와 맛, 주변에서 받는 느낌에 따라서 감정이 달라지므로 내성적인 사람보다 좀 더 현재에 집중한다. 외향적인 사람은 대중 스피치에서 연설자들이 흔히 활용하는 전형적인 스피치 기법을 즐기는 것으로 보인다. 즉, 청중의 현재 감정 상태를 파악하기 위해 큰 제스처, 눈 맞춤, 활발한 무대 동작 등을 능수능란하게 한다. 외향적인 사람은 상대적으로 현재에 집중하려는 경향이 강하기에, 청중이 느끼는 감정을 감지해서 그 감정에 흠뻑 젖어들 줄 안다.

## MIT 괴짜들의 아주 특별한 말하기 수업

다시 MIT 학생들의 현장 학습 프로그램 이야기로 돌아가 보자. 학생들은 어떻게 최고의 맞춤식 프레젠테이션을 할 것인지를 두고 토론을 벌이느라 정신이 없다. 오랫동안 전 세계에서 최고의 공과대학으로 인정받아온 MIT는 괴짜들<sub>분석적으로 문제를 해결하기를 좋아하는 사람들</sub>의 천국이다.

MIT를 다니는 친구들은 섬뜩할 정도로 똑똑한 학생들이다. 하지만 기업의 인사 담당자들은 MIT 학생들의 뛰어난 공학적 지식에 찬사를 보내면서도 팀별로 하는 활동에서는 협동심과 집단적 사고 능력을 키울 필요가 있다고 지적한다. 한 마디로, 이처럼 내성적인 성향의 학생들이 외향적인 사회에 적응하고 또 그 속에서 성공하기 위해서는 말하기 기술을 다시 익혀야 한다는 것이다.

MIT 현장 학습 프로그램은 학생들의 본래 타고난 성격과 대부분의 미국 기업에서 원하는 활달한 성격 사이에 명백한 간극이 존재한다는 점을 학생들에게 인식시켜주기 위해서 시작되었다.

따라서 현장 학습 프로그램은 아직 사회 경험이 없는 학생들이 다양한 성격을 가진 청중을 대상으로 자기만의 프레젠테이션 방식을 개발할 절호의 기회이다. 실제로 학생들은 짧은 설문에 대답하면서 자기가 선호하는 공부법을 확인한 다음, 청중과 마찬가지로 자신을 4가지 유형 한 분야에 탁월한 괴짜, 공상을 잘하는 사람, 돈 계산을 잘하는 사람, 예민한 사람 중 하나로 분류한다. 현장 학습 프로그램의 사무국장을 맡고 있는 수전 루퍼포이 Susann Luperfoy의 지적에 따르면, 최근 몇 년 동안 참가 학생의 50% 이상이 자신을 분석적으로 사고하는 사람, 즉 '괴짜'라고 생각하며 나머지는 대개 공상을 잘하는 사람이나 계산을 잘하는 사람이라고 평가하는 것으로 나타났다고 한다. 스스로 예민한 사람이라고 분류한 학생들은 극소수였다. 이를 종합하면 대부분의 MIT 학생들은 내성적이며 외향적인 학생은 거의 없다는 뜻이다. 현장 학습 프로그램 담당자들은 '내성적인 학생들에게 맞는 프레젠테이션 방법이 과연 있을까, 아니면 내성적인 학생들은 프레젠테이션 할 때 외향적인 것처럼 행동해야 하는 것일까?' 하는 의문을 두고 특별한 실험을 벌이고 있다.

 2002년부터 현장 학습 프로그램에서 활동하고 있는 수전 루퍼포이는 내성적인 학생들이 스스로 열정을 불태울 수 있는 프레젠테이션에는 굉장히 능하다는 사실을 발견했다. 열정만 있으면 프레젠테이션에 대한 그 어떤 두려움이나 머뭇거림도 극복할 수 있다는 것이 그녀의 믿음이다. 그녀는 또한 충분히 준비할 시간만 주면 학생들이 프레젠테이션을 상당히 잘해낸다는 사실도 발견했다. 그들은 심사숙고 끝에 잘 짜인 프레젠테이션을 만들고 사실과 논리를 효과적으로 동원해 청중의 공감을 이끌어 낸다. 흥미로운 점은 학생들 대부분이 절대 감정을 과장해서 드러내지 않고 청중의 감정을 이끌어 낼 수 있는 아이디어에만 몰두한다는 것이다.

 루퍼포이의 경험적 지식은 이미 학술계에서는 널리 알려진 사실이다. 일반적으로 내성적인 사람은 말하기 전에 내용을 생각하고 소화할 시간이 필요하다. 내성적인 사람은 단어 선택에도 예민하며, 낯선 사람들 앞에서 말해야 할 때는 친한 친구에게 미리 점검을 받기도 한다. 이들은 한 번 자료에 익숙해지면 멋진 프레젠테이션을 할 수 있다. 수전 던도 "외향적인 사람은 말하고 나서 생각하고, 내성적인 사람은 생각하고 나서 말한다"라고 썼다. 다시 말해, 내성적인 사람은 본능적으로 미리 준비한 스피치를 선호할 수밖에 없다.

 반면 외향적인 사람은 즉흥적으로 말하는 것을 더 좋아한다. 즉, 프레젠테이션을 하면서 문제를 찾거나 해결하기를 선호하는 것이다.

외향적인 사람에게 몇 시간씩 스피치를 연습하고 준비해야 한다고 해 보라. 십중팔구 질색할 것이다. 그런 지루한 과정보다는 즉흥적인 프레젠테이션이 그들의 구미에 딱 맞다. 그러나 단순히 사람들 앞에 나서는 것을 좋아한다고 해서 스피치를 제대로 잘해낸다는 보장은 없다. 외향적인 사람이라면 이 사실을 유념해야 한다.

내성적인 사람이 아무리 미리 준비된 스피치를 선호하더라도 항상 그렇게 할 수 있는 것은 아니다. 아무런 예고 없이 갑작스럽게 발표할 기회도 생기기 때문이다. 회사에서 부회장의 갑작스러운 지시로 2분짜리 업무 요약 보고를 해야 할 수도 있고, 내일 있을 미팅에서 주제 발표를 맡아야 할 수도 있다. 이처럼 돌발적인 스피치 상황은 내성적인 사람들이 가장 어려워하는 것일지도 모른다.

비록 대중 스피치에서 성공을 거두기는 했지만, 나는 본래 내성적인 사람이다. 아주 오랫동안, 심지어 준비된 스피치로 연설대회 예선에서 계속해 승리를 거두는 와중에도 미리 스피치 주제를 알고 준비하는 과정 없이 즉흥적으로 멋진 스피치를 하기란 쉽지 않았다. 하지만 한 가지 깨달음을 얻은 뒤로는 그런 어려움이 확실히 줄어들었다. 그것은 즉흥적인 스피치라고 해서 곧이곧대로 즉석에서 할 필요는 없고, 그저 즉흥적으로 하는 것처럼 보이면 그만이라는 깨달음이다. 평소 스피치를 자주 하는 덕분에 그리 어렵지 않게 다양한 주제에 대해 자료를 준비해둘 수 있었다. 익숙한 주제들에 관해서는 사전 준비 없이도 스피치가 가능하므로 질문받은 내용과 이미 알고 있는 주제를 연결시켜서 말하는 연습만 한다면 즉흥 스피치도 문제가 없어 보였다. 몇 번 그런 연습을 해 보니(정치가들의 답변 방식을 지켜보는 일을 포함해서) 답변하는 법은 생각보다 어렵지 않았다. 질문에 답변하기가 곤란할 때는 "그것에 대해서 많이 알지는 못하지만, 제가 알기에는……" 또는 "그것에 대해서는 조금 있다가 다시 답변해 드리겠습니다"라고 자신 있게 말한다.

이것은 두루뭉술하게 답변하라는 말이 결코 아니다. 사실 내성적인 사람이 스피치에서 내세울 수 있는 가장 큰 장점은 바로 진실한 열정이다. 그러나 즉흥적인 스피치 상황이 닥치면 내성적인 사람은 이것저것 생각하며 말할까 말까 고민하느라 머뭇거리게 되고, 그러다 보면 청중의 주의가 산만해지기 쉽다. 그러므로 내성적인 사람은 만약을 대비해 위와 같은 즉각적인 반응을 연습해두어야 한다. 즉흥적인 스피치나 질문을 받았다면, 일단 위와 같이 답한 후에 자기가 생각을 많이 해본 익숙한 주제로 스피치를 유도하는 것이 바람직하다.

세계적인 베스트셀러 《콰이어트Quiet》의 저자 수전 케인Susan Cain은 내성적인 사람이 어떻게 자신의 타고난 성격을 활용해서 성공을 거두는지를 보여준 대표적인 인물이다. 《콰이어트》에 따르면, 수전 케인은 기업과 대학에서 협상 기법을 가르치는 변호사가 되었지만 자신의 성격을 직업에 걸림돌로 여겼다. 수전의 차분한 협상 기법이 대부분 외향적인 성격을 가진 협상가들의 그것과 많이 달랐기 때문이다. 업계의 통상적인 협상법이 수전의 성격과 전혀 맞지 않았다는 것은 두말할 필요도 없었다. 수전은 고객의 말에 귀 기울이면서 질문을 많이 던지는 대화 방식으로 자신의 조용한 성격에 맞고 남들과도 차별화되는 협상 기법을 개발했고, 덕분에 탁월한 협상 능력을 발휘할 수 있었다.

## 당신은 누구라도 만날 준비가 되어 있는가?

사우디아라비아에서 연설자로 무대에 섰을 때의 일이다. 무대 앞쪽에는 건장한 남성 800명이, 무대 오른쪽에는 그보다 숫자가 적은 여성 200명이 앉아 있었다. 보수적인 사우디아라비아 사회에서는 남성과 여성이 절대 합석하지 못한다. 물론 그런 광경에 깜짝 놀란 것은 아니었다. 내가 성장한 인도 사회에서도 남녀가 같이 예배를 보지 못하게 하는 경우가 허다한 까닭이다. 문제는 여성들이 쓴 베일에 가려 그들의 표정을 전혀 읽을 수가 없었다는 점이다. 청중의 표정을 보고 전체적인 분위기를 파악할 수 없게 되자, 자연스럽게 '사우디아라비아 여성들은 도대체 표정이나 눈 맞춤도 없이 어떻게 남성들에게 자기감정을 표현할까?', '사회 문화적 관습이 언어 소통 방식에 영향을 주는 것일까?'와 같은 질문이 머릿속에 떠올랐다.

그런 의문점을 이집트인이자 중동인 최초로 토스트마스터즈 인터내셔널 이사직에 오른 무함마드 무라드Mohammed Murad에게 던져 보았다. 무함마드는 보수적인 중동 지역에서 여성들이 발언하는 데 약간의 제약이 있다는 것은 인정했지만, 보수적인 문화 때문에 베일을 쓴 중동 지역 여성들이 감정을 억압당한다고는 생각하지 않는 듯 보였다. 무함마드는 "단지 베일을 썼다고 해서 여성들이 보디랭귀지와 제스처를 외면하는(혹은 외면하지 않는) 것이 아니다. 외려 어떤 여성들은 더 우아하고 아주 예술적인 보디랭귀지와 제스처를 구사한다"라고 말했다. 다시 말해, 상대적으로 보수적인 문화권에 살고 있는 중동 지역 여성들도 자신들만의 독특한 의사소통 방식을 찾아서 사용하고 있다는 것이다. 그러나 중동 지역 사람이 아니라면 자기 나라에서 쓰는 의사소통법이 중동에서 통하지 않을 수 있다는 점을 유념해야 한다. 무함마드는 이와 관련해 몇 가지 조언을 해주었다.

중동에서는 종교적인 이유로 가족이거나 아주 친밀한 사이가 아닌 이상 모르는 여성과 눈을 맞추는 일은 최소화해야 합니다. 그래야만 현지인들은 예의를 지키고 여성과 거리를 유지하고 있다고 생각하지요. 여성들은 상대적으로 눈 맞춤을 더 피하는 경향이 있습니다. 남성이 오랫동안 쳐다보면 그로 인해 프라이버시를 침해당했다고 생각하는 여성도 있어요. 신세대 여성들은 이런 경향이 훨씬 덜하지만, 이곳 여성들은 자연스러운 눈 맞춤과 수상쩍은 곁눈질의 차이를 귀신같이 맞히기 때문에 조심해야 합니다.

비즈니스 분야의 베스트셀러인 《키스와 인사, 악수Kiss, Bow or Shake Hands》에도 몇 가지 주의할 만한 문화적 차이점이 언급되어 있다. 공동 저자인 테리 모리슨Terri Morrison과 웨인 코너웨이Wayne Conaway는 이 책에서 전 세계의 다양한 문화와 비즈니스 에티켓을 소개한다. 똑같은 제스처라도 그 뜻이 나라별로 천양지차로 해석되는 것을 읽어보면 놀라지 않을 수 없다. 예컨대 보통 인도나 미국에서는 검지와 엄지로 동그라미를 만들면 '모든 것이 잘되고 있다' 혹은 '오케이'를 나타내지만 다른 나라에서는 그 의미가 상황에 따라서 크게 달라진다. 콜롬비아 사람들은 동성애자를 나타낼 때 코 위에 엄지와 검지로 동그라미를 그리고, 노르웨이나 스페인 사람들은 이렇게 손으로 동그라미를 그리는 행위를 무례하거나 모욕적인 뜻으로 받아들인다. 이 밖에도 저자들은 문화에 따라서 그 의미가 다르게 해석될 수 있는 흔한 몸동작과 비즈니스 예절을 많이 제시한다. 이처럼 문화는 우리가 언어로 메시지를 전달하는 방식을 결정하는 중요한 요소임에 분명하다.

대화할 때의 물리적 공간과 신체 접촉 빈도도 문화적으로 예민한 부분이다. 심리학자 시드니 주라드Sidney Jourard는 1968년에 다양한 문화 속에서 성인들의 시간당 신체 접촉 빈도를 조사했다. 커피숍에 있는 성인들을 대상으로 연구한 결과, 푸에르토리코의 수도 산후안에서는 신체 접촉 빈도가 시간당 180회, 프랑스 파리에서는 시간당 110회로 나타난 반면, 미국 플로리다 주 게인즈빌에서는 시간당 2회에 그쳤으며 영국 런던에서는 한 시간당 신체 접촉이 시간당 1회밖에 없었다.

전 세계를 무대로 스피치 하는 사람만 커뮤니케이션에서의 문화적 차이를 깊이 인식해야 하는 것은 아니다. 세계화가 가속화되면서 기업에서 일하는 직원들은 이제 다양한 문화를 가진 사람들과 함께 업무를 해 나가야 한다. 경영자 또한 문화가 완전히 다른 직원과 일대일 커뮤니케이션을 해야 할 가능성이 높아졌다. 최근에 필자는 물론이고 그 밖의 젊은 친구들에게 멘토 역할을 하고 있는 어느 분에게서 아시아 출신 멘티들의 반응을 이해하는 데 애를 먹고 있다는 고백을 들었다. 그는 "그 친구들은 내가 말하는 동안에는 모든 것을 수긍하는 것처럼 굴다가도 나중에 보면 내 조언과 완전히 딴판으로 행동한다"며 애석해했다. 이 경우에는 문화적 소통 방식의 차이가 비즈니스 커뮤니케이션에도 영향을 준 것이 틀림없다.

이처럼 세계화된 업무 및 생활 영역, 소셜미디어 등으로 인해 우리는 성격과 문화가 다른 사람들을 하루가 멀다 하고 만난다. 이런 상황에서 서로 다른 성격과 문화가 언어 소통에 미치는 영향을 제대로 이해하지 못하는 것은 어불성설이다. 특히나 회사와 연설자, 각 분야의 비즈니스 전문가들이 무지하다면 결국 값비싼 대가를 치르게 될 것이고, 최악의 경우 성격과 문화가 다른 사람들과 어울리지 못할 수도 있다.

반대로 그런 차이점들을 잘 이해하고 노련하게 이용할 줄 알면 스피치에서 다재다능한 실력을 뽐낼 수 있다. 서로 다른 성격과 문화를 가진 청중 앞에서 말할 때 청중의 이상한 감정 기류를 재빠르게 인지하고, 그런 피드백을 통해서 청중의 감정 기류에 올바르게 대처해서 커뮤니케이션 방법을 바꿀 수 있다면 확실히 차별화된 스피치를 할 수 있을 것이다. 그런 융통성은 세계적으로 성공한 리더가 갖춰야 할 필수적인 자질이기도 하다.

다른 많은 능력들과 마찬가지로, 뛰어난 스피치 실력을 가지고 있으면 때때로 예상치도 못한 여러 가지 혜택이 따라온다. 파트3에서는 커뮤니케이션 기술을 향상하면 따라오는 두 가지 중요한 이점, 감성지능 향상과 뛰어난 경청 기술에 관해서 알아보도록 하자.

**PART 3**

# 결국 마음을 움직이는
# 사람이 이긴다

emotion & communicate

CHAPTER 13

# 말이 아닌 감정을
# 다룰 줄 아는 사람이 이긴다

감성지능이 성공하는 사람을 판단하는 점점 더 강력한 기준이 되고 있다.
감성지능에 따라서 인간관계가 달라지고, 그런 인간관계가 업무 성과를 결정짓기 때문이다.
—다니엘 골먼

"그 느낌은 아주 강렬할 수 있습니다. 울고 싶을 수도 있고 웃고 싶을 수도 있습니다. 절대로 주의가 산만해져서는 안 됩니다. 자기 자신과 함께 머무르세요. 지금 이 순간의 감정을 느껴보세요." 명상 강사는 이렇게 말했다.

그 명상 강사는 비정부 단체인 삶의예술재단Art of Living Foundation에서 진행하는 대표적인 강좌를 맡고 있었다. 당시 나는 이 재단의 설립자 스리 스리 라비 샹카Sri Sri Ravi Shankar가 만든 독특한 호흡법인 수다르샨 크리야Sudarshan Kriya·정화 호흡 명상법을 배우기 위해 수강 신청을 해둔 상태였다. 명상법 강의가 시작되기를 학수고대하고 있던 터라 어떻게 단순한 숨쉬기 동작 하나로 강렬한 경험을 할 수 있을지 궁금했다.

　인류에게 축복과 같은 선물인 수다르샨 크리야 명상법은 단순한 전제를 깔고 있다. 만약 어떤 감정이 특정 호흡법과 관련되어 있다면, 그와 똑같은 호흡법을 쓰면 그 감정을 불러일으킬 수 있다는 논리이다. 이는 절제된 호흡법으로 개인의 감정을 통째로 바꿀 수 있다는 새로운 가능성의 문을 열었다. 흔히 스리 스리로 불리는 삶의예술재단 설립자 스리 스리 라비 샹카는 고요한 심적 상태에 이르게 하는 일련의 호흡법인 수다르샨 크리야 명상법을 만들어냈다. 스리 스리는 혼자 있을 때는 매일 약식으로 크리야 명상법을 실천하고, '정식 크리야' 명상은 전문 강사와 함께 여러 명이 모여서 할 것을 권장한다. 그때는 제대로 된 정식 크리야 명상법을 막 수행하려던 참이었다.

　크리야 명상은 천천히 시작되었지만 금방 탄력을 받았다. 명상이 깊어지자 감정 또한 강렬해졌다. 한참 명상에 집중하는 동안 몸속에서 너무나 강렬한 에너지가 솟아나오는 바람에 명상을 그만두어야 할 정도였다. 명상이 끝날 무렵에는 잠시 휴식했다. 주변에서 명상하던 사람들이 울거나 웃는 소리가 또렷이 들렸지만, 내성적인 성격 탓에 울지도 웃지도 못했다. 지금 돌이켜 생각해도, 그렇게 했다면 마음이 불편했을 것 같다. 아무튼 그때까지 한 번도 그렇게 강렬한 에너지를 또렷이 느껴본 적은 없었다. 그것은 정말 놀라운 경험이었다.

　호흡을 다스릴 줄 알면 감정도 다스릴 수 있게 된다는 스리 스리의 단순한 가르침을 실제로 체험했다는 점 또한 놀라웠다. 스리 스리는 다양한 방식의 호흡법으로 이리저리 방황하는 감정이라는 병을 고치고 있었다. 이런 치유법이 특히 매력적인 이유는, 호흡은 우리가 늘 밥 먹듯이 하는 자연스러운 행위이기 때문이다. 호흡법을 배우는 데 특별히 새로운 기술을 익힐 필요가 없었고, 단지 몇 가지 호흡을 다스리는 방법만 연습하면 끝이었다. 정말 탁월한 방법이 아닐 수 없다.

이렇게 특정 호흡법을 관찰하면 어떤 감정이 일어나고 있는지 알 수 있듯이, 효과적으로 커뮤니케이션하는 사람을 관찰하면 그들이 감성지능이 풍부한 리더라는 사실을 알 수 있다. 케리 처니스Cary Cherniss와 다니엘 골먼은 《감성지능이 높은 일터 The Emotionally Intelligent Workplace》에서 감성지능에 대해 다음과 같이 밝혔다.

> 분명한 의사소통 체계와 개방적인 분위기를 조성하는 것이 기업 성공의 핵심이다. 기업에서 의사소통을 잘하는 사람은 상대방과 감정을 효과적으로 주고받고, 어려운 문제는 숨김없이 처리하고, 타인의 말을 잘 경청하고 기꺼이 온전하게 정보를 공유하며, 대화 창구가 항상 열려있는 분위기를 조성하고, 좋은 소식 못지않게 나쁜 소식도 수용할 줄 안다. 자기 감정을 다스리고 상대말의 말에 공감할 줄 알아야 이렇게 커뮤니케이션을 잘할 수가 있다. 즉, 타인의 감정에 장단을 맞춰주고 타인의 감정을 해칠 수 있는 행동은 삼갈 수 있어야 대화가 살아난다. 기업 관리자와 간부들에 관한 자료를 분석해 보면, 이처럼 커뮤니케이션 능력이 뛰어날수록 상대방이 비즈니스를 같이 하고 싶어 한다는 것을 알 수 있다.

골먼은 감성지능을 강화하면 효과적으로 의사소통할 수 있다는 점을 지적하고 있다. 그렇다면 감성을 활용한 효과적인 의사소통 기술을 터득하면 감성지능을 강화할 수 있을까? 아직까지 감정에 기반을 둔 종합적인 언어 소통법이 제안된 적이 없는 까닭에 필자의 이런 주장에 많은 사람이 동의하지 않을까 조심스럽게 추측해 본다. 이 책이 감정 기반 대화법의 실마리가 될 수 있기를 바란다.

수다르산 크리야 명상법처럼 감정 소통법 역시 매력적이다. 왜냐하면 오늘날 전 세계 어느 기업에서나 프레젠테이션과 그 밖의 다른 형태의 언어 소통이 빈번하게 일어나기 때문이다. 기업에서 구식 칸막이나 기타 공간을 없애고 개방적인 사무실 공간을 확대하면서, 이제 직원들은 좋든 싫든 대화와 아이디어 교환을 많이 할 수밖에 없는 환경에서 근무하고 있다. 프레젠테이션과 커뮤니케이션 기술은 오늘날 회사에 입사한 직원들이 익혀야 하는 정규 과목이나 마찬가지다. 직원들은 감정에 기반을 둔 언어 소통법에 대한 기본적인 지식만 쌓아도 충분하다. 커뮤니케이션에 감정이 어떻게 적용되는지 이해하면 최초 정서와 최종 감정, 그리고 청중의 감정 이입 개념을 활용해서 회사에서 탁월한 프레젠테이션을 할 수 있을 것이다. 더 나아가 핵심적인 감성지능을 개발하는 데도 도움이 될 것이다. 그렇다면 효과적인 언어 소통 기술을 이용해 감성지능이 풍부한 일터를 만들 수도 있지 않을까?

감정 소통법이 어떻게 감성지능을 키울 수 있는지 살펴보기 전에, 먼저 감성지능에 대한 기초부터 이해하도록 하자.

## 감성지능이란 무엇인가

다니엘 골먼의 《감성지능》은 기업에서 생각하던 채용과 성공의 기준을 송두리째 바꾸어 놓았다. 그때까지만 해도 기업의 인사팀은 개인의 지능IQ을 조직에서 성공하는 핵심 기준으로 여겼고, 따라서 채용 과정에서도 IQ를 제일 높게 평가했다.

그러나 1995년에 골먼은 《감성지능》에서 조직에서 성공하기 위해서는 최소한의 IQ만으로도 충분하며 IQ보다는 EQ, 즉 감성지능이 훨씬 더 중요하다고 주장했다. 그 후 몇 년 동안, 기업들은 앞다투어 감성지능 개념을 기업 경영에 도입했다. 채용 과정에서 감성지능 평가를 실시하고, EQ 테스트를 활용해서 잠재력이 높은 간부를 찾아냈으며, 중간 및 고위 간부들을 대상으로는 감성지능 교육을 했다.

오늘날 과학자들은 사람의 능력은 어느 정도 타고나는 것이라고 믿고 있다. 그러나 어떤 능력이건 간에 타고난 능력은 주어진 환경에 따라서 달라진다. 인간의 뇌는 탄력적이어서 외부 노출과 환경에 따라 타고난 능력을 강화시키는 어마어마한 능력이 있다. 과학자들은 또한 남성과 여성의 감성지능에 차이가 있다는 사실도 발견했다. 예컨대 여성은 남성보다 현재를 더 즐기고 감정 변화에 더 민감하다. 반면 남성은 파괴적이고 스트레스를 많이 주는 감정을 다루는 데 더 능하다.

그러나 지금까지 개인의 성격과 감성지능 사이에는 전혀 상관관계가 없는 것으로 나타났으므로 내성적인 사람이나 외향적인 사람이나 평균적인 감성지능은 같다고 볼 수 있다. 게다가 감성지능은 학습할 수 있으며, 보통 나이가 들면서 높아진다.

## 성공한 사람들에게는 공통적인 능력이 있다

다니엘 골먼과 리처드 보이애치스Richard Boyatzis의 가장 큰 연구 성과는 기업에서 성공한 사람들의 특성을 제대로 파악했다는 점이다. 이런 특성들은 크게 네 영역으로 나눌 수가 있는데, 감성지능의 4가지 역량이라고 부를 수 있겠다. 그것은 자기인식, 자기관리, 사회인식, 인간관계 관리 능력이다. 자기인식과 자기관리는 개인 역량에 관한 것인 반면, 사회인식과 인간관계 관리는 개인의 사회적 역량을 나타낸다. 커뮤니케이션 훈련이 어떻게 감성지능을 높일 수 있는지 알아보기 전에 감성지능의 4가지 역량에 대해서 먼저 자세하게 살펴보도록 하자.

**/자기인식 능력/** 자기인식은 개인 역량의 토대가 된다. 자기인식 역량을 갖춘 리더는 자기감정과 기분, 욕구를 잘 파악한다. 이런 사람은 자신의 장단점을 잘 이해하고 있으며, 자기 능력을 객관적으로 평가한다. 자기인식이 강한 사람은 자신감이 있고, 자기 체면을 버리고 다른 사람을 웃기는 것도 마다치 않는다.

자기인식 능력은 성공한 기업인의 척도이기도 하다. 트래비스 브래드베리Travis Bradberry와 진 그리브스Jean Greaves가 50만 명의 직원들을 대상으로 조사한 결과 자기인식 능력 점수가 높은 직원의 83%가 최고의 실적을 올린 반면, 실적이 낮은 직원 중에는 오직 2%만이 높은 자기인식 능력이 있는 것으로 나타났다. 골먼이 진행한 다면평가제 연구에서도 비슷한 결과가 나왔다. 자기인식 수준이 높은 직원들은 자기 장점을 과대평가하는 경우가 드문 반면, 자기인식 수준이 낮은 직원들은 흔히 자기 장점을 과대평가하는 것으로 드러났다.

자기인식 능력을 키우려면 자기성찰을 하고 자기 자신에게 정직해야 한다. 브래드베리와 그리브스는 《감성지능 2.0 Emotional Intelligence 2.0》에서 자기인식 역량을 키우는 데 도움이 되는 15가지 전략을 제시한다. 15가지 전략은 '실제 자기감정을 느껴라'와 같이 자신을 성찰하는 성격의 내용이 대부분이다. '피드백을 받아라'처럼 타인의 도움이 필요한 전략도 있다.

/자기관리 능력/ 개인 역량의 두 번째 요소인 자기관리는 각자의 행동과 상황 판단에 영향을 미치는 감정의 역할을 이해하고 감정을 조절할 줄 아는 능력을 말한다. 자기 기분과 감정을 통제하는 능력, 감정적인 행동을 자제하는 능력, 감정이 사라질 때까지 판단을 유보하는 능력 등이 자기관리 역량에 포함된다. 이런 종류의 감성지능이 뛰어난 사람은 감정이 고조된 분위기에서 한 걸음 물러나 '이 상황이 왜 벌어졌고, 어떻게 이 문제를 처리해야 할까?'라고 생각할 줄 안다.

이를테면 자기관리를 잘하는 사람은 두려움 앞에서도 우선 행동에 뛰어들 줄 알고, 능력이 떨어지거나 일을 제대로 못 하는 동료와 함께 일하더라도 효율적으로 업무를 처리한다. 당연한 말이지만, 자기관리 역량은 자기인식 능력을 갖추고 있으면 크게 발전한다. 자기관리 능력이 뛰어난 사람은 모험을 즐기고 변화를 잘 수용하며, 주변 사람들로부터 믿을 만하고 진실한 인물이라는 평가를 받는다.

자기관리 능력을 키우고 싶다면, 행동하기 전에 미리 마음의 준비를 하는 습관을 들여라. 그러면 감정에 휩쓸려 부적절한 행동을 하지 않을 가능성을 높일 수 있다. 특히 감정이 격해질 때는 섣부르게 행동하기 전에 잠시 시간을 갖는 편이 좋다. 자기 자신과 대화를 나누는 시간을 갖거나 믿을만한 친구에게 속마음을 털어놓는 것도 자기관리 역량을 키우는 방법 중 하나다.

/사회인식 능력/ 타인의 감정을 인식하고 타인의 감정 반응에 따라 표현을 적절하게 조절할 줄 아는 능력을 말한다. 이런 감정의 피드백 시스템은 사회인식이 있는 리더의 뼈대를 이룬다. 이런 능력을 기르기 위해서는 순간순간 예리한 감정 인식이 있어야 하고, 감정을 불러일으키는 상대의 감정적 욕구와 감정이입에 관해 깊이 이해해야 한다.

사회인식 능력이 뛰어난 직원은 의뢰인이나 고객에게 최상의 서비스를 제공하는 것으로 잘 알려져 있다. 이들은 다양한 문화적 환경에서도 업무를 잘 수행하며, 직원을 채용하고 관리하는 능력도 탁월하다.

사회인식 능력은 주로 경청을 통해 향상된다. 목소리, 말투, 제스처, 표정처럼 말로 표현되지 않는 감정을 잘 읽으면 사회인식 능력을 키울 수 있다.

**/인간관계 관리 능력/** 리더가 직원들과 장기적인 인간관계를 맺고, 공통점을 찾아서 문제가 생겼을 때 업무를 해결해 나가는 능력을 말한다. 인간관계 관리 능력은 감성지능의 다른 3가지 역량이 발전할 때 오를 수 있는 감성지능의 정점이라고 할 만하다. 따라서 이 능력을 키우는 최고의 방법은 감성지능의 나머지 역량을 골고루 키우는 것이다.

## 감정 소통법을 이용한 감성지능 교육

리더십과 감성지능은 큰 연관이 있으며 감성지능은 교육을 통해 향상시킬 수 있다는 점을 감안할 때, 기업들이 중간 및 고위 간부들의 감성지능 향상을 위해서 막대한 투자를 하고 있는 것도 무리가 아니다. 기업들은 먼저 이들의 감성지능을 측정하기 위해서 다면평가를 실시하거나 특별히 고안한 설문지를 활용해서 감성지능의 세부 역량을 평가한다. 검사 결과 취약한 부분이 발견되면 그 부분을 향상할 수 있도록 전문가와 함께 특별 교육을 실시한다.

이런 교육 프로그램이 단지 감성지능에 대한 전반적인 인식 수준을 높이는 데 그친다 하더라도, 기업 리더들에게 감성지능을 교육하는 것은 분명히 장점이 있다. 그러나 기업에서 수십 년 간 근무한 '성장 잠재력이 큰' 소수 간부만 그런 교육을 받을 수 있다는 것이 한계이다. 일반 직원들은 감성지능을 높이는 것과 관련해 회사로부터 어떤 도움도 받을 수 없으며, 직원 전체의 감성지능 향상은 기업에서 부차적인 일로 여겨지는 것이 현실이다.

　이에 대한 대안으로, 감정에 기반을 둔 커뮤니케이션 프로그램을 활용해서 직원들의 감성지능을 향상시키는 방법을 한번 고려해 보자. 이 프로그램은 다음과 같은 장점을 가진다. 첫째, 감정 기반 커뮤니케이션 프로그램은 소수 엘리트를 위해서가 아니라 조직 전체의 감성지능을 밑바닥부터 끌어올리는 데 그 목적이 있다. 둘째, 회사에서는 직급과 관계없이 프레젠테이션이 빈번하게 일어나므로 프레젠테이션은 직원들의 감성지능을 개발할 수 있는 절호의 기회. 프레젠테이션 시간을 통해서 감성지능을 키우면, 회사에서는 굳이 직원들의 업무를 중단해가며 특별한 강좌나 교육 프로그램을 만들지 않아도 될 것이다. 최소 비용으로 최대 효과를 거둘 수 있다면 회사 입장에서도 금상첨화가 아니겠는가. 감정 기반 커뮤니케이션 기술은 그야말로 윈윈 전략이다.

　감성지능을 키우면 사회생활에서도 이점이 많다. 감성지능을 키우기 위해서는 먼저 자신의 내면을 들여다보고 자기감정을 이해해야 하기 때문이다. 앞서 감정 인식에 기반한 스피치 기법 개발 사례를 제시했다. 감정 기반 스피치 기법, 즉 감정 소통법은 스피치를 하는 사람이 자기감정을 인식하고 왜 그런 감정을 갖게 되었는지를 이해하는 것에 초점을 맞춘다. 영화를 보고 감동받은 장면이 있으면, 필자는 잠시 시간을 갖고 감독이 어떻게 그 장면을 제작했을지 곰곰이 생각해 본다. 그런 장면에서 배경음악이 어떤 효과를 주는지도 유심히 관찰한다. 그리고 내 감성을 자극한 대사와 배우의 몸짓, 표정이 무엇이었는지 다시 한 번 떠올린다. 가끔씩 뭉클한 감정을 느끼는 자신의 모습을 포착하는 일이 즐거운데다 그런 감동을 나중에 청중에게도 전해주고 싶기 때문이다. 그래서 강렬한 인상을 받은 장면을 기억해두고 거기에서 힌트를 얻은 다음 스피치에서 청중이 똑같은 감정을 느끼도록 유도한다.

이처럼 자기감정을 잘 인식하는 것은 감성지능 중에서 자기인식 역량이 높은 사람의 전형적인 특징이다. 감정 소통법을 활용하면 자기인식 능력을 키우는 데 도움이 되고, 향상된 자기인식 능력은 다른 모든 형태의 커뮤니케이션에 활용할 수가 있다. 개인적인 차원에서뿐 아니라, 기업 차원에서도 커뮤니케이션과 프레젠테이션에 감정 소통법을 권장하고 활용하면 자연스럽게 직원들의 감성지능을 강화할 수 있다. 그렇다면 감정 소통법에 기반한 스피치 준비가 어떻게 감성지능 역량 개발과 연결되는지 나의 사례를 통해 살펴보자.

## 최종 감정을 찾는 과정 : 자기인식 연습

세계연설대회 준결승전을 통과하던 날, 온몸이 천근만근 무거워져 몸을 가누기가 힘들었다. 결승전은 6주 후에 치러질 예정이었다. 그래서 2주 동안 잠시 인도에 다녀온 후에 다시 보스턴 근교에 있는 아파트로 돌아왔다. 앞으로 4주 동안, 나는 인생에서 가장 중요한 스피치 대본을 작성하게 될 것이었다.

하지만 어떤 주제로 할지 전혀 감이 잡히지 않았다. 생각해 둔 에피소드도 없었고, 지금 무엇에 공을 들이고 있는지 스스로도 알 수가 없었다. 연설문을 작성하려면 아주 작은 이야기에서부터 출발해야만 했다. 그래서 지난 몇 년 동안 개발한 연설문 작성법을 활용하기로 했다. 나는 20평 남짓한 아파트에 앉아서 눈을 감고 스스로 개발한 스피치 기법에 충실하려고 애를 썼다. 과거에 느낀 감정에 집중하면서 나를 강하게 흔들어 놓은 강렬한 감정을 떠올려보려고 안간힘을 썼다. 그렇게 최종 감정을 찾고 있었다.

하지만 답은 쉽게 떠오르지 않았다. 강렬한 감정을 느꼈던 사건들을 찾아내려고 몇 시간째 까마득한 과거의 기억까지 샅샅이 훑어보았다. 여러 가지 감정이 마음속에 떠올랐지만 양파 속처럼 그 실체를 파악하기 위해서는 이모저모 분석하고 신중히 생각해 봐야 했다. 머릿속에 떠오른 것은 이미 과거에 느꼈던 날것 그대로의 감정이 아닌 까닭이다. 한 주 동안 곰곰이 생각해 본 후에 결국 청중에게 전하고 싶은 감정을 찾았다.

그것은 바로 인생의 목적을 생각할 때마다 떠오르는 가슴 철렁하는 느낌이었다. 그 감정은 아직까지 인생의 목적도 모르고 살고 있을지 모르며 지금까지 인생을 '허비' 했다는 생각이 들 때 느끼는 공포였다. 앞으로 제대로 된 인생을 살지 못할지도 모른다는 공포가 엄습하면 두려움에 몸서리가 쳐지고, 곧이어 존재의 이유도 모른 채 살아가고 있다는 깨달음이 따라온다. 한 마디로, 그 감정은 '나는 누구인가?'라는 질문 앞에 섰을 때 느끼는 당혹감이었다.

청중도 그와 똑같은 감정을 느끼도록, 그것도 아주 강렬하게 느끼도록 해서 그 당혹스러운 질문에 대한 답을 찾느라 어쩔 수 없이 각자의 내면을 바라볼 수밖에 없도록 만들고 싶었다. 심사숙고 끝에 찾아낸 최종 감정은 바로 그것이었다.

필자가 최종 감정을 결정하는 과정은 회사 경영자들이 연구자들과 감성지능 전문가들의 도움을 받아 자기인식 역량을 개발하는 과정과 아주 흡사하다. 자아와 감정, 그리고 감정이 행동에 미치는 영향을 이해하는 일은 최종 감정을 찾아내는 한 방법이다. 자기인식을 강화하는 것 또한 최종 감정을 찾는 효과적인 방법이다.

앞선 장들에서 최종 감정이 정해졌을 때 어떻게 프레젠테이션을 준비하는지 설명했다. 최종 감정을 선택하는 것은 스피치를 준비할 때 빠뜨려서는 안 되는 과정이다. 대개 최종 감정은 스피치의 목적에 따라 달라진다. 스피치 목적이 분명하다면 불과 몇 분 만에 최종 감정을 결정할 수도 있다. 스피치를 끝낼 때 청중이 느끼는 감정을 미리 이해한다면 프레젠테이션의 수준은 높아질 수밖에 없다. 최종 감정을 이해하면 자기인식 역량도 덩달아 높아진다.

## 연설문 작성과 실전 스피치 : 자기관리 및 사회인식 연습

스피치를 준비하고 연설문을 작성하면서 우리는 청중이 느낄 감정을 미리 예상해야만 한다. 스피치를 잘하는 사람은 말하는 와중에도 청중의 감정 반응을 살피면서 끊임없이 스피치에 미묘한 변화를 준다. 그리고 스피치가 끝난 후에는 스피치를 듣는 동안 그리고 스피치가 끝날 무렵에 어떤 감정을 느꼈는지 청중 몇 사람에게 질문해서 피드백을 받기도 한다. 이렇게 자기가 예상했던 청중의 감정과 실제 청중이 느낀 감정을 비교함으로써 자신의 사회인식 능력을 점검할 수가 있다.

피드백을 받아야 하는 또 다른 이유는, 다음에 스피치 할 때 자기가 의도한 청중의 반응과 실제 청중의 감정 사이에 벌어진 틈을 메울 수 있기 때문이다. 또한 청중이 보내는 피드백은 연설자에게는 마치 거울과 같아서 자기가 청중의 감정을 그때그때 실시간으로 제대로 파악할 수 있는지 여부를 알려준다. 스피치의 달인들은 청중의 감정을 예민하게 포착해서 수시로 스피치에 변화를 줄줄 안다. 이런 예민한 감각 덕분에 실력 있는 연설자는 아무리 문화와 배경이 다르고 인종과 성격이 다른 청중 앞에서도 뛰어난 프레젠테이션을 한다. 이런 기술은 감성지능의 자기관리 역량과 그 성격이 비슷하다.

감성지능 전문가들에 따르면, 스피치를 잘하는 사람이 자기 스피치가 청중에게 어떤 영향을 줄지 분명히 이해하는 것처럼 기업의 뛰어난 리더들도 그와 똑같은 기술을 갖추고 있다.

## 청중과 소통하기 : 인간관계 관리 연습

커뮤니케이션을 잘하려면 대화나 스피치에 투입하는 시간을 훨씬 더 뛰어넘는 주의 집중 시간이 필요하다. 커뮤니케이션을 잘하는 사람은 간단한 담소를 나눌 때에도 상대방의 감정적 단서를 잘 포착하고, 보디랭귀지 같은 비언어적 행동도 재빠르게 알아차리며, 주변 인물들의 전반적인 기분 상태도 금방 파악한다. 또한 강연이 시작되기 전에도 청중과 강연자를 알아차리고, 프레젠테이션을 앞두고 강연장에 감도는 열기나 기대감을 느끼며, 회사에서는 중요한 이해관계자의 말에서 그들의 핵심 논지를 예민하게 파악한다. 이런 능력들은 감성지능의 인간관계 관리 능력과 관련이 깊다.

앞서 언급한 적이 있는 시각장애인 강사 다나 라몬은 대중 스피치에서 이런 능력들을 어떻게 발휘하면 좋을지 분명하게 보여준다. 다나는 청중의 감정을 포착하는 아주 예민한 감각을 개발한 덕분에 더욱 효율적인 스피치를 할 수 있게 되었다. 그에게 비법을 물었더니 다음과 같은 답변을 보내왔다.

저는 강연장에 아주 일찍 도착합니다. 그리고 휴식 시간처럼 편안한 시간에 청중의 이야기에 귀 기울입니다. 청중의 열정과 수다, 웃음, 목소리 크기 등을 귀담아듣지요. 그런 소리를 듣다 보면 청중이 감정을 편하게 표현할 의향이 어느 정도인지 파악할 수 있습니다. 청중의 정서가 온화한지 아닌지도 느낄 수 있는데, 그런 단서를 통해서 청중이 내 메시지를 얼마나 수용할지도 파악합니다.

잘 모르는 청중 앞에 서야 할 경우에는 되도록 맨 먼저 스피치를 하지 않으려고 합니다. 다른 연설자들이 스피치 할 때 청중이 어떻게 반응하는지를 먼저 살핍니다. 특히 기업에서 직원들이 발표하는 경우에 그런 원칙을 따릅니다. 먼저 발표하는 직원들의 스피치를 듣고 있으면 그들이 조직이나 조직의 리더에 대해서 어떤 정서를 가졌는지 알 수가 있습니다. 그렇게 하면 외부 사람에 대해서 그들이 얼마나 수용적인 태도를 지녔는지 파악하는 것도 가능합니다.

　　앞서 언급한 것처럼 강연장에서 미리 익혀둔 청중의 반응, 박수 소리, 웃음소리, 그리고 그 밖의 다른 소리도 청중이 저를 잘 따라오고 있는지, 그리고 저의 이야기에 공감하는지를 알려주는 단서가 됩니다.

다나는 전문 강연자라는 직업 덕분에 뛰어난 인간관계 관리 기술을 개발할 수가 있었다. 부단하게 연습하고 청중에게 피드백을 받는 노력으로 그는 타고난 감각을 더 발전시켰다. 여기서 짚고 넘어갈 것은 다나가 감성지능 전문가는 아니란 사실이다. 다나는 필자의 질문에 대한 답변과 함께 질문해줘서 고맙다는 메모도 남겼다. 그런 질문을 통해 자기가 스피치 하면서 어떻게 타인의 감정을 다루는 능력이 생겼는지 곰곰이 생각하고 이해해 보는 계기가 되었다는 감사의 인사였다. 이처럼 다나는 전문 강연자로서의 능력을 개발해가는 와중에 감성지능의 인간관계 관리 역량도 덩달아 높아진 사례이다.

## 감정 소통법으로 감성지능은 자연히 개발된다

감성지능의 여러 가지 역량은 타인의 감정을 다루는 일을 하다 보면 저절로 키울 수가 있다. 즉, 감성지능을 키우는 효과적인 방법은 일상 업무 속에서도 찾을 수 있는 것이다. 그런 경우에 감정에 기반을 둔 스피치 기법이 제격이다.

이 책에서 소개하는 감정 소통법을 활용하려면 자기감정에 대한 상당한 성찰과 인식이 필요하다. 게다가 그런 감정의 원천이 어디인지 이해해야 하는 것은 물론이고 다른 사람에게도 똑같은 감정을 불러일으킬 수 있는 능력을 키워야 한다. 스피치를 잘하는 사람은 자기가 느끼는 감정을 잘 표현할 뿐만 아니라 청중이 느끼는 감정을 그때그때 파악해서 스피치에 변화를 줄줄 안다. 마지막으로, 커뮤니케이션에 능한 사람은 언어뿐 아니라 주변 분위기와 청중에게서 느껴지는 비언어적 정서를 포착해서 값진 정보를 얻는다.

이처럼 다양한 커뮤니케이션 능력을 키우려 노력하다 보면 자연스럽게 감성지능의 여러 역량도 함께 향상된다. 기업에서도 직원들의 커뮤니케이션 능력 향상에 관심을 기울인다면 회사 전체를 좀 더 감성지능이 풍부한 일터로 변화시킬 수 있을 것이다. 직원들의 커뮤니케이션 능력을 향상시키면 직원들이 단순히 말만 잘하게 되는 것이 아니라 훨씬 더 다양한 역량이 함께 개발된다. 따라서 똑똑하고 생산성 높은 일터가 만들어지게 되는 것이다.

CHAPTER 14

# 경청에도 기술이 필요하다

먼저 상대방을 이해하려고 애쓰고 그런 다음에 이해받으려고 하라.
―스티븐 코비

2007년 1월 31일 자 〈비즈니스위크〉에는 '리더십이 곧 경청인 이유'라는 제목의 기사가 실렸다. 이 기사에서 작가이자 전직 기자인 카민 갤로Carmine Gallo는 한 기자 동료와 전 미국 대통령 빌 클린턴의 만남에 얽힌 일화를 소개했다.

그 기자는 남아프리카공화국에서 연설을 마친 빌 클린턴 전 대통령을 직접 만난 적이 있다고 말했다. 그는 당시의 상황을 이렇게 떠올렸다. "그때 클린턴 대통령은 내 눈을 바라보면서 내 말에 진지하게 귀 기울이는 것처럼 보였어요. 내가 질문하는 동안 한시도 한눈을 팔지 않았죠. 마치 그 회의장에서 내가 가장 중요한 인물인 것처럼 대해 주었습니다. 우리들 바로 옆에는 마이크로소프트의 창립자 빌 게이츠가 서 있었는데도 말이지요!"

이 기자가 깨달은 것처럼 경청은 커뮤니케이션의 핵심이다. 대개 경청하는 능력에 따라서 유창하게 말만 잘하는 사람과 진정한 커뮤니케이션의 달인이 구분된다. 경청의 중요성을 감안할 때, 기업의 최고경영자 중에는 경청 능력이 뛰어난 인물이 많으리라고 예상할 수 있다. 하지만 놀랍게도 현실은 전혀 그렇지가 않다. 세계 유수의 기업들을 컨설팅하는 램 차란Ram Charan 교수가 2012년 7월 〈하버드 비즈니스 리뷰〉 블로그에 올린 분석 자료에 따르면, 최고경영자CEO를 대상으로 다면평가를 실시한 결과 CEO 4명 중에 1명은 경청 능력이 떨어지는 것으로 나타났다. 〈맥킨지 쿼털리McKinsey Quarterly〉 2012년 판에서 미국의 다국적 제약회사 암젠Amgen의 당시 CEO이던 케빈 셰러Kevin Sharer는 평생 직장생활을 해왔지만 경청 능력이 너무나 부족했고 이제 와서야 비로소 경청하는 법을 배우고 있다고 고백했다. 이런 사례들을 보면서 경청을 잘하기가 얼마나 어려운 일인지 깨닫기를 바란다.

경청 능력 부족은 우리가 어렸을 때부터 시작된다. 지금까지의 연구 결과들을 보면, 우리는 인생의 70~80%를 의사소통하는 데 소비한다. 그중에서 듣기는 45%, 말하기는 30%, 읽기는 16%, 쓰기는 9%를 차지했다. 또 다른 연구 결과에 의하면, 학생들은 학교에서 듣기에 50% 이상의 시간을 투자하고, 그다음으로 말하기, 읽기, 쓰기에 시간을 들이는 것으로 나타났다. 현실이 이렇다면, 학교에서나 직장에서나 커뮤니케이션 능력 향상 교육을 할 때 왜 그 우선순위를 반대로 두는 것일까? 학창 시절을 떠올려보면 글쓰기 능력은 수년간 배우지만 정작 경청을 배운 적은 없다. 안타깝게도 우리는 태어날 때부터 잘 들을 수 있다는 이유로 경청 능력이 타고나는 것이라고 착각한다. 하지만 단순히 소리를 듣는 것hearing과 경청listening은 하늘과 땅 차이다.

몸소 경청의 힘을 체험해 보지 못했다면 뛰어난 경청 능력이 무엇인지 제대로 이해하기 어려울 수도 있다. 하지만 필자는 지금까지 토스트마스터즈 클럽에서 뛰어난 경청이란 무엇인지 수도 없이 목격했다. 토스트마스터즈 인터내셔널은 1925년부터 대중 스피치 능력 개발을 위해서 노력해왔다. 참가자들의 스피치 능력 향상을 위한 토스트마스터즈 인터내셔널의 주요 행사, 즉 주간 토론회에서도 경청은 핵심적인 역할을 한다.

보통 토스트마스터즈 토론회는 정식 스피치, 즉흥 스피치, 그리고 피드백 시간의 세 부분으로 나누어서 진행한다. 즉흥 스피치는 흔히 '테이블 토픽Table Topic' 이라고 부른다. 참가자들은 각각의 시간마다 경청 능력을 향상시킬 수 있지만, 피드백 시간은 참가자들이 스피치를 듣고 나서 적절한 피드백을 제공하는 능력을 키울 수 있도록 특별히 마련되었다. 이 피드백 시간에 경청을 잘하는 사람들이 두각을 나타낸다. 이들은 스피치 한 사람에게 스피치 내용을 굳이 들춰내지 않고도 정확한 비평을 해주고, 자기가 이해한 핵심 내용을 짚어내어 참가자들과 공유한다. 또한 어색한 제스처나 억양 등 발표자가 개선해야 할 부분을 정확하게 짚어주고, 개선할 부분이 아무리 사소하다 할지라도 그 대안을 제시한다. 나 역시 지금까지 토스트마스터즈 토론회에 참가하면서 그들의 날카로운 지적과 비언어적 부분에 대한 세밀한 관찰력에 혀를 내두른 적이 한두 번이 아니었다.

직장에서 프레젠테이션이나 업무 평가가 끝난 뒤에 효과적인 피드백을 받고 있는가? 혹시 피드백이 모호한 내용으로 가득 차 있지는 않은가? 그렇다고 하더라도 그런 현실이 전혀 뜻밖인 것은 아니다.

## 우리는 왜 남의 말에 귀 기울이지 못할까?

가령 5분마다 퍼즐을 풀어야 하는 게임이 있고, 퍼즐을 푸는 데 2분이 걸린다고 하자. 그러면 다음 퍼즐이 나올 때까지 3분 동안은 할 일이 전혀 없다. 몇 문제를 푼 뒤에 잠시 생각해 보니 중간중간에 비는 시간을 모으면 꽤 많은 시간이 된다는 사실을 알아차린다. 그러면 다음 퍼즐 문제를 풀기 전까지 비는 시간을 어떻게 생산적으로 보낼지 이리저리 궁리하게 된다. 그 시간에 다음 주에 있을 파티 계획을 짤 수도 있고, 여행 계획을 세울 수도 있다. 심지어 읽다가 만 책을 다 읽을 수도 있다. 어떤 경우든 '낭비하는' 시간을 좀 더 '생산적인' 활동으로 '채우려고' 애를 쓸 것이다.

왠지 우리가 상대방의 이야기를 들을 때 하는 행동과 비슷하지 않은가? 연구 결과에 따르면 우리 뇌의 언어 이해 속도는 말하는 속도 보다 훨씬 더 빠르다. 우리는 보통 분당 120~180단어를 말한다. 지금까지 진행한 연구 결과를 보면, 말하는 속도를 3배까지 높여도 우리는 충분히 그 내용을 이해할 수 있다. 이런 결과들은 다양한 전문가들에 의해 확인되었는데, 심지어 우리의 언어 이해력이 그보다 훨씬 더 빠르다는 주장도 있다. 따라서 우리의 뇌는 타인의 말을 들을 때 상당한 '자유' 시간을 갖게 된다. 이런 자유 시간이 있을 때 우리는 어떻게 행동할까? 앞서 나온 퍼즐 게임에서처럼 사람들은 이런 자유 시간을 좀 더 '생산적인' 활동으로 '채우려는' 경향이 있다. 결국 시간에 대한 집착이 취약한 경청 능력의 근본 원인인 것이다.

대화 중에 잠간이라도 짬이 생기면 우리는 보통 다음에 할 일을 골똘히 생각하거나 집이나 직장의 고민을 해결하는 데 골몰하거나 점심 식사는 무엇으로 할지 같은 사소한 문제들을 두고 고민한다. 물론 이런 고민을 하면서 '내가 시간을 아끼고 있구나' 생각할 수도 있지만, 이런 몽상은 경청을 방해한다.

앞서 설명한 퍼즐은 5분마다 나온다고 했다. 만약 어떤 문제가 갑자기 5분 이전에, 예컨대 4분 30초 만에 나온다면 어떻게 될까? 아마도 문제를 푸는 사람은 당황한 나머지 무슨 문제가 나오는지 제대로 듣지도 못할 것이다. 문제를 제대로 듣지 못하면 퍼즐을 풀 수도 없다. 상대방이 말할 때에도 비슷한 상황이 벌어진다. 우리는 상대방이 말하고 있는 동안 다른 잡생각을 하느라 상대방의 말이나 생각을 종종 놓친다. 이것이 바로 우리가 경청을 못하는 근본 원인이다.

Using Emotions

### 사람마다 듣는 방식이 다르다

연구에 따르면 사람들의 듣기 능력은 양극단의 사이에 위치한다. 한쪽은 일방통행 식으로 듣는 유형이다. 이런 사람들은 특별한 노력 없이도 상대방의 말을 처음부터 끝까지 잘 들어준다. 이처럼 수동적으로 듣기만 하는 사람은 듣기 능력을 타고 나는 경우가 많다. 다른 한쪽은 이것저것 생각하며 듣는 유형이다. 이런 유형의 사람들은 자기가 이미 알고 있는 내용을 상대방의 말과 연관시키면서 대화 내용을 이해한다. 이들은 이모저모 생각하고 자기가 아는 내용이 나와야만 비로소 상대방의 말에 집중한다.

경청을 잘하는 사람도 어떤 식으로든 타고난 듣기 능력을 가지고 있다. 이런 경청 능력은 아마도 양극단의 중간쯤에 위치할 것이다. 따라서 경청을 잘하는 사람은 이것저것 연상을 하면서 듣기도 하고, 상황에 따라서 상대방의 말에 귀 기울일 줄도 안다.

경청 기술이 떨어지는 두 번째 이유는 대화할 때 가만히 듣기보다 대꾸하기 위해 애쓰기 때문이다. 대화할 때 사람들은 상대방의 이야기를 들으면서 반론을 생각해내거나 맞받아치려고 준비하거나 아니면 상대방이 던진 감정적인 표현을 곱씹느라 머릿속이 복잡하다. 대꾸하려고 상대방의 말을 듣다 보면 자꾸 자기 생각만 하게 된다. 모든 화제의 중심이 자기가 되는 것이다. 그러다 보면 상대방이 보내는 언어 외적인 신호들을 포착하는 능력을 잃어버린다. 심지어 머릿속에서 일어나는 자기 생각에 너무 집착한 나머지 상대방이 무슨 말을 했는지 까맣게 잊어버리는 경우도 생긴다. 이처럼 가만히 귀 기울이기보다 자꾸 대화에 끼어들려고 하다 보면 경청하기는 장님 문고리 잡기만큼이나 어려운 일이 되고 만다.

## 특급 청취자가 되어라!

경청이 그렇게 중요하다면, 경청 능력을 키울 방법은 무엇일까? 경청 능력을 키우려면 우선 경청이 무엇인지에 대해서 제대로 이해할 필요가 있다. 아이오와대학교와 미네소타대학교에서 의사소통 분야 교수로 활동했던 랄프 니콜스Ralph Nichols 박사는 청취를 주제로 독창적인 연구를 했다. 그는 이미 오래전에 '미국인의 10가지 나쁜 청취 습관'이라는 제목의 논문에서 타인의 말을 경청하는 사람과 그렇지 않은 사람의 중요한 차이점을 제시했다.

니콜스 박사의 연구 결과에 따르면 경청을 잘하는 사람은 상대방의 전반적인 생각에 집중하려고 애쓰는 반면 세부적인 사실에는 일일이 신경 쓰지 않는다고 한다. 경청을 잘하는 사람은 개별 표현이나 수치에 너무 집착하지 않고, 상대방이 표현하는 모든 신호를 포착해서 상대방의 의중을 읽어낼 줄 알았다. 뛰어난 경청 습관에 관한 다른 연구 결과들도 경청을 잘하는 사람—'특급 청취자Level 1 listener'로 불리기도 한다—은 상대방이 내놓은 생각과 의견을 이해하고 존중할 줄 안다는 니콜스 박사의 연구 결과를 뒷받침하고 있다. 경청을 잘하는 사람은 단순히 상대방의 말을 듣고 이해하는 데 그치지 않고 상대방이 보내는 수많은 언어 외적인 단서들을 하나하나 포착해서 완전히 이해한다.

따라서 경청 능력을 키우는 핵심은 두 가지로 요약할 수 있을 것 같다. 먼저 경청을 잘하려면 상대방의 말과 함께 그가 보내는 언어 외적인 메시지들을 이해하는 능력이 필요하다. 이렇게 하면 상대방이 말하려는 전반적인 의도를 금방 파악할 수가 있다. 상대방의 의중을 읽어내기 위해서는 단순히 상대방의 말만 이해하는 것이 아니라 틈틈이 언어 외적인 신호와 감정을 읽어내려고 노력해야 한다. 이런 노력을 기울이면 상대방의 말에 집중하기도 수월하고 딴생각이 나는 것도 방지할 수 있다.

경청 능력을 키우는 두 번째 방법은 적극적 경청 active listening 을 연습하는 것이다. 적극적 경청도 첫 번째 방법과 똑같은 효과를 얻을 수 있다. 적극적 경청을 하면 상대의 말을 이해하고 반응하는 데 빈틈이 생기지 않으므로 상대의 말에 몰입하게 된다. 적극적 경청을 하는 사람은 대화 중에 스스로 '내 사례가 일리가 있었을까?', '내 이야기가 화제에서 벗어나지 않았을까?', '그가 말하려는 의도는 뭘까?'와 같은 질문들을 끊임없이 한다. 뿐만 아니라 상대방의 요점을 머릿속에서 요약하는 버릇이 있어서 기억력도 향상된다. 적극적 경청을 하면 상대방의 말에 온전히 주의를 기울일 수밖에 없으므로 대화하다가 샛길로 빠지는 일이 드물다.

말 잘하는 법을 다루는 책에서 왜 이토록 경청을 강조하는지 의아해하는 독자가 있을지도 모른다. 잘 알다시피, 경청이 커뮤니케이션을 핵심을 이루기 때문이다. 하지만 감정 소통법을 적용하면 경청 능력을 키우는 데 필요한 여러 가지 기술을 더욱 발전시킬 수 있다. 지금부터는 감정 소통법이 어떻게 경청 능력을 기르는 데 도움이 되는지 알아보도록 하자.

## 감정 소통은 경청 능력을 향상한다

스피치를 잘하는 사람은 스피치가 청중과의 감성 대화라는 사실을 누구보다 잘 알고 있다. 연설자가 다양한 스피치 기법을 활용해서 자기 감정을 청중에게 표현하면 청중은 여러 가지 감정을 느끼게 된다. 그리고 청중에게 다양한 감정이 일어나면 스피치 하는 사람은 그런 감정들을 몸소 '느낀다.' 이처럼 감정의 순환 고리가 만들어져야 비로소 훌륭한 스피치라고 할 수 있다. 이런 감정의 순환 고리는 또한 경청 능력의 핵심이기도 하다. 경청을 잘하는 사람은 감정의 순환 고리를 통해서 말하는 사람의 의중을 읽어낼 수 있기 때문이다.

이것은 직관적으로도 일리가 있다. 청중의 감정 반응을 예민하게 포착하는 사람은 대화 중에 일어나는 언어 외적인 표현들도 포착할 가능성이 크다. 이런 사람들은 상대방의 말 그 자체가 아니라 상대방이 전달하고자 하는 메시지를 이해하려고 애쓴다. 이렇게 대화의 전체적인 맥락을 파악하므로 대화에 참여한 사람들의 요지를 더 쉽게 파악할 수 있다.

그렇다면 감정의 순환 과정이 듣는 사람의 머릿속에 생기는 '자유' 시간을 없앨 수도 있을까? 청자의 감정 흐름을 포착하고 따라가다 보면 딴생각할 틈이 없어지고, 그렇게 되면 상대의 말을 듣기 위해 억지로 애쓰지 않아도 자연스럽게 대화에 흥미를 느끼고 집중할 수 있다. 이처럼 '단순한 이해에서 온전한 이해로' 나아가는 경청 방식이 바로 전(前) 암젠 CEO 케빈 셰러가 직장 생활 말년에 깨달은 것이었다. 셰러는 경청을 잘하려면 말하는 사람의 의도를 알려주는 언어 외적인 신호들에 귀 기울여야 한다는 사실을 깨달았다. 이 점을 잘 이해하면 훌륭한 스피치를 하는 데도 도움이 된다. 뛰어난 커뮤니케이션 기술은 진정으로 경청하는 습관을 강화한다.

경청에 대한 셰러의 통찰을 통해 우리는 뛰어난 커뮤니케이션 실력을 가진 사람의 또 다른 습관 하나를 알아낼 수 있다. 그것은 바로 현재에 집중하는 습관이다. 경청의 원리를 깨달은 셰러는 대화할 때 현재에 집중하면서 상대방의 말과 감정에 주의를 기울이고, 비언어적 표현을 이해하고 포착하는 데 집중했다. 앞서도 강조했듯이, 스피치를 잘하는 사람은 청중과 끊임없이 감정을 주고받으면서 현재에 집중하는 특성이 있다. 온전한 집중은 상대방의 감정을 읽어낼 수 있는 유일한 길이다. 반면 스피치를 잘 못 하는 사람은 엉뚱한 화제를 꺼내서 듣는 사람이 집중하지 못하게 한다. 케빈 셰러의 깨달음은 경청을 잘하는 사람은 현재에 집중할 줄도 안다는 사실을 분명히 보여준다.

청중의 감정을 살피는 것 이외에도 경청 기술을 향상시키는 최고의 방법은 피드백을 주고받는 것이다. 피드백을 받아 보면 그 내용이 혼란스러울 뿐만 아니라 자신의 기대와 완전히 다른 경우도 많다. 필자는 지금까지 다양한 스피치를 해 보았지만, 예전에 크게 칭찬받았던 스피치가 어느 날 갑자기 여기저기 뜯어고쳐야 하는 최악의 스피치로 비판받는 경우가 한두 번이 아니었다. 또한 나를 잘 알고 있는 사람들이 늘 최고의 장점이라고 치켜세워주었던 부분을 상사로부터는 오히려 고쳐야 할 단점으로 지적을 받은 적도 있었다. 이처럼 피드백을 이해하고 그 의도를 제대로 파악하려면 뛰어난 경청 기술이 필요하다.

한편, 스피치에 대한 피드백을 여러 차례 받아 보니 사람들이 늘 문제점을 제대로 표현할 줄 아는 것은 아니라는 사실을 깨달았다. 뭔가 잘못된 부분을 느꼈지만 콕 집어서 표현하기 힘들어했던 것이다. 스피치 하는 사람으로서 필자는 그들이 하는 비판을 액면 그대로 듣지 않고, 그런 비판 이면에 숨어 있는 감정이 무엇일까를 깊이 생각해 본다. '왜 그 사람은 내 스피치가 거북했을까?', '무엇 때문에 불편한 감정을 느꼈을까?'와 같은 질문을 스스로 던지다 보면 그런 비판에 담긴 본의를 파악할 수 있다.

이런 연습은 적극적 경청의 전형적인 사례이다. 스피치를 잘하고 싶다면 자기 스피치의 문제점을 파악하려고 다른 사람의 말에 귀를 기울여야지, 방어하는 데 급급해서는 안 된다. 비판적인 스피치 피드백에 대해서 자꾸 고민하다 보면 비판한 사람의 본래 의도를 이해할 수 있다. 스피치를 평가해주는 사람이 지적한 사항들을 기억해 뒀다가 나중에 자신이 생각한 문제점과 평가자가 지적한 부분이 일치하는지 다시

한 번 평가자에게 확인할 수도 있다. 이것이 바로 적극적인 경청으로, 감정 소통을 통해 경청 능력을 키우는 방법이다.

## 순간순간에 집중하라

인간은 원래부터 '아무' 생각도 하지 않고는 못 배기는 존재다. 우리는 끊임없이 생각하고 따지고 계산하고 꿈꾼다. 생각은 잠시라도 가만히 있지를 않는다. 우리 또한 끊임없이 생각하는 데 익숙해져 있다. 이것이 바로 우리가 경청하지 못하는 한 가지 이유이다. 조금이라도 여유가 있으면 잡념이 끊이지 않는 마음을 고요하고 평화롭게 만들 방법은 없을까? 잠시라도 아무 생각도 하지 않고 무념무상의 상태에 빠질 수는 없는 것일까?

그 해답은 전 세계에 수다르산 크리야 명상법을 전하는 삶의예술재단에서 찾을 수 있다. 삶의예술재단에서는 '편한 명상'이라는 뜻을 가진 사하즈 사마디Sahaj Samadhi; 사하즈는 산스크리트어로 '자연스러운' 또는 '편한'이라는 뜻이고, 사마디는 깊은 명상 상태를 의미하며 삼매(三昧)로 음역된다. —옮긴이 명상을 널리 보급하고 있다. 사하즈 사마디 명상은 20분 동안 마음속의 모든 잡념을 없애는 수행법이다. 하지만 이 명상을 실제로 수행하기란 만만치 않았다. 다른 사람들처럼 나 역시 늘 정신없이 바쁜 마음에 젖어 있었기 때문이다. 지금까지 우리 사회, 특히 서구 사회는 성공을 행위와 연관지어 왔다. 잠깐 숨을 돌리는 것을 나약하다고 생각했고, 아무것도 하지 않는 행위를 용납하지 못했다. 그래서 아무것도 하지 않고 마음에서 잡념을 없애는 일이 매우 어려웠다. 하지만 여러 차례 시도를 거듭하면서 점점 더 집중할 수 있었고 사하즈 사마디 명상의 진가를 느낄 수 있었다.

사하즈 사마디 명상의 핵심은 현재에 머무는 것이다. 마음속의 잡념을 없애면 신체의 모든 감각에 집중할 수가 있다. 깊은 집중의 상태에서는 주변에 있는 모든 사물의 아름다움을 느끼고 그것에 귀 기울일 수 있다. 하지만 보통 우리는 강연이나 프레젠테이션 또는 대화를 들을 때 수백 가지 생각으로 마음이 산란해진다. 잡념에서 벗어나지 못하고 언어에 집착하는 까닭에 마음은 끊임없이 '움직인다.' 따라서 우리는 항상 그저 순간에 집중하면서 가만히 듣지를 못한다. 사하즈 사마디 같은 명상법은 이처럼 돌고 도는 악순환의 고리를 끊어주고 우리가 현재에 머물도록 도와준다. 잠시 몇 분 동안만이라도 생각에서 자유로워질 수 있다면 언어 외적인 신호들에 더 귀 기울일 수 있다. 결국 현재에 집중하는 마음을 기르면 경청하는 기술도 덩달아 늘어난다.

파트1에서 다루었던 스피치의 기초 개념 중에도 현재에 머무는 능력이 필요한 부분이 있었다. 예컨대, 청중에게 전할 최종 감정을 찾는 과정과 관련된 부분을 떠올려보자. 최종 감정을 찾기 위해서는 보통 깊은 자기 성찰을 해야 하는데, 이때 마음을 편안히 가라앉히고 내면에 있는 감정을 있는 그대로 느낄 수 있어야 한다. 자기 자신에게 귀 기울이고, 내면의 목소리를 듣고, 아무것도 하지 않은 채 그냥 느낄 수 있으려면 현재에 머무는 능력이 대단히 중요하다. 그러한 주의 집중을 일상생활의 대화에 적용할 수 있다면 우리는 머지않아 진실로 경청을 잘하는 사람이 될 것이다. 사실 누구나 그런 사람이 될 수 있다. 내면의 소리에 집중하는 연습은 상대방의 말에 집중하는 데도 많은 도움을 주기 때문이다.

## 말하기보다 듣기가 더 중요하다

뛰어난 경청 능력은 커뮤니케이션의 본질이며, 특히 오늘날과 같이 세계화된 기업 및 사회 환경에서는 그 중요성이 더욱 커지고 있다. 나라마다 단어의 의미가 조금씩 다르고, 특히 제2외국어로 말하거나 쓰는 경우에는 잘못된 표현을 할 가능성도 높다. 따라서 상대방의 말을 제대로 이해하기 위한 경청 능력의 필요성이 그 어느 때보다 절실하다. 적극적 경청 기술을 개발하고 언어 외적인 신호를 포착하려는 노력을 기울인다면 상대의 진의에 한 걸음 더 다가갈 수가 있다. 겉으로 드러난 말의 이면에 녹아있는 본심을 파악하려고 애쓸 때에만 상대방의 진짜 마음을 알 수 있다.

스피치 할 때 청중의 감정을 잘 다룰 줄 알면 상대의 감정과 비언어적 신호들을 읽는 능력이 향상된다. 거기에 덧붙여, 청중에게 피드백 받는 것 또한 적극적 경청 능력을 키우는 방법이다. 아무리 여러 평가자가 다양한 방면으로 지적하고 서로 다른 사례를 들어서 이야기하더라도 핵심적인 문제점은 동일한 경우가 많다. 왜 그런 평가를 받았는지 다시 한 번 곱씹다 보면 평가자들이 진정 말하고자 했던 바가 무엇인지 파악할 수 있고, 그로써 자신의 문제점을 알 수 있다.

아직 우리 사회는 듣기보다는 말하기를 강조하며, 경청을 잘하는 사람은 여전히 찾아보기 힘들다. 그러나 덕분에 경청할 줄 아는 사람은 단순히 말만 잘하는 사람과 차별화될 수 있으며 커뮤니케이션에서 돋보일 수 있다. 다행인 것은 이 책에서 말하는 감정 소통법을 통해 효과적인 의사소통 능력을 키우는 과정에서 덩달아 경청하는 기술도 터득할 수 있다는 점이다.

CHAPTER 15

# 실전편 :
# 마인드 트레이닝 5일 프로그램

어느 날 갑자기 만찬 행사에서 연설자로 초청을 받았다고 하자. 수백 명이 참석하는 큰 행사다. 그 행사에는 지역사회의 유명 인사들이 우아한 정장을 빼입고 참석할 예정이다. 행사장에는 푸짐하게 잘 차린 맛있는 음식은 물론이고 사회자, 그리고 당연히 연설자도 등장한다.

그렇게 큰 행사에 연설자로 초청받았다는 놀라움과 흥분감이 가시자 곧 이렇게 막중한 일을 어떻게 해내야 할지 걱정이 앞서기 시작한다. 이번 만찬 행사는 저개발국가의 불우한 어린이들을 돕고 있는 비영리단체 아다르시Adarsh의 모금 행사의 일환으로 열리는 것이다. 아다르시는 그런 어린이들에게 교육 기회를 제공하고 의식주와 같은 가장 기초적인 필요를 충족시켜주고, 그들이 절망적인 환경에서 벗어나도록 도움을 주는데 자금 지원을 아끼지 않고 있다. 당신은 이 단체의 선의에 깊은 신뢰를 가지고 있던 탓에 예전부터 기부도 해왔다. 그런 이유로 이번 행사에서 하게 될 스피치가 매번 있는 흔한 스피치가 아님을 금세 깨닫는다. 이번 연설은 지역사회의 유명 인사들에게 인정받을 기회이자 많은 사람의 주목을 받을 특별한 기회임이 분명하다. 하지만 스피치에 대해서 생각하면 할수록 두려움이 스멀스멀 피어오른다.

당신은 운 좋게도 이미 이 책을 통해서 특별한 감정 소통법으로 멋진 스피치 하는 방법을 배웠다. 이 책에서 다룬 감정 소통법에 매료되었다면 이번 만찬 행사에서 하게 될 연설이 실전 연습을 할 수 있는 절호의 기회라는 생각이 들 것이다. 만찬 행사의 취지에 크게 공감하고 있던 차에 청중과 감정을 공유하는 감정 소통법까지 익혔으니 나도 청중에게 큰 감동을 줄 수 있겠다는 확신이 든다.

### 1일 차 : 청중이 어떤 감정을 느끼기를 원하는가

당신은 연설에서 어떤 감정을 전달해야 만찬에 참가한 사람들에게 감동을 줄 수 있을지 고민하기 시작한다. 아마도 그 불우한 어린이들이 매일 생존하기 위해서 어떻게 처절하게 살아가는지 행사에 참가한 사람들이 공감하도록 해야 할 것이다. 만약 그런 강렬한 감정을 불러일으킬 수 있다면 분명 많은 참석자가 지갑을 열어 자선단체에 기부하도록 하는 데 일조할 수 있을 것이다.

행사장에서 스피치 하는 모습을 한 번 상상해 본다. 연설 도중에 당신의 스피치에 크게 감동한 사람들의 모습이 떠오른다. 눈물을 흘리는 사람도 있고, 북받쳐 오르는 감정을 애써 참아내는 사람도 있다. 스피치 마지막 부분에서는 어린이 인권이라는 큰 대의를 위해서 기꺼이 동참하겠다는 마음으로 한껏 고양된 사람들의 빛나는 표정이 보인다. 이런 이미지들이 머릿속에서 번뜩이며 지나가자, '와, 이런 스피치를 한 번 해 보는 것보다 멋진 일이 또 있겠어?' 하는 생각이 든다. 그러면서 이 책에서 배운 내용을 실전에 적용해 볼 다시없는 기회라는 확신이 든다.

확신이 서자 이 책의 내용을 다시 천천히 살펴본다. 책을 살펴보다가 스피치 하기 위해서 가장 먼저 해야 할 일은 청중에게 전할 최종 감정을 생각해내는 것임을 깨닫는다. '어떻게 최종 감정을 찾아내야 할까?' 고민하다가 다시 챕터4를 펼쳐본다.

챕터4를 다시 읽어보니, 최종 감정을 찾아내려면 당신의 스피치로 청중이 어떻게 생각하고 행동하기를 바라는지를 먼저 이해할 필요가 있겠다는 마음과 함께 '이제 좀 더 확실해졌군' 하는 생각이 든다. 바로 최종 감정을 찾는 일에 들어가려고 하다가 이 책의 내용을 다시 살펴보느라 애쓴 탓에 몸이 피곤하다. 내일부터 다시 스피치 구상에 뛰어드는 것이 좋겠다.

## 2일 차 : 목적을 찾으면 최종 감정이 분명해진다

다음날, 아침 식사 후 조용한 곳에 자리 잡고 이번 스피치의 목적이 무엇일까를 두고 곰곰이 생각에 잠긴다. 이번 스피치의 목적은 당연히 자선기금 모금에 많은 지역 주민의 호응을 이끌어 내는 것이다. 주최 측에서도 당신의 기조연설로 더 많은 자선기금이 모이기를 기대하고 있다. 따라서 스피치의 목적은 확실해졌다.

하지만 당신은 당신의 스피치가 단순히 돈을 모으는 것 이상의 의미를 지니기를 바란다. 요즘 사람들은 너무나 바쁘게 사는 까닭에 불타는 금요일에 열정적인 스피치를 하려고 발 벗고 나서는 사람은 많이 없다. 힘든 한 주를 보낸 참석자들에게 편안한 분위기에서 즐거운 시간을 보낼 수 있도록 하면 호응도 좋을 것이다. 당신의 스피치 덕분에 참석자들이 만찬 행사에 오길 잘했다는 생각이 들도록 만들고 싶다. 이런 생각은 이번 스피치의 첫 번째 목적에도 잘 부합한다. 원래 편안하고 유쾌한 분위기에서 스피치를 들으면 청중도 호의적인 반응을 보내기 마련이다.

마지막으로, 이번 행사에서 자선단체의 비전을 제시하고 아름다운 선례를 이야기한다면 분명 참석자들의 공감을 불러일으킬 것이 확실해 보인다. 그래서 그런 내용들도 스피치에 넣기로 한다. 이런 내용이 들어 있으면 청중에게 영감을 줄 수 있을 뿐만 아니라 주최 측이 어린이들을 위해서 어떤 일을 하고 있는지 이해하는 데도 도움을 줄 것이다. 참석자들이 이렇게 불우한 환경의 어린이들에게 감명받아서 그 어린이들의 장점을 이해하고 그들의 삶을 크게 변화시키는 데 기꺼이 용기를 내어 참여하기를 바란다. 그러다가 비인간적인 환경에서 하루에 16시간씩 거의 한 푼도 받지 못하고 중노동을 하던 한 어린이의 일화가 자꾸 떠오른다. 그 어린이는 이제 이 자선단체의 도움 덕분에 그런 지옥에서 벗어났다. 그 아이의 이야기를 스피치의 소재로 삼는다면 안성맞춤일 것 같다.

다시 스피치 작성으로 마음을 돌려보니, 스토리텔링을 할 때는 스피치에 아무 에피소드나 집어넣지 말고 스피치의 목적에 가장 잘 부합하는 스토리를 집어넣으라는 챕터9의 조언이 떠오른다. 그렇다면 스피치의 목적을 다시 분명하게 정해야만 한다.

그래서 당신은 이번 스피치의 목적을 일목요연하게 정리해 본다.

- 자선기금을 모금한다.
- 나눔의 행위가 참석자들의 일상이 되도록 한다.
- 참석자들이 즐거운 시간을 보내도록 한다.

이런 스피치 목적을 곰곰이 생각해 본다. 원대한 포부일 수도 있지만 어쨌든 이번 스피치에서 이루고 싶은 목적을 제대로 표현하고 있다. 이제 이 책에서 배운 대로 청중에게 남길 최종 감정을 정할 차례이다. 눈을 지그시 감고 나라면 어떤 감정이 들어야 이 자선단체에 기부할지 생각해 본다.

1   어린이들의 절실한 상황을 느낄 수 있어야 기부할 것이다.
    **관련된 감정** : 공감, 연민

2   내 기부로 어린이들의 삶에 큰 변화가 생긴다는 느낌을 받아야 할 것이다. **관련된 감정** : 고무감, 흥분감

이런 상상을 해봄으로써 청중이 과연 당신이 이끌어 내려는 감정을 그대로 느낄지 그리고 그 덕분에 첫 번째 스피치 목적을 달성할 수 있을지 가늠해 볼 수 있다. 두 번째 목적은 참석자들이 내 스피치로 영감을 받는 것이다. 다시 한 번 눈을 감고 영감을 받을 때 어떤 감정을 느끼는지 가만히 떠올려본다.

1   불우한 어린이들이 역경을 이겨내고 성공하는 모습을 볼 때 영감을 얻고 일상생활에서 좀 더 적극적으로 나눔에 참여한다.
    **관련된 감정** : 영감, 고무감

2   자신의 자선 행위가 선례로 남아 각자의 한계와 곤란에도 불구하고 다른 사람들도 나눔에 동참하는 모습을 볼 때 일상생활에서 좀 더 적극적으로 나눔에 참여한다. **관련된 감정** : 영감

마지막으로 청중이 당신의 스피치를 들으면서 즐거운 시간을 보냈으면 하는 바람도 있다. 이제 즐거운 시간을 보낼 때 어떤 기분이 드는

지 스스로 생각해 본다.

1   아무도 나를 판단하지 않고 나에게 별다른 기대도 하지 않을 때 제대로 즐길 수 있다. 즐거운 시간을 보낼 때는 마음이 편안하다. **관련된 감정:** 소속감, 편안함

2   사람들과 어울려서 신 나게 웃을 때 즐길 수 있다.
   **관련된 감정:** 기쁨, 유머

좀 더 깊이 생각해 보니, 이런 다양한 감정은 스피치 초반에 끌어내는 것이 좋겠다는 생각이 든다. 그렇게 하면 나중에 최종 감정으로 설정해 놓은 강렬한 감정들을 유도할 수 있을 것이다.

이제 스피치 마지막 부분에서 청중에게 전달할 감정을 압축해 보려고 한다. 좀 전에 기록한 메모를 보니, 흥분감과 고무감은 반복되는 감정이라는 사실을 깨닫는다. 이제 최종 감정을 다음과 같은 짧은 문장으로 표현해 본다. "궁핍한 어린이들의 삶을 내 도움으로 변화시킬 수 있다는 사실을 깨달았을 때 고무감이 생기고, 그런 변화가 일어난 모습을 직접 목격할 때 흥분감이 생긴다."

청중에게 표현할 감정을 분명히 이해하고 나자 연설문을 쓰는 일이 훨씬 더 명확해 보인다. 만약 당신이 이런 스피치를 들었다면 즉각 기부할 마음이 생길 것이다. 이런 감정을 청중과 함께 나눌 수 있다면 참석자들 또한 당신과 비슷한 반응을 보일 것이 분명하다. 그렇게 되면

이번 스피치의 여러 가지 목적을 이루는 데 도움이 될 것이다. 이제 오늘 하루를 되돌아보면서 최종 감정을 찾아낸 덕분에 연설문 내용이 훨씬 더 분명해졌다는 사실에 감사한 마음이 든다. 그리고 최종 감정을 고민해 보기를 잘했다는 생각에 뿌듯하다. 잠시 휴식을 취한 다음 내일 연설문 작성을 다시 시작하자고 마음먹는다.

## 3일 차 : 초기 정서를 설정하라

다음날, 다시 뒤로 돌아가 이 책의 챕터4를 살펴본다. 이제 최종 감정 다음으로 중요한 개념인 초기 정서로 주의를 돌린다. 챕터4를 읽어 보면서 청중의 초기 정서를 이해하면 스피치를 시작할 때 청중의 감정 상태를 파악할 수 있다는 사실을 떠올린다. 연설자가 청중의 초기 정서를 알면 감성 여행의 시작과 끝, 즉 초기 정서와 최종 감정을 이해하는 데 도움이 된다. 이제 '아, 초기 정서가 참 일리가 있군' 하고 생각한다.

모금 행사는 금요일 저녁에 열릴 예정이다. 지금껏 많은 모금 행사에 참여해 본 경험상, 무엇인가를 '기부' 해야 한다는 부담감이 있으면 그런 행사에 참여하기가 늘 불편했다. 당신이 느꼈던 그런 기분을 이번 행사 참석자들에게는 느끼게 하고 싶지 않다. 사람들은 아무런 부담감이 없을 때 오히려 더 많이 기부한다고 믿고 있다. 참석자들은 기부하고 싶은 마음이 우러나와서 기부하기를 원하지 부담감 때문에 기부하기를 바라지 않는다. 따라서 스피치 하기 전에 어느 정도 그런 '분위기

조성'을 해야겠다는 생각이 든다.

참석자들이 모금 행사에서 부담감 없이 편안한 기분을 느끼게끔 분위기를 조성하면 어떻겠느냐는 의견을 주최 측에 전달해 보자고 마음먹는다. 주최 측이 당신의 의도를 이해할지 혹은 협조해줄지 알 수는 없지만, 어찌 됐든 이 문제를 한 번 건의해 보기로 마음먹고 전화를 건다. 그런데 이게 웬일인가. 모금 행사의 책임자가 당신의 의견에 매우 관심을 보이더니 적극적으로 지원하겠다고 말하는 것이 아닌가. 그녀는 직접 만나서 이 문제를 자세하게 논의하자고 한다. 이것은 분명 긍정적인 신호다.

물론 그런 분위기가 조성된다면 참석자들의 마음을 편안하게 하는 데 도움이 되겠지만, 스피치 전반부에서 어떻게 하면 청중과 안면을 터서 편안함을 느끼도록 유도할지도 중요한 문제이다. 참석자들이 부담감과 근심을 모두 내려놓고 마음껏 웃을 수 있도록, 그래서 정말로 그 순간을 즐기고 스피치에 몰입할 수 있도록 만들고 싶다. 스피치 후반부에는 기부가 열악한 환경에 놓여 있는 어린이들의 삶에 어떻게 큰 변화를 일으킬 수 있는지, 또한 단순히 말로만 그치는 것이 아니라 기부로 실제 그런 변화가 가능하다는 사실을 강조하면서 청중에게 강렬한 감정을 불러일으키려고 한다. 당신의 스피치를 들은 참석자들이 앞으로 나와서 아낌없이 기부하는 모습을 상상해 본다. 오늘은 이쯤 하고 잠시 쉬었다가, 계속해서 연설문을 작성하기로 한다.

## 4일 차 : 청중을 위한 감정 여행 코스를 계획하라

이튿날, 스피치 준비에 어느 정도 진전이 있었는지 꼼꼼하게 살펴본다. 우선 청중이 스피치 마지막 부분에서 어떤 감정을 갖게 할지를 정했다. 그리고 스피치를 시작할 때 어떤 분위기로 이끌어갈지도 분명하게 정했다. 이제 청중이 떠날 감정 여행을 계획할 차례이다.

이 책에서 저자가 다룬 감정의 두 가지 측면을 탐구해 보고자 한다. 우선 '약한' 감정과 '강한' 감정을 스피치에 어떻게 적용할지 이해해야 할 것이다. 두 번째로, 단지 청중이 느낄 최종 감정뿐만 아니라 청중이 떠나는 감정 여행 전반에 대한 지식도 있어야 할 것이다. 그래서 청중이 떠나는 감정 여행을 고민해 보기로 한다.

챕터4에서는 스피치에서 감정의 기복이 있으면 청중의 뇌리에 잘 각인될 뿐만 아니라 행동의 변화까지 이끌어 낼 수 있다고 배웠다. 긍정적인 감정에서 부적정인 감정으로의 변화이든 아니면 그 반대이든, 스피치 할 때 감정의 변화를 극적으로 표현하면 스피치가 전하는 충격이 배가 된다.

먼저 청중으로 하여금 도저히 감당할 수 없거나 해결할 수 없는 문제를 맞닥뜨렸을 때 느끼는 좌절감과 무력감 같은 극도로 우울한 감정을 느끼게 할 방법을 고민한다. 스피치 중간 부분에서 이처럼 극도로 부정적인 감정을 경험하면 마지막 부분의 긍정적인 감정이 더욱 부각될 것이다. 또한 앞으로 돕게 될 불우한 어린이들이 어떤 감정을 느끼면서 살고 있는지 청중이 되도록 많이 공감하게 만들고 싶다. 열악한 주변 환경에 압도당한 어린이들은 전혀 희망의 빛이 보이지 않는 깊은 어둠의 터널 속에 갇혀 살고 있다. 그 어린이들의 절망감에 청중이 공감할 수 있는 스피치를 해야 한다. 마치 청중이 그 아이들의 삶을 사는 것 같은 기분을 느낄 수 있도록 스피치 해야겠다고 마음에 새겨둔다. 절대 만만치 않겠지만, 그렇게 할 수만 있다면 스피치가 주는 감동은 엄청날 것이다.

그다음으로 각각의 감정 여행에 얼마만큼의 시간을 분배할 것인지 생각해 본다. 이 책 챕터3에는 약한 감정과 강한 감정이라는 아주 흥미로운 개념이 등장한다. 사랑과 기쁨 같은 감정은 '약한' 감정으로 분류할 수 있는데, 그런 감정들은 사람에게 미치는 파급력이 약하고 영향을 불러일으키는 데 시간이 걸린다. 반면 두려움이나 비통함 같은 감정은 '강한' 감정으로 분류할 수 있는데, 그런 감정들은 사람에게 미치는 파급력이 너무나 강해서 장시간 그렇게 우울한 감정에 노출되면 감정이 고갈될 수도 있다. 따라서 이처럼 우울한 감정들은 조심해서 다뤄야만 한다. 감정에 이처럼 뚜렷한 차이가 있다는 사실이 너무나 흥미로워서 감정에 대해 더 알아보고 싶다는 마음이 굴뚝같다. 주저하지 않고 이번 스피치에서 활용할 감정을 표로 한 번 정리해 본다.

| 스피치 순서 | 감정 | 감정의 종류 |
|---|---|---|
| 시작 | 즐거움, 차분함 | 긍정적이고 약한 감정 |
| 중간 | 좌절감, 무력감 | 강렬하고 부정적인 감정 |
| 끝 | 흥분감, 고무감 | 강렬하고 긍정적인 감정 |

이 표에 따라 스피치 초반부는 유쾌하고 재미있게 구성해서 청중이 즐거움이나 사랑 같은 약한 감정이나 중립적인 감정을 느끼도록 유도할 것이다. 중반부로 가면서 스피치에 부정적인 감정을 끌어들여서 점차적으로 좌절감과 무력감과 같은 강렬한 감정을 느끼도록 이끈다. 이런 부정적인 감정이 끝나면 긍정적인 방향으로 화제를 전환해서(흔히 갈등이 해소되는 지점이다.) 스피치 후반부에 흥분과 고무감 같은 감정이 일어나도록 유도한다. 특히 스피치가 끝나기 몇 분 전에 이런 긍정적인 감정이 고조되도록 한다.

스피치에서 나오는 다양한 감정들을 한쪽으로 치우치지 않도록 잘 배분한다면, 청중이 이 가여운 아이들에게 감정 이입할 때에 부정적인 감정에 압도당하지 않을 것이다. 더불어 당신의 어린 자녀에 대한 이야기를 초반부에 잠깐 하기로 한다. 자녀 이야기를 꺼내면 참석자들과 확실하게 그리고 쉽게 교감할 수 있을 것이다. 참석자들이 당신의 자녀 이야기에 집중한다면 마음을 열고 나중에 전할 깊은 메시지에도 공감할 수 있을 것이다. 또한 그 이야기는 그날 스피치의 주인공인 어린이 노동자를 소개하는 데도 훌륭한 징검다리 역할을 할 것이다.

여기서 잠시 청중이 떠나는 감정 여행을 간략하게 정리해 본다. 행사 시각은 금요일 저녁이다. 참석자들이 특별히 들뜬 기분으로 행사에 참석하지는 않을 것 같다. 한 주 내내 일하느라 피곤에 지쳐있을 것이고, 모금 행사이니 기부금을 내야 한다는 부담감도 적지 않을 것이다. 따라서 스피치에 앞서 참석자들의 기분을 좀 띄울 수 있는 계획을 세워 본다. 이미 행사 담당자에게 따뜻한 분위기 속에서 각양각색의 사람들이 섞일 수 있도록 해야 한다고 일러두었다. 모든 자원 봉사자에게는 일절 기부에 대한 얘기를 꺼내거나 얼마씩 기부해야 한다고 부담을 주지 말라는 지시가 내려졌다. 그날 저녁 행사장에서 참석자들은 그저 사람을 만나고, 가족에 대해서 이야기를 나누고, 편안한 분위기를 즐기면 되는 것이다. 심지어 저녁 행사장에서 마련한 요리 또한 집에서 한 음식처럼 친숙한 요리들도 구성했다. 그 덕분에 한층 따뜻하고 편안한 분위기가 조성될 것이다.

스피치 초반에는 이런 분위기 속에서 흥미로운 이야기로 청중과 교감한 다음, 청중이 편안한 느낌으로 다음에 등장할 강렬한 감정에 대비할 수 있게끔 한다. 그리고 드디어 이야기의 본론으로 들어간다. 본론에서는 그 어린이가 겪는 역경을 자세하게 묘사함으로써 무력감과 연민이라는 강렬한 감정을 불러일으킨다. 마지막으로 이야기에서 갈등이 해소되는 과정을 들려주면서 청중이 다시 본래의 감정 상태로 되돌아오도록 한다. 이야기 속에서 갈등이 해소되면 청중은 감동과 고무감이라는 강렬한 긍정적인 감정에 사로잡힌다. 이런 강렬한 감정 덕분에 당신의 메시지는 사람들의 뇌리에 오래 남을 것이고 참석자들은 자기도 모르게 행동에 나서게 될 것이다.

되돌아보니 지금까지 아주 잘해왔다는 생각이 든다. "굉장한걸. 이제 청중이 떠나는 감정 여행의 과정을 어떻게 표현할지 연설문을 작성해야 하겠어"라고 생각한다. 하지만 연설문을 본격적으로 작성하기 전에 오늘은 이만 쉬기로 한다.

## 5일 차 : 연설문을 작성하라!

다음날 다시 스피치 준비에 들어간다. 이제 연설문을 작성할 때다. 스피치에서 사용할 만한 이야기들을 이것저것 떠올려본다. 이미 마음속에 정해둔 이야기가 하나 있다. 이야기의 주인공은 비제이Vijay라는 이름을 가진 인도의 남자아이로 비인간적인 노동 환경에서 착취당하다가 아다르시의 도움으로 열악한 환경에서 벗어나 교육의 혜택까지 받게 된다는 이야기다. 비제이 이야기는 이번 스피치에 안성맞춤이지만, 스토리를 만드는 방법과 관련해 헷갈리는 부분이 있다. 그래서 챕터10을 다시 읽어보기로 마음을 먹는다.

챕터10을 읽으면서 몇 가지 사항을 메모해둔다. 스토리텔링의 3C가 인물Character, 갈등Conflict, 구조Construction임을 다시 한 번 상기한다. 그러고 보니 당신이 전하려는 이야기에는 갈등 구조가 선명하지가 않은 것 같아서 걱정이다. 자신의 이야기를 좀 집어넣어서 이야기 속에 갈등을 조성하면 어떨까? 시간을 들여 이런 아이디어에 대해 생각해 본다. 또한 저자는 선명한 이미지를 떠올리게 하는 표현을 사용하라고 강조했었다. 그렇게 하면 전하려는 이야기가 청중의 뇌리에 더 오래 남고 듣는 사람들이 감정 이입하기도 수월하기 때문이다. 스피치 속의 이야기를 떠올려보면서 어느 부분에서 생생한 장면을 묘사할지 정한다.

스피치를 시작할 때 유머를 좀 섞어가며 포문을 연 뒤에 당신의 자녀 이야기도 잠깐 언급하기로 한다. 왠지 자녀들에 대한 이야기로 청중의 호감을 이끌어 낼 수 있을 것 같다. 두 자녀를 키우면서 느낀 사랑과 기쁨의 감정에 그들도 충분히 공감할 것이다. 게다가 당신의 자녀 이야기는 본격적으로 비제이 이야기를 하기 전에 스피치 흐름을 매끄럽게 이어주는 징검다리 역할도 한다.

마지막으로 스피치 결말 부분을 생각해 본다. 최종 감정은 확실히 정했지만 어떻게 하면 그런 감정을 제대로 표현할 수 있을까? 갈등이 해소되는 순간이 청중을 긍정적인 감정으로 이끄는 중요한 분기점이 될 것이 분명하다. 이야기 속 갈등이 해소되었을 때 청중에게 전하고 싶은 깊은 울림이 무엇인지 떠올리자 최종 감정이 더욱 또렷해진다.

청중에게 강렬한 인상을 남기는 그런 깊은 울림을 주려면 어떻게 말해야 할까? 다시 몇 분 동안 챕터7에서 설명한 표현 방식들을 떠올려 본다. 챕터7에서 저자는 운율을 활용함으로써 감정을 멋지게 전달할 수 있다고 했다. 아주 괜찮은 아이디어 같다. 예전에 취미로 시를 써 봤을 뿐만 아니라 지금도 시 쓰고 읽는 일을 즐기기 때문이다. 여태까지 너무 바쁘게 사느라 제대로 된 시를 써 볼 겨를이 없었는데 이번 스피치로 그런 기회를 얻었다. 마침내 스피치 마지막 부분을 시로 마무리하기로 결심한다.

뒤로 한 걸음 물러서서 다시 스피치를 전체적으로 떠올려본다. 그러고 보니 당신이 전하려는 메시지를 한 마디로 압축해서 드러낼 만한 시각적인 표현이 빠진 것 같다. 어떤 이미지가 좋을까 고민하는데 하늘 높이 나는 연의 모습이 떠올랐다. 사람들의 도움이나 지원을 전혀 받지 못하는, 그래서 삶의 목적도 없이 살아가는 어린이들의 삶을 줄이 끊어진 연에 비유해 보는 것이다. 하지만 사람들의 따뜻한 지원과 안내로 그 연줄을 이어주기만 하면 그들의 삶은 다시 하늘로 훨훨 날아오를 수 있을 것이다.

아주 멋진 비유라는 생각이 든다. 연에 대한 비유는 이번 스피치의 핵심을 시각적으로 잘 나타내 줄 뿐만 아니라 스피치를 시작할 때 사용할 에피소드를 선택하는 데도 도움이 되었다. 스피치 도입부에는 아들과 같이 연을 날리던 에피소드를 집어넣기로 한다.

이제 청중이 떠나가게 될 감정 여행을 처음부터 끝까지 다시 한 번 요약해 본다. 처음에는 아들과 같이 연을 날리던 이야기로 편안한 분위기를 만들어 청중과 친해진다. 그러면 참석자들은 편안한 마음으로 초기 정서에 빠져들 것이다.

그런 다음 비제이 이야기로 화제를 바꾼다. 비제이 이야기를 통해서 청중의 감정이 심각해지도록 유도한다. 비제이 이야기에서 갈등이 고조될 때 청중은 극심한 좌절감과 무력감을 맛볼 테지만, 갈등이 해소되고 나면 다시 긍정적인 감정을 찾게 될 것이다. 긍정의 기운이 커지도록 스피치를 이어나가면서 마지막으로 몇 줄의 시로 청중에게 감동을 준다.

그다음 몇 주 동안 당신은 하루 몇 시간씩 투자해서 스피치를 연습한다. 확실히 잘 모르는 부분은 이 책을 여러 번 참고해서 해결한다. 마침내 스피치 준비를 끝마치자 이번 스피치에서 표현하고자 한 감정이 제대로 드러나고 있다는 만족감이 든다. 더군다나 이번 준비를 계기로 연설문 작성법과 스피치에 당신의 생각은 180도 달라졌다. 이 책 저자의 약속대로 커뮤니케이션에 대한 인식의 대전환이 이루어진 것이다.

MIT 천재의 특별한 스피치 이야기 : 실전 사례

# 바람에 날리는 연

신사 숙녀 여러분, 친애하는 귀빈 여러분, 친구 및 동료 여러분, 아다르시 연례 만찬 행사에 오신 것을 환영합니다. 오늘 밤 여러분 모두가 세상에 큰 변화를 만들어내는 책임과 기회가 있다는 사실을 다시금 떠올리는 기회가 되기를 바랍니다. 그리고 기억에 남는 저녁이 되기를 소망합니다.

몇 주 전에 저는 다섯 살짜리 아들에게 아주 멋진 선물 하나를 받았습니다. 그날은 일요일이어서 푹 자고 일어나 뉴스를 틀어놓고 편안한 마음으로 아침 식사 준비를 하려던 차였습니다. 하지만 그날은 평범한 일요일이 아니었습니다. 바로 아버지의 날이었기 때문입니다. 저는 다섯 살짜리 아들과 세살배기 막내가 엄마의 도움을 받아서 그 전날 밤늦게까지 공들여 쓴 카드를 발견했습니다. 그 카드에는 '아버지의 날 축하해요'라는 글씨와 서투른 그림 몇 개만 그려져 있었지만, 제게는 너무나 특별했습니다. 아버지의 날에 아이들에게 받은 첫 카드였으니까요. 환하게 빛나는 천진난만한 눈을 바라보고 있으니 아이들이 있어 제 인생이 완전히 달라졌다는 사실이 실감 났습니다. 별다르게 애쓰지 않아도 아이들은 정말 사랑스러워 보였습니다.

아이들은 시도 때도 없이 예쁜 짓을 보여주지만 가끔 엄마 아빠를 쥐락펴락할 줄도 압니다. 제가 카드를 다 읽자마자 첫째는 "아빠, 사탕 먹게 해주세요. 네?" 하고 응석을 부렸습니다. 아이들은 세상에서 가장 경이로운 존재인 동시에 가장 골칫덩어리이기도 하지요. 아이 둘을 키우다 보니 우리 부모님이 얼마나 위대해 보이는지 모릅니다. 제가 세상모르고 제멋대로 행동하는 우리 아이들 반만 닮았어도 부모님은 얼마나 속이 터지셨을까요.

요즘 첫째 애는 연 날리기에 푹 빠져 있습니다. 우리는 함께 연을 만듭니다. 그리고 첫째가 연을 하늘로 날리려고 달음박질하면 제가 잡고 있던 연을 놓아 줍니다. 그러면 첫째 녀석 뒤에서 연이 높이 날아올라 위풍당당하고 안정감 있게 하늘에 떠오릅니다. 첫째는 앙증맞은 손으로 연이 떨어지지 않고 바람을 잘 받도록 줄을 팽팽하게 당깁니다. 그 모습은 정말로 장관이 아닐 수 없습니다.

신사 숙녀 여러분, 그리고 귀빈 여러분, 아마도 하늘이 높이 떠 있는 연을 보고 저와 같은 기쁨을 느끼신 적이 있으실 것입니다. 저는 종종 연을 하늘 높이 날리는 아들의 모습을 바라봅니다. 마치 그 연처럼 제가 아들에게 안정감을 주고 용기를 조금만 북돋아 주면 제 아이는 앞으로 무엇을 하든 하늘 높이 날아오를 수 있을 것입니다. 하지만 제 아이처럼 세상에 힘껏 날아오를 수 있을 때까지 부모의 지도와 보살핌을 받지 못하는 어린이들도 세상에 많습니다. 인도 대도시에 사는 소년 비제이의 사연을 한번 들어보시겠습니까?

비제이는 도시 빈민가의 작은 집에서 살고 있습니다. 집이라고 해 봐야 5평 남짓, 차 두 대는 족히 들어가는 여러분 댁의 차고 넓이의 절반밖에는 되지 않습니다. 지붕은 공사장에서 주워온 석면 흙막이 판으로 대충 덮여 있습니다. 집에는 창문도 하나 없고, 침대 하나, 책상 하나, 난로 하나, 임시변통의 대변기 하나가 전부입니다. 집들은 다닥다닥 붙어 있어 들어가는 입구를 빼면 삼 면이 막혀 있습니다. 비제이 집 앞에는 온갖 쓰레기로 뒤덮인 1미터 남짓의 좁은 길이 나 있습니다. 길 한쪽에는 말도 못 하게 지저분한 하수가 흘러서 손님이 얼씬도 못 할 정도로 악취가 진동합니다. 주변의 집들은 너무 다닥다닥 붙어 있어서 비제이의 집은 일 년 내내 깜깜합니다. 햇볕이 들 틈이 전혀 없는 것이지요. 비제이의 부모님은 연로하시고, 결혼한 형제자매는 이미 집을 떠났습니다. 몇 년 전에 비제이의 아버지가 일자리를 잃었을 때 가족들은 저축해 둔 돈도, 돈을 벌 방도도 없었습니다. 궁지에 몰린 비제이는 어쩔 수 없이 열 살이라는 어린 나이에 피복 봉제 공장에서 일하기 시작했습니다. 비제이는 원래 학교에서 공부도 잘하고 학교 다니는 것을 끔찍이 좋아하던 아이였지만, 가족을 부양하기 위해 돈을 벌어야 했으므로 그 모든 것을 포기할 수밖에 없었습니다.

봉제 공장에서의 일은 쉽지 않았습니다. 아침 9시부터 밤 11시까지 매일 장장 14시간을 일하는데도, 공장에서 주는 것이라곤 삼시 세끼 식사와 1달러의 일당뿐이었습니다. 가끔 일요일 날 반나절을 쉬기도 했으나, 보통은 일주일 내내 휴일도 없이 일하는 날이 이어졌습니다. 비제이는 영리한 아이여서 자기가 부당한 대우를 받고 있다는 것을 알고 있었지만 두려움이 앞섰습니다. 이 일자리를 그만두고 다른 일자리를 못 찾으면 연로한 부모님을 부양하지 못할까 봐 두려웠던 것이지요. 그래서 비제이는 죽으나 사나 일하고 또 일했습니다.

봉제 공장 안은 근로자 수백 명이 꽉 들어차서 일하느라 콩나물시루 같았습니다. 공장 안에는 후텁지근하고 습한 텁텁한 공기로 가득했고, 불빛은 어두침침했습니다. 일이 끝나는 한밤중이 되면 종일 나쁜 자세로 일했던 탓에 등은 욱신욱신거렸고, 셔츠는 땀으로 흠뻑 젖었으며, 긴 시간 의류의 복잡한 디자인을 뚫어지라 들여다본 탓에 눈은 화끈거렸고, 쉴 새 없이 봉제 일을 하느라 손가락은 거의 감각이 없을 정도였습니다. 하지만 비제이는 그런 환경 속에서도 절대 굴하지 않았습니다. 일을 마치면 그날 일당 1달러를 주머니에 조심스레 집어넣고는 웃으면서 작업장을 빠져나왔습니다. 다음날이 밝아오기를 설레는 마음으로 기다리면서 말이지요.

그러던 어느 날 비제이는 그 지옥에서 구출되었습니다. 경찰의 도움을 받은 한 인권 단체가 봉제 공장을 불시에 덮쳤기 때문입니다. 인권 단체는 공장에서 일하던 어린이들을 모아서 한 기숙사로 데리고 갔습니다. 그 단체는 아이들의 식구들까지 챙겨 주었고, 비제이는 그제야 발을 쭉 뻗고 쉴 수 있었습니다. 요즘 비제이는 학교에서 웃으면서 열심히 공부하고 있습니다. 이제 옷도 세탁해서 깔끔하게 입고 다닙니다. 비제이는 아직도 연로하신 부모님과 같이 살고 있지만, 낮에는 등교하고 밤에 3시간만 일하고도 예전 봉제 공장에서 16시간 일했을 때만큼의 일당을 법니다. 비제이의 삶이 이렇게 달라질 수 있었던 것은 그 인권 단체가 사랑과 연민의 마음으로 비제이를 구해낸 덕분입니다.

여러분, 비제이를 구해낸 그 인권 단체가 다름 아닌 아다르시라는 사실이 놀랍지 않으십니까? 하지만 그렇게 놀라실 것 없습니다. 비제이는 우리가 돕고 있는 수많은 어린이 중 한 명일 뿐이기 때문입니다. 아르다시는 열악한 환경에 놓여있는 어린이들이 마치 연처럼 하늘 높이 날 수 있도록 돕는 사업을 하고 있습니다. 우리는 여러분이 오늘 드시는 저녁 식사값도 안 되는 돈으로 이 어린이들이 꿈을 실현할 수 있도록 보살피고 지원합니다. 이 어린이들이 자기 인생에서 연처럼 하늘 높이 날 수 있도록 연줄을 든든히 잡아주실 의향이 있으신지요?

아다르시를 통해 여러분 또한 어린이들에게 큰 영향을 주고, 그들의 삶을 변화시키고, 비제이 같은 아이들이 안정된 현실을 누리며 집안 환경 때문에 좌절감을 느끼지 않도록, 그래서 대담하고 멋진 미래를 꿈꾸도록 도울 수 있습니다. 지구 반대편의 가난한 국가에서 벌어지고 있는 인권 침해를 예방하고 또 그것을 바로잡는 일에 동참해 주십시오. 아다르시는 마음과 마음을 이어주는 역할을 하면서, 의지할 곳 없는 아이들이 더 이상 혼자가 아님을 느낄 수 있게 합니다. 비록 지구 반대편에 있을지라도, 우리 단체를 통해 그 아이들은 여러분의 목소리를 듣고 또 응원받고 있습니다. 우리는 여러분의 따뜻한 마음으로 인권이 전혀 없는 곳에 인간다움의 씨앗을 심습니다. 신사 숙녀 여러분, 우리 단체는 여러분이 다른 사람의 인생을 변화시키고, 어린이들을 위해 유산을 남기고, 그들의 인생이 마치 연처럼 하늘 높이 날 수 있도록 원조하는 것을 돕습니다.

비제이가 우리 단체에 감사한 마음을 가지고 있을 것이라고 짐작은 했었지만, 올해 초 직접 비제이를 만나기 전까지는 그 진심 어린 감사의 마음을 제대로 알지 못했습니다. 비제이와의 만남으로 저는 완전히 다른 사람이 되었습니다. 제가 얼마나 많은 것을 누리면서 살고 있는지 그리고 … 제가 얼마나 나눔을 실천하지 않고 살고 있는지 비제이를 만나고 나서야 깨달았습니다. 제 자녀들의 삶을 위해 제가 해줄 수 있는 부분이 많다는 생각이 들자 아빠로서 뿌듯한 기분도 들었고, 앞으로 더 많이 베풀고 싶다는 마음이 샘솟았습니다. … 다른 이의 인생에 큰 변화를 주는 것만큼 기분 좋은 일은 없으니까요.

작은 것 하나라도 좋으니 여러분도 우리의 노력에 동참해 주시기를 간곡히 부탁합니다. 단순히 돈이 문제가 아니라 여러분에게 제가 비제이를 만났을 때의 그 기쁨을, 비제이의 그 감사한 마음을, 다른 사람의 인생을 크게 변화시킬 때의 그 감동을 그대로 전해드리고 싶기 때문입니다.

마지막으로 여러분께 시 한 구절을 들려 드리면서 제 스피치를 마무리하고자 합니다.

바람에 날리는 연만큼 아름다운 것 없는데
줄이 끊어진 연 같은 삶을 사는 아이들 너무 많네.
진흙탕에 빠져 허우적거리고, 거친 숨 헐떡이네.
당신의 도움이, 당신의 안내가, 당신의 보살핌이 필요하네.
우리 함께 끊어진 줄 다시 이어준다면,
날개를 단 연처럼 훨훨 날아오를 수 있을 텐데,
연줄을 단단히 잡아 준다면
저 하늘 높은 곳에서도 정확하게 균형을 잡을 수 있을 텐데.
바람에 날리는 연만큼 눈부시게 아름다운 것, 이 세상에 또 없네.

Epilogue

# 내 인생을 바꾼 세 번의 스피치

　2007년 필자는 세계연설대회에서 우승했다. 이 대회에서 우승하기까지, 내용이 서로 다른 연설문 3가지를 준비해야만 했다. 이는 토스트마스터즈 인터내셔널이 단지 '운이 좋아서' 우승자가 발생하는 일을 미연에 방지하고 여러 차례 스피치를 통해서 확실한 실력을 검증하기 위해서 만든 안전장치이다. 참가자들은 준준결승, 준결승, 결승전 이렇게 총 3번에 걸쳐서 각각의 스피치를 준비해야 한다. 2007년 세계연설대회를 치르면서 작성한 3가지 종류의 연설문과 각각의 연설문을 쓰게 된 동기, 그리고 중요한 스피치를 준비하는 과정에 대해서 이야기해 보고자 한다. 어떤 스피치든 처음부터 기가 막힌 연설문을 만들어서 끝까지 가져가는 경우는 거의 없다. 나중에는 처음 만든 연설문에서 청중이 느낄 최종 감정이나 핵심 아이디어만 남기도 한다. 스토리나 주인공, 스피치 흐름 같은 것들은 준비 과정에서 변하기 일쑤다. 이런 이유로 여러분에게 스피치 기법에 너무 연연해하지 말고 청중이 떠나는 감정 여행에 집중하라고 했던 것이다.

나는 최종 감정이 떠오르면 바로 연설문 초안을 작성해 보는 타입이다. 이런 연설문 초안을 가지고 최종 연설문까지 정교하게 다듬어야 비로소 특출한 연설자라는 인정을 받을 수가 있다. 그렇게 하려면 연설문 작성 기술과 스피치 기술이 필요할 뿐만 아니라 피드백에 대한 깊이 있는 이해와 높은 감성지능이 필요하다. 혼자만의 기준으로 자신의 연설을 평가하지 말고, 중간중간 피드백을 통해 자기가 생각하는 최고의 스피치와 그에 관한 청자의 생각을 비교해 보도록 하자. 연설자가 자기의 본래 의도와 청중의 실제 감정 이입 정도의 차이를 좁히는 과정을 거치면서 스피치는 개선된다. 이 과정에서 연설자는 자신의 스피치를 듣고 청중이 왜 그렇게 느끼는지 스피치의 어떤 내용이 그런 감정을 만들어냈는지 반드시 이해해야만 한다. 물론 스피치를 다듬는 과정은 시간도 많이 걸리고 힘도 들겠지만 이는 대중 스피치에서 가장 값진 경험 중 하나다.

2007년 세계연설대회를 준비하면서 필자는 이런 과정을 수없이 거쳤다. 이 책을 읽고 있는 여러분 중 연설대회에 참가할 사람은 많지 않을 것이다. 그렇더라도 필자가 세계연설대회를 준비하면서 얻은 통찰이 분명히 도움이 될 것이라 믿는다. 직장 동료들 앞에서 하는 간단한 발표이든 큰 강당에서 하는 강연회이든, 규모를 막론하고 훌륭한 스피치를 위한 가이드가 되어줄 것이다.

## 세계연설대회로 떠나는 여정

2007년 역시 다른 해와 별반 다르지 않게 시작되었다. 당시 나는 MIT에서 3년째 박사 과정을 밟으며 와류진동Vortex-Induced Vibration, 조선해양 전문 용어로 심해유전개발과 관련이 깊다.—옮긴이 분야에서 흥미로운 연구 결과를 도출하기 위해 애쓰고 있었다. 아내는 브라운대학교에서 공부를 마치고 매사추세츠 주 케임브리지 시내에 있는 한 회사에 다니던 때였다. 모든 일이 순조롭게 흘러가는 중이었다.

한편, 나는 4년 연속으로 세계연설대회에 참가하기로 마음먹은 상태였다. 한 해 전에 세계연설대회 준결승에 오른 10명 중에서 3등까지 올라가 본 경험이 있었기 때문이다. 준결승전에서 탈락한 직후, 대회 우승은 스피치 기술이 문제가 아니라 임팩트 있는 스피치를 하느냐 마느냐의 문제임을 깨달았다. 이 시기는 또한 마침내 감정 소통법을 이해하고 더욱 정교하게 다듬던 중이었다. 감정 소통법을 제대로 활용해서 스피치 실력을 끌어올리면 우승할 수 있을 것이란 확신이 들었다.

2006년의 성공적인 스피치 경험에도 불구하고 2007년 대회의 첫 연설문을 쓰는 과정은 결코 쉽지 않았다. 청중에게 전할 최종 감정과 그것을 표현할 만한 괜찮은 스토리를 찾아내느라 수개월 동안 고생을 거듭했다. 그렇게 몇 달을 고생하고 나서 연설대회를 불과 몇 주 남겨 놓았을 때, 비로소 내가 구상하던 스피치의 윤곽이 드러나기 시작했다. 지금도 그렇지만, 나는 사람 사이의 관계가 계약서와 법률 문서에 달려 있는 것은 아니라고 항상 믿어왔다. 이와 같은 내 신념을 우리가 인생에서 하는 가중 중요한 계약, 즉 결혼을 예로 들어 표현해 보자고 마음을 먹었다. 성공적인 결혼 생활은 부부가 합심해야만 이룰 수 있다. 아무리 성격과 성장 환경, 꿈이 서로 달라도 결혼이 유지되는 이유는 결혼이라는 계약을 깨지 않겠다고 두 사람이 굳게 다짐했기 때문이다. 이러한 결심은 중매 결혼이든 연애 결혼이든 관계가 없는 것이다.

얼마 간의 고민 끝에 청중에게 전할 최종 감정을 찾아냈다. 나는 부부가 인생의 바꿀 수 없는 문제에 피해의식을 느끼지 않고 주어진 상황에 최선을 다할 때 느낄 수 있는 감정이 어떤 것인지 청중에게 전달하고 싶었다. 중매에 대한 서양인들의 선입관을 깨고, 그들이 긴 안목에서 주어진 상황에 최선을 다하는 태도를 삶의 다른 부분에도 적용하도록 돕는 것이 이번 스피치의 목표였다.

게다가 나는 이 스피치에 딱 맞는 스토리도 가지고 있었다. 바로 나의 결혼 스토리였다. 나 자신이 중매로 결혼한 장본인으로, 서구 사회에서 벌어지는 중매 결혼과 연애 결혼에 대한 갑론을박에 흥미를 느끼던 참이었다. 중매 결혼에 대한 사람들의 관심을 잘 활용한다면 인상적인 스피치를 할 수 있겠다는 확신이 들었다. 결혼 방식에 관한 이런 논란은 더할 나위 없이 좋은 스피치 주제였으나, 이런 주제는 조심해서 다룰 필요가 있었다. 어떤 결혼 방식이 다른 방식보다 더 낫다는 식의 인상을 주기는 싫었다. 그 대신 청중에게 나의 결혼 스토리를 들려주고, 거기서 얻는 교훈을 말하고, 그런 교훈을 좀 더 일반적인 상황에 적용할 수 있는 방법은 무엇인지 찾아보고자 했다.

최종 연설문에서는 이 책에서 소개한 다양한 스피치 기법을 활용해서 청중이 감정 여행을 떠날 수 있도록 했다. 도입부에서는 '인생의 모든 것은 정해져 있다!'라는 논란이 많은 주장으로 스피치를 시작해 청중의 이목을 끌었다. 또한 초반부에 유머를 많이 섞어서 이야기를 푼 덕분에 청중과 금방 친해질 수 있었다. 적당한 유머는 초반에 긍정적인 감정을 만들어내서 스피치 후반부의 뜻깊은 메시지가 더욱 그 빛을 발하게 해주었다. 스피치 중반부에서는 누구나 한번쯤 겪어봤음직한 내면의 갈등 상황을 박진감 있게 표현했다. 마지막으로, 스피치 후반부에서는 내면의 갈등이 원만하게 해소되면서 청중에게 뜻깊은 메시지를 전했다. 스피치의 마지막은 한 편의 시로 끝맺었는데, 그로 인해 청중은 끝까지 감정 이입하며 스피치를 더욱 의미 있게 느낄 수 있었다.

이제 여러분에게 그 최종 연설문을 소개하고자 한다. 최종 연설문 바로 뒤에는 처음에 작성했던 연설문도 같이 실었다. 최종 연설문을 완성하기까지 여러 차례 수정을 했는데, 그중에서도 두 가지 특징이 두드러진다. 첫째, 스피치의 흐름이 훨씬 좋아졌다. 둘째, 갈등 상황을 더 잘 다듬었다. 사실 처음에 작성했던 연설문에는 이렇다 할 갈등 상황이 없다. 최종 연설문에 등장하는 내면의 갈등 상황 덕분에 청중은 강렬한 감정을 느꼈고 결국 강한 인상을 남길 수 있었다. 참고로, 앞서도 한 번 언급한 바 있듯이 줄임표(…)는 잠시 쉬어가라는 의미이다.

MIT 천재의 특별한 스피치 이야기 : 실전 사례

# 최고의 인생

여러분에게 약간 이상한 질문을 하나 드려보겠습니다. 부모님을 선택해서 태어나신 분 혹시 여기 계신가요? … 그러면 여러분의 자녀들은 또 어떤가요? (내 아이가 아니었으면 하고 바랄 때도 있을 겁니다.) … 아니면 건강 문제는요? … 그렇습니다. … 그런 것들은 우리에게 그냥 일어났을 뿐입니다. … 제가 오늘 드리고 싶은 말씀은 좋든 싫든 "인생사는 이미 다 정해져 있다"라는 것입니다. 사회자님, 그리고 토스트마스터즈 회원 여러분, 저는 오늘 여러분에게 제 인생에서 운명을 느낀 순간과 그 운명이 제 인생을 어떻게 바꿔 놓았는지, 그리고 거기서 제가 얻은 교훈이 어떻게 여러분의 인생도 바꿔놓을 수 있는지에 대해 들려 드리고자 합니다.

2001년 텍사스 휴스턴에 살던 저는 제게 관심을 보이던 수많은 젊은 여성을 뒤로 한 채 어쩔 수 없이 고향의 전통을 따르기로 했습니다. … 네, 여러분의 생각이 맞습니다. 결국 중매 결혼을 하게 된 것이죠. 그런데 중매를 결심하자마자 뜻밖의 좋은 점이 생겼습니다. … 중매라니, 이 얼마나 멋진 대화 주제입니까. 어떤 파티에 가서 중매로 결혼할 것이라고 말씀해 보십시오. … 파티장의 분위기가 확 달라질 겁니다. 불과 30분 만에 여러분은 화제의 중심이 될 것입니다. … 사람들은 여러분 얼굴을 잠깐이라도 구경하려고 이리저리 달려들 테지요. … 요즘 세상에도 그런 사람이 실제로 있나 궁금해하면서 말이지요.

그처럼 저도 주변 사람들로부터 엄청난 주목을 받았습니다. 하지만 저는 잔뜩 겁을 집어먹었습니다. 이렇게 하는 것이 옳은 일일까? '내 인연'을 스스로 찾아 나서는 게 맞는 걸까, 아니면 인도에 계신 부모님이 신붓감을 찾도록 내버려둬야 할까? 이런 생각들로 머릿속이 너무나 복잡하던 어느 날 저는 어머니에게 전화하기로 마음먹었습니다.

"저기, 어머니. 어떻게 제 신붓감을 찾으실 작정이세요?" 제가 물었습니다.

"비카스, 걱정하지 말거라. 내가 알아서 하마. 요모조모 따져봐야지, 사진도 보고 말이야."

"예. 그런데 어머니는 예쁜 게 최고라고 생각하시잖아요, 안 그래요?"

"아니, 아니란다, 비카스. … 두 사람이 서로 잘 어울려야지."

[거울에 내 얼굴을 비춰보고는 깜짝 놀라는 시늉을 한다.]

"어머니, 그 기준은 좀 바꾸시는 게 좋을 것 같아요."

"비카스, 이런 일은 내가 알아서 하마. 그냥 넌 마음 편하게 있어."

그렇게 저를 '띄워주는' 대화가 여러 차례 오간 후에, 부모님은 신붓감을 찾아냈고 놀랍게도 … 저는 보자마자 그녀가 마음에 들었습니다. 어머니가 서로 잘 어울려야 한다는 기준을 완전히 깨신 덕분이었습니다. … 제 아내 안잘리Anjali는 매력적이고 아름다웠습니다. 다른 경우는 몰라도 이번만은 부모님 말씀을 듣길 정말 잘했다는 생각이 들었지요.

마침내 결혼식 날이 찾아왔습니다. … 3일 밤낮으로 춤추고 노래 부르고 … 게다가 일면식도 없고 앞으로도 절대 만날 일 없는 그런 분들 수백 명과 말이지요. … 행사가 끝도 없이 이어졌습니다. 결혼식은 정말 굉장했습니다. 그래서 결혼식이 거의 끝날 무렵에는 '이런 짓은 다시는 못 하겠다'는 생각뿐이었습니다. 인도에서 이혼율이 왜 그렇게 낮은지 이제 이해되실 겁니다. … 사람들이 두 번 결혼하지 않으려고 무슨 일이든 참아내는 것입니다.

결혼식을 마치고 안잘리와 저는 비행기를 타고 다시 텍사스로 돌아왔습니다. … 하지만 저는 여전히 혼란스러웠습니다. 안잘리는 얼굴도 예쁘고, 공부도 많이 한데다가 세련되기까지 해. 내게 완벽한 짝이지. … 정말 그럴까? … 만약 안잘리가 내 인연이 아니면 어쩌지? … 좀 더 기다렸으면 '천생연분'을 찾지 않았을까? … 여러분, 결혼식을 치른 후 몇 주 동안 저는 집착에 빠져 있었습니다. '~하면 어쩌지?'라는 물음에 말입니다. 저는 부부 관계를 다져가기는커녕 벌써 후회하고 있었습니다. 그런데 어느 날 텔레비전을 보고 있는데 어떤 정신 나간 사람들이 "인생사는 이미 다 정해져 있습니다"라고 말하는 게 아니겠습니까. … 저는 자리에서 벌떡 일어나 "맞아, 저 말이 틀림없어"라고 소리쳤습니다.

여기서 잠시만요, 신사 숙녀 여러분, 텔레비전에서 나온 얘기 따위는 믿지 않는다고 말씀하지 마십시오. 텔레비전의 가장 좋은 점이 무엇인지 아십니까? … 그것은 여러분이 항상 이긴다는 사실입니다. 여러분이 지겠다 싶을 때는 텔레비전을 꺼버리고 그 자리를 뜨면 그만입니다. 그때 이 정신 나간 그 남성이 계속해서 말을 이어갔습니다. "인생사는 이미 다 정해져 있습니다. … 스스로 최고의 인생을 만들기 전까지는 말입니다."

'무슨 소리야?' 제가 소리쳤습니다. 그 남자는 계속해서 말을 이어갔습니다. "자기가 태어난 나라, 타고난 피부 색깔, 매일 만나는 이웃, 어느 것 하나 우리가 선택할 수 있는 것은 없습니다. 하지만 마음만 먹으면 무슨 일이든 완벽하게 만들 수 있습니다." 그날 저는 난생처음으로 텔레비전과의 말싸움에서 지고 말았습니다. … 하지만 저는 깨달았습니다. 만약 제가 완벽한 인생을 살고 싶다면 '~하면 어쩌지?' 따위의 물음을 던져서는 던져서는 절대로 안 된다는 사실을 말입니다. … 저는 제가 가진 게 무엇이든 그것을 먼저 인정하고 나서 그것을 바로 잡아야만 했습니다. 그 후로 5년이 지난 오늘, 아내와 저는 행복한 결혼 생활을 하고 있습니다. … 오늘, 중매로 결혼한 우리 두 사람의 결혼 생활은 … 완벽합니다.

친구여, 앞으로 어떤 인생이 펼쳐질지 모른다네. …

예상을 크게 벗어날 때도 있을 테지.
그렇다 해도 조바심 내거나 불평불만 할 필요는 없네.
타고난 환경이 불만스럽더라도
누구에게나 그걸 헤쳐 나갈 힘이 있으니.
결국 인생사는 이미 다 정해져 있는 법.

아래는 이상의 연설문으로 수정하기 전의 원고이다. 한 번 비교해서 보자. 아래의 원고와 비교해 스토리텔링에서 어떤 점이 나아졌고 또 표현은 어떻게 바뀌었는지 유심히 살펴보면 도움이 될 것이다.

**MIT 천재의 특별한 스피치 이야기 : 원래 원고**

## 최고의 인생

"중매를 한다고!" 의자에서 거의 떨어질 뻔한 크리스티가 말했습니다. … 그리고 긴 침묵이 흘렀습니다. "정말로 중매를 할 거라는 말이지?" 크리스티가 재차 제가 중매로 결혼할 것인지 물었습니다. 제가 대답했습니다. "그래."

그리고 크리스티의 표정은 그녀의 심정을 그대로 보여주었습니다. 크리스티는 제가 측은해 보였는지 눈물을 글썽이면서 말했습니다. "어떻게 하니, 어떡해. 뭐라고 위로를 해야 할지 모르겠네."

사회자님, 그리고 토스트마스터즈 회원 여러분, 그리고 중매 결혼을 꿈꿨지만 용기가 없어 하지 못했던 여러분. … 저는 오늘 여러분에게 중매의 많은 장점에 관해서 말씀드리고자 합니다. 중매라니, 이 얼마나 멋진 대화 주제입니까. 어떤 파티에 가서 앞으로 중매 결혼을 할 것이라고 말씀해 보십시오. … 파티장의 분위기가 확 달라질 것입니다. 30분도 채 안 돼서 여러분은 마치 보기 드문 골동품처럼 화제의 중심이 될 것입니다. … 그리고 사람들은 여러분을 한번 만져보고 여러분의 고통스러운 이야기가 듣고 싶어 안달이 날 테지요.

솔직히 말씀 드리겠습니다. 결혼을 앞두고 저는 잠깐 망설였습니다. 이 결혼에 대한 갖가지 의구심이 들었기 때문입니다. 이런 생각이 들기 시작했습니다. "사람들의 말이 맞으면 어쩌지? 내 '인연'이 나타날 때까지 기다려야 하는 걸까? 그렇게 중요한 결정을 부모님에게만 맡겨도 되는 걸까?"… 이런 생각들로 머릿속이 뒤죽박죽이던 어느 날 저는 어머니에게 전화를 걸었습니다.

"저기, 어머니. 제 신붓감을 어떻게 찾을 생각이세요?"

"걱정 붙들어 매거라." 어머니가 대답하셨습니다. "요모조모 따져봐야지, 사진도 보고 말이야."

"예. 그런데 어머니는 예쁜 게 최고라고 생각하시잖아요, 안 그래요?"

"아니, 절대 아니란다, 비카스. … 두 사람이 서로 잘 어울려야지. 한 쌍으로 말이야. 신붓감도 남편 못지않게 외모가 출중하면 좋지."

[거울에 내 얼굴을 비춰보고는 깜짝 놀라는 시늉을 한다.]

"어머니, 그 기준은 좀 바꾸시는 게 좋을 것 같아요."

"비카스, 이런 내가 알아서 하마. 넌 마음 편하게 있어."

여러분도 아시겠지만 어머니와의 이런 대화는 저에게 아무런 도움이 되지 않았습니다.

그런데 이듬해에 신기하게도 부모님은 신붓감을 찾아내셨고 놀랍게도 … 저는 보자마자 그녀가 마음에 들었습니다. 어머니가 서로 잘 어울려야 한다는 기준을 완전히 깨신 덕분이었습니다. … 제 아내 안잘리는 매력적이고 아름다웠습니다.

… 어찌나 예쁜지 난생처음으로 "중매로 결혼하길 정말 잘했다"는 말이 제 입에서 튀어나올 정도였습니다. … 그리고 마침내 결혼식 날이 찾아왔습니다. 화려한 색상으로 장식한 인도식 천막 아래에서 손님 수백 명과 3일 밤낮으로 춤추고 노래를 불렀습니다. … 일면식도 없고 앞으로도 절대 만날 일 없는 그런 분들과 말이지요. 아무튼 수많은 축하 인사를 받았습니다. 그리고 황토색 도티인도에서 남자들이 몸에 두르는 천―옮긴이를 입은 스님이 읊으시는 산스크리트어 법문도 듣고, 사람들이 축복의 의미로 부부의 머리 위에 뿌리는 꽃과 쌀 세례도 받아야 했습니다.

어쨌든 결혼식이 거의 끝날 무렵에는 '이런 짓은 다시는 못 하겠다'는 생각뿐이었습니다. 여러분, 제 생각에 인도 사람들은 오직 한 가지 목적만 염두에 두고 결혼식을 만든 것 같습니다. … 부부가 결혼식만 생각하면 치가 떨려서 결혼 생활을 꿋꿋이 견뎌내도록, 그리고 두 번 다시는 결혼 생각을 하지 않도록 만들려는 목적 말입니다.

성대한 결혼식이 끝나고 우리 두 사람만 덜렁 남게 되었습니다. … 말도 못하게 어색한 순간이었죠. 결혼하기 전까지 서로 전화통화는 많이 했지만 실제로 둘이 만나서 시간을 보낸 적은 한 번도 없었으니까요. … 그런데 이런 두 사람이 갑자기 부부가 된 것이었습니다. 그래서 신혼 초 몇 달은 꽤 힘들었습니다. 우리 두 사람은 서로를 이해하려고 무척 노력했고, 곧 우리 결혼 생활은 꽃을 피웠습니다. … 우리 두 사람은 서로를 진심으로 위했고 서로가 가진 목표에도 진지한 관심을 보였습니다. 설레는 마음으로 멋진 미래를 꿈꾸었지요. 우리 두 사람은 중매로 결혼했지만 지금 결혼 생활은… 완벽합니다.

우리 인생은 뜻밖의 방식으로 교훈을 주기 마련인데, 저는 불과 몇 년 전까지만 해도 이 모든 일에서 주는 큰 교훈을 전혀 깨닫지 못했습니다.

[핵심은 여기서부터 시작된다.]

제 인생의 많은 일이 이미 정해져 있었습니다. 제가 태어난 나라도, 제 피부 색깔도 제가 선택할 수 있는 것이 아니었고, 제가 겪는 문제들도 대개는 어찌해 볼 도리가 없는 것들입니다. 제가 선택할 수 있는 것은 오직 그 모든 것을 최고로 만드는 일뿐입니다.

여러분, 이미 정해진 일에 불평불만 하면서 살아가는 사람들이 많습니다. … 최고의 배우자가 아니어서, 최고의 직장이 아니어서, 최고의 직업이 아니어서, 최고의 조국이 아니어서 불평합니다. … 변화를 만들어내는 힘이 바로 내 손안에 있다는 사실을 까맣게 모른 채 말입니다. … 우리에게는 이미 정해진 것들을 최고로 만들 힘이 있습니다.

여러분의 인생은 이미 정해져 있습니다. … 스스로 최고의 인생을 만들기 전까지는 말입니다.

준결승전에서 사용한 두 번째 연설문 제목은 '그림엽서'이다. 2007년 세계연설대회에서 우승하기 한 해 전인 2006년에 이 연설문을 작성했다. 이 연설문을 쓰는 동안 이 책에서 다룬 많은 개념이 하나로 합쳐지기 시작했다. '그림엽서'라는 연설문 덕분에 이 책에서 다룬 개념들이 탄생했다고 해도 과언이 아니다.

현재를 충만하게 살고 있지 못하다는 평소의 강렬한 감정이 이 연설문을 쓰게 된 계기가 되었다. 예나 지금이나 늘 최선을 다하기만 하면 더 잘할 수 있을 것 같고, 더 좋은 사람이 될 수 있을 것 같고, 더 사람들을 잘 챙길 수 있다고 믿으며 살고 있다. 누구나 이와 비슷한 감정을 느껴본 적이 있을 것이다. 이렇게 완벽해지려는 마음은 '내가 좀처럼 순간순간을 즐기지 못하기' 때문이다. 사무실에 있을 때는 집에 가서 아내와 같이 지낼 생각, 제때 내야 할 갖가지 청구서 생각, 도와줘야 할 집안일 생각 등 집에서 해야 할 온갖 일들을 끊임없이 생각한다. 반면 집에 있을 때는 진행 중인 회사 일과 다음날 해야 할 업무 걱정에 정신이 없다.

많은 사람이 나처럼 현재 이 순간을 즐기지 못하면서 살아가고 있다고 생각한다. 그래서 이 스피치를 통해서 청중에게 중요한 것은 아름다운 '지금 이 순간'이며, 계획보다 중요한 것이 지금 이 순간을 사는 것이라는 점을 전달하고자 했다. 이 스피치가 삶의 방식을 바꾸고 현재를 즐기는 인생을 살아가는 계기가 되기를 바랐다. 청중의 인생에 그런 큰 변화가 일어나길 소망하며 '그림엽서'라는 연설문을 작성했다.

이 스피치가 전달하려는 뜻은 '지금 이 순간을 살라'는 한 문장으로 표현할 수 있다. 아마 한 번쯤 이런 문장을 접해 보았을 것이다. 이 스피치가 청중의 뇌리에 오래 남았던 이유는 '그림엽서' 스피치의 전달 방식 때문이었다. 즉, 지금 이 순간을 살지 못할 때 인생에서 어떤 일이 벌어지는지 잘 보여주는 사연을 통해 청중이 강렬한 최종 감정을 느끼도록 했다. 그런 사연을 들은 청중은 '아, 나는 절대 저런 인생을 살아서는 안 되겠구나' 하는 가슴 철렁하는 감정에 휩싸이게 된다. 이처럼 '그림엽서' 스피치는 청중의 생각을 흔들어 놓는 인생의 뜻깊은 의미를 전달하고 있다.

'최고의 인생'과 마찬가지로 '그림엽서' 연설문에도 이 책에서 다룬 다양한 스피치 기법이 들어 있다. 스피치 초반은 청중의 주목을 끌기 위해서 재미있는 대화로 시작했다. 이 스피치에는 두 가지 스토리가 들어 있다. 첫 번째 이야기는 타지마할에서 내가 겪은 재미있는 일화이고, 두 번째 이야기는 나의 숙부가 돌아가셨을 때의 일화를 다루고 있다. 두 가지 이야기 모두 그림엽서라는 주제와 엮어서 스피치에 집어넣었다. 이 스피치에는 다양한 이미지가 들어 있지만, 그림엽서만큼 이 스피치의 주제를 강하게 드러내는 것은 없다. 마지막으로, 스피치 마지막 부분은 극적으로 표현해서 청중이 느낄 가장 강렬한 감정을 정확히 담아냈다.

'그림엽서'는 우리에게 인생을 확 바꾸는 결단을 요구한다. '그림엽서' 스피치를 통해서 청중은 어쩔 수 없이 자기가 살아온 삶을 되돌아보고, 지금 이 순간의 소중함과 그 가치를 이해하고, 미래에 집착하지 말아야겠다는 결심을 하게 된다. 이 스피치는 단순히 지금 이 순간을 즐기라는 교훈을 전달하는 데 그치지 않고, 그런 깨달음을 바탕으로 도전에 대한 열정을 불러일으킨다. 이런 부분이 바로 '그림엽서'를 효과적인 스피치로 만들었다.

지금부터 소개할 '그림엽서' 연설문과 뒤에 이어지는 '타지마할 이야기'를 비교해 읽어보자. '타지마할 이야기'는 '그림엽서'의 스피치 초안이다. '타지마할 이야기'도 핵심 메시지를 담고 있기는 하지만, 후반부로 갈 때의 감정 흐름이 별로 뛰어나지 않다. 이는 스피치에서 감정을 표현하는 데 불리하게 작용한다. '타지마할 이야기'에서도 한 편의 시로 스피치를 마무리했는데, 앞서 설명한 효과를 얻기 위해서였다. 하지만 여러 그룹의 청중 앞에서 연습하고 피드백 받아본 결과, 숙부가 돌아가신 이야기에서 가장 강렬한 인상을 받았고 그 이후에는 더 길게 스피치를 이어갈수록 그 효과가 반감된다는 지적을 들었다. 따라서 최종 연설문에서는 청중의 감정이 최고조에 다다랐을 때, 즉 숙부 이야기가 끝나자마자, 갑작스럽다고 느껴질 정도로 스피치를 재빨리 마무리했다. 이처럼 강렬한 인상을 남길 수 있는 특별한 마무리를 생각해내느라 꼬박 일주일이 걸렸다. 마지막 부분을 이처럼 짧게 마무리하는 경우는 드물지만, 그 덕분에 아주 효과적인 스피치를 할 수 있었다.

 **MIT 천재의 특별한 스피치 이야기 : 실전 사례**

# 그림엽서

"타지마할을 직접 본 적 있어요?" 제이미가 제게 물었습니다. 저는 그런 질문에 익숙해져 있었습니다. 제가 인도인이라는 사실을 발견하면 하나같이 물어보는 질문 중 이것은 두 번째 질문이었습니다. 빠짐없이 묻는 첫 번째 질문은 "진짜 중매로 결혼했어요?"입니다.

타지마할에 관한 질문을 받을 때면 저는 "그럼요, 굉장히 아름답습니다"라고 준비해둔 대답을 하곤 했습니다.

사실 저는 그때까지 한 번도 타지마할에 가본 적이 없었지만, 그렇다고 말하기가 창피해서 솔직히 대답하지 못했습니다. … 그래서 저는 그림엽서 한 장을 보고 타지마할을 설명하는 법을 배웠습니다.

사회자님, 그리고 토스트마스터즈 회원 여러분, 달랑 그림엽서 하나만 보고 역사적인 건축물을 구경했다고 우긴 적이 있으십니까? 한 번 해 보십시오, 정말 잘 통합니다. 저는 제이미와 타지마할에 관해서 멋진 대화를 나누었지만, 이런 거짓

말도 도가 지나치면 곧 들통날 판이었습니다.

2년 전에 인도를 방문한 아내와 저는 드디어 타지마할을 구경하기로 했습니다. 두 사람 모두 들떠서 사방에 소문을 냈습니다. 저희 두 사람이 타지마할을 방문한다는 것을 친구들은 물론이고 친척들까지 전부 알게 되었습니다. 제가 가장 좋아하는 제이 삼촌이 우리가 타지마할에 갈 거라는 것을 알고, 한 가지 충고를 해주었습니다. "소매치기를 조심해야 돼. 아주 귀신같은 놈들이거든. 미처 손쓰기도 전에 지갑을 쏙 빼간다니까."

제이 삼촌뿐만 아니라 이모와 조카들까지 전부 합세해서 똑같은 충고를 해주었습니다. … 결국 타지마할에 가서도 제 신경은 온통 뒷주머니에 쏠려 있었죠. 농담이 아니라 30초마다 뒷주머니에 손을 갖다 대어 지갑이 있는지 확인했습니다. 그날 오후, 음료수를 하나 사려고 줄 서서 기다리며 아내, 여행 가이드와 함께 이야기를 나누었습니다. 그렇게 몇 분 동안 주의를 돌린 찰나, 다시 뒷주머니에 손을 대보니 제 지갑이 없어져 버린 것 아니겠습니까!

어떻게 이런 일이 일어날 수가 있죠? 그렇게 조심 또 조심했는데도 말이지요. 저는 뒤를 돌아보며 크게 소리쳤습니다. "누가 내 지갑을 훔쳐갔어요!"

그러자 순식간에 주변에 있던 사람들 수백 명가량이 화들짝 놀라, 주변에 의심스러운 사람이 있나 흘깃흘깃 쳐다보았습니다. 도둑은 아마 멀리 가지는 못했을 겁니다. 제가 주변을 훑어보던 그때 멀리서 기사 아저씨 목소리가 들렸습니다.

"손님, 손님!"

"왜 그러세요?" 제가 소리쳤습니다.

"지금 손에 쥐고 있네요."

아니나 다를까, 지갑은 제 손안에 있었습니다. 그러자 곧 일이 어떻게 된 것인지 깨달았습니다. 음료수를 사려고 기껏 지갑을 꺼내 놓고 다른 손으로 뒷주머니를 만지면서 도둑을 맞았다고 생각한 것입니다. … 오로지 소매치기 생각만 하다 보니 벌어진 해프닝이었습니다.

제가 이 이야기를 아직도 잊지 못하는 데는 두 가지 이유가 있습니다. 첫 번째는 제 아내 때문입니다. 저를 골려 먹기에 정말 좋은 소재이니까요. 두 번째는 그날 저녁 제가 받은 느낌 때문입니다.

　저는 그날 인간이 만든 가장 아름다운 건축물 앞에서 하루를 보냈지만, 그렇게 빛나는 하얀 대리석과 기둥에 새겨진 정교한 문양의 촉감이 전혀 떠오르지 않습니다. 또한 타지마할 주변에 핀 꽃들의 향기가 어땠는지, 장관을 이루는 타지마할 지붕이 어떻게 생겼는지 기억나질 않습니다. 마치 방금 어떤 사진 한 장을 보고 온 느낌이었습니다. … 그림엽서 한 장을 말이지요.

　마치 뭔가를 놓고 온 것처럼 허전한 기분이었습니다. 허전한 기분의 실체는 걸려온 전화 한 통으로 확인할 수 있었습니다. 그날은 3월 15일이었습니다. 아침 일찍 전화 한 통이 걸려왔습니다. 어머니의 전화였습니다.

　"비카스, 안 좋은 소식을 전하게 됐구나. 제이 삼촌이 세상을 떠났단다."

　저는 큰 충격에 빠졌습니다. … 제가 제일 좋아하는 삼촌이 … 돌아가시다니.

　"하지만 어머니, 의사가 여섯 달 정도는 살 수 있다고 했잖아요. 그런데 어떻게 그렇게 돌아가실 수가 있죠?"

　"그게, 너도 알다시피 의사들이 잘못 판단하기도 하잖니……."

　"그렇게 돌아가실 수는 없어요, 어머니."

　"삼촌은 저세상으로 갔어, 비카스."

　"하지만 어머니, 이제 일도 거의 마무리돼서 삼촌한테 전화 한 번 드리려고 했는데……."

　삼촌과 함께 보낸 아름다웠던 제 어린 시절을 생각하니 뺨으로 눈물이 뚝뚝 흘러내렸습니다. 콜카타에 있던 삼촌의 아담한 집과 삼촌네 집 뒤뜰에서 뛰어놀며 무더운 여름을 보낸 기억, 삼촌의 따뜻한 포옹과 상냥한 미소가 주마등처럼 눈앞을 스쳐 갔습니다. 삼촌과 함께했던 어린 시절의 기억들이 스쳐 지나가는 동안, 저는 태어나서 처음으로 제 인생이 마치 … 한 장의 그림엽서 같았다는 사실을 깨달

있습니다. 밋밋하고 허전한 그림엽서 말입니다.

그때까지 저는 미래를 계획하는 데 온 정신을 빼앗긴 나머지 단 한 번도 현재를 즐기지 못했었습니다. 순간순간의 냄새와 촉감, 소리와 감정을 제대로 느끼지 못했던 것입니다. 하지만 그런 순간은 순식간에 지나가 버렸습니다. 마치 제이 삼촌이 이 세상에서 사라져버렸듯이 말입니다. … 그것도 영원히.

여러분, 많은 사람이 타지마할에 가서도 그 웅장함을 즐기지 못하고 자기 지갑이나 도둑맞지 않을까 전전긍긍하는 사람처럼 그렇게 살아가고 있습니다. 순간을 즐기지 못하면, 다시 말해 순간순간 들려오는 감미로운 소리, 향기로운 냄새, 부드러운 촉감, 경이로운 감정을 제대로 느끼지 못한다면 남는 것은 영혼 없는 사진 한 장뿐이고 아무 감흥 없는 기억뿐입니다.… 마치 한 장의 그림엽서처럼.

여러분의 인생은 생각보다 훨씬 더 값집니다. 그저 단순한 한 장의 … 그림엽서보다 말입니다.



느낌이 어떤가? 앞서 말한 대로 가슴이 철렁하는 느낌이 드는가? 이 스피치를 듣고 나서 자기 인생이 확 달라졌다고, 살면서 들어본 스피치 중 최고였다고 고백한 사람이 믿을 수 없을 정도로 많다. 그들이 현재를 살라는 말을 예전에 들어보지 못해서 그런 감동을 받은 것은 아닐 것이다. 현재를 살라는 가르침은 영감을 주는 스피치의 단골 주제다. 그러나 그들은 내 스피치를 통해 전에는 한 번도 느끼지 못했던 감동을 받았다.

이 스피치가 왜 그렇게 사람들에게 감동을 주었는지 다시 한 번 설명해 보겠다. 일단 듣는 사람에게 어떤 답을 제시하지 않고 있다. 현재를 사는 것이 구체적으로 어떤 것인지 혹은 순간순간을 즐기는 하루를 보내려면 어떻게 하는 것이 정답인지 전혀 언급하지 않는다. 그 대신 듣는 사람으로 하여금 삶이 제대로 돌아가고 있지 않다고 느끼게 할 뿐이다. '내가 현재를 살지 못하고 있구나, 뭔가 변화가 필요하구나' 하고 느끼게끔 하는 것이다. 감정적으로 한껏 고무된 사람들은 엉뚱한 데 집착하고 있는 자기 인생을 '바로잡아야' 겠다는 의욕을 불태우게 된다.

이 스피치를 듣고 마무리에서 뭔가 빠진 것 같다며 지적하는 사람들이 있다. 왠지 거기서 끝나면 안 될 것 같다는 기분이 든다는 것이다. 어떻게 보면 마무리가 너무 급작스럽다고 지적하고 있는 것이나 다름없다. 하지만 이 스피치가 전하는 뜻이 불분명하냐고 그들에게 물어보면, 전하려는 메시지는 분명하다고 대답한다. 따라서 그런 느낌은 그저 하나의 느낌일 뿐이다. 이 스피치에서 마무리를 갑작스럽게 처리한 데는 한 가지 이유가 있다. 필자는 이 스피치를 '인생을 바꾸는 계기'라고 부른다. 즉, 듣는 사람들로 하여금 현실에 최선을 다함으로써 행동에 변화가 일어나도록 유도하는 것이 이 스피치의 주된 목적이다.

만약 다른 사람의 인생을 바꾸어 놓을 정도로 감화를 일으키는 연설문을 하나 써 보라고 하면, 누구나 전혀 감을 잡지 못할 것이다. 보통은 '멋진 스피치'를 써야 한다고 생각하면서 예전 방식을 고집하게 된다. 이 스피치가 사람들에게 강렬한 인상을 남기는 이유는 듣는 사람들에게 뭔가 마음에 걸리는 느낌이 남도록 만들기 때문이다. 즉, 자신의 삶이 전혀 괜찮은 것이 아니며 따라서 무엇인가 변화가 필요하다고 느끼게 만드는 것이다. 이 스피치는 강렬한 행동의 변화를 이끌어 낼 수 있는 청중의 감정에 초점을 맞추고 있다.

그럼 이번에도 수정 전의 원래 원고를 비교해 보도록 하자.

 **MIT 천재의 특별한 스피치 이야기 : 원래 원고**

# 타지마할 이야기

"타지마할을 직접 본 적 있어요?" 제이미가 제게 물었습니다. 저는 그런 질문에 이미 익숙해져 있었습니다. 제가 인도인이라는 사실을 발견하면 하나같이 물어보는 질문 중 이것은 두 번째 질문이었습니다. 빠짐없이 묻는 첫 번째 질문은 "진짜 중매로 결혼했어요?"입니다. 타지마할에 관한 질문을 받을 때면 전 "그럼요, 굉장히 아름답습니다"라고 준비해둔 대답을 하곤 했습니다. 사실 저는 그때까지 한 번도 타지마할에 가본 적이 없었지만, 그렇다고 말하기가 창피해서 솔직히 대답하지 못했습니다. … 인도에서 22년이나 살았던 제가 전 세계 사람들이 구경하는 타지마할을 한 번도 직접 보지 못했다고 어떻게 고백할 수 있었겠습니까? … 그래서 저는 그림엽서 한 장을 보고 타지마할을 설명하는 법을 배웠습니다.

사회자님, 그리고 토스트마스터즈 회원 여러분, 달랑 그림엽서 하나만 보고 역사적인 건축물을 구경했다고 우긴 적이 있으십니까? 한 번 해 보십시오, 정말 잘 통합니다. 그때까지 얼렁뚱땅 모면하기는 했지만, 이런 거짓말도 도가 지나치면 곧 들통 날 판이었습니다. 그래서 다음에 인도를 방문할 때는 반드시 타지마할을 보러 가겠노라고 다짐했습니다. … 그리고 2년 후에 인도를 방문한 아내와 저는 드디어 타지마할을 구경하기로 했습니다. 두 사람 모두 들떠서 사방에 소문을 냈습니다. 저희 두 사람이 타지마할을 방문한다는 것을 친구들은 물론이고 친척들까지 전부 알게 되었습니다. … 그들은 딱 한 가지, 소매치기를 조심하라고 저희에게 신신당부하며 말했습니다. "아주 귀신같은 놈들이야. 미처 손쓰기도 전에 지갑을 쏙 빼간다니까." 친구와 친척들의 신신당부는 계속되었습니다.

그 때문에 타지마할에 도착해서도 저는 오직 소매치기를 당하지 않아야겠다는 생각뿐이었습니다. 농담이 아니라 30초마다 뒷주머니에 손을 갖다 대어 지갑이 있는지 확인했습니다. 그러던 중 음료수를 하나 사려고 줄을 서서 기다리면서 아내, 여행 가이드와 함께 이야기를 하고 있었습니다. 잠시 몇 분간 그렇게 마음을 딴 데 두고 있던 찰나. 다시 뒷주머니에 손을 대봤는데 … 제 지갑이 없어져 버린 것 아니겠습니까! 어떻게 이런 일이 일어날 수가 있죠? 도둑이 제 지갑을 훔쳐가다니 … 그렇게 조심 또 조심했는데도 말이지요.

저는 재빨리 뒤돌아보며 크게 소리쳤습니다. "누가 내 지갑을 훔쳐갔어요!" 그러자 순식간에 주변에 있던 사람들 수백 명가량이 화들짝 놀랐습니다. … 그리고 주변에 의심스러운 사람이 있나 싶어 흘깃흘깃 쳐다보았습니다. … 도둑은 아마 멀리 가지는 못했을 겁니다.

제가 주변을 이리저리 훑어보고 있던 그때 멀리서 기사 아저씨 목소리가 들렸습니다.

"손님, 손님!"

"왜 그러세요?" 제가 소리쳤습니다.

"지금 손에 쥐고 있네요."… 아니나 다를까 지갑은 제 손안에 있었습니다. 그러자 곧 일이 어떻게 된 것인지 깨달았습니다. 음료수를 사려고 기껏 지갑을 꺼내 놓고는 무의식중에 다른 손을 뒷주머니에 대보고 지갑이 없으니 도둑을 맞았다고 생각한 것입니다. … 오로지 소매치기 생각만 해서 벌어진 해프닝이었습니다. 그 순간, 제 주변에 서 있던 사람들 수백 명이 눈에 들어왔습니다. 사람들은 혹시 제가 술을 마신 것은 아닌가 하는 눈빛으로 저를 뚫어지게 쳐다보고 있었습니다.

그 시간 이후로 그날 하루 동안 운 좋게 지갑을 잘 간수할 수 있었지만, 하루를 마무리할 때쯤 약간 이상한 느낌을 받았습니다. 생각해 보십시오, 저는 그날 종일 타지마할을 구경했는데 그곳에서 나는 냄새가 어땠는지, 하얀 대리석을 만졌을 때의 촉감은 어땠는지 전혀 기억나질 않았습니다. 마치 그림엽서 한 장을 보고 온 느낌이었습니다.

제가 이 이야기를 아직도 잊지 못하는 데는 두 가지 이유가 있습니다. 첫 번째는 제 아내가 그 사건을 늘 상기시켜주기 때문입니다. … 저를 골려 먹기에 너무나 좋은 소재니까요. … 두 번째는 그해 3월 15일에 일어난 사건 때문입니다. 아침 일찍 전화 한 통이 걸려왔습니다. 저는 그때 이미 일어나 있었습니다. 어머니의 전화였지요.

"비카스, 안 좋은 소식을 전하게 됐구나. 제이 삼촌이 세상을 떠났단다."

저는 큰 충격에 빠졌습니다. "하지만 어머니, 의사가 여섯 달 정도는 살 수 있다고 했잖아요. 그런데 어떻게 그렇게 돌아가실 수가 있죠."

"그게, 너도 알다시피 의사들이 잘못 판단하기도 하잖니……."

"그렇게 돌아가실 수는 없어요, 어머니."

"삼촌은 저세상으로 갔어, 비카스."

"하지만 어머니, 이제 일도 거의 마무리돼서 삼촌한테 전화 한 번 드리려고 했는데……."

삼촌과 함께 보낸 아름다웠던 어린 시절을 생각하니 뺨으로 눈물이 뚝뚝 흘러내렸습니다. 콜카타에 있던 삼촌의 아담한 집과 삼촌네 집에서 뛰어놀며 함께 무더운 여름을 보낸 기억이 주마등처럼 눈앞을 스쳐 갔습니다. 삼촌과 함께했던 어린 시절의 기억들이 스쳐 지나가는 동안, 저는 태어나서 처음으로 마치 타지마할 구경을 갔을 때처럼 지금까지 인생을 잘못 살아왔다는 것을 깨달았습니다. 존재하지도 않는 미래를 바쁘게 좇느라 제 눈앞에서 벌어지는 기적 같은 일들을 보지도, 장미 향기를 맡아보지도, 가족과 친구들의 사랑을 느끼지도 못했던 것입니다.

다음과 같은 시 한 구절을 전해드리면서 오늘 스피치를 마무리하고자 합니다.

> 다람쥐 쳇바퀴 돌듯
> 오늘 하루의 기쁨 제대로 누리지도 못하면서
> 과거와 미래만 좇기에 여념 없네.
> 하지만 주어진 시간은 오직 현재뿐.
> 하여, 오늘부터라도 이처럼 단순한 진리대로 살아가세.
> 빛나는 타지마할, 매일 같이 눈앞에 펼쳐질 터이니.

2007년 세계연설대회 준결승전을 통과하면서 드디어 결승전 무대에 오르는 특권을 얻을 수 있었다. 나를 포함하여 최종 결승전에 진출한 10명의 연사는 이제 대중 스피치를 하는 사람들이 가장 탐내는 우승 트로피를 두고 경쟁을 벌일 참이었다. 앞으로 다가올 몇 주 동안은 재미있으면서도 엄청나게 힘든 과정이 될 것이 분명했다. 더군다나 결승전 날까지 내 인생 최고의 연설문을 작성하기에는 시간이 너무나 빠듯했다.

결승전을 준비한 처음 며칠 동안은 결승전에서 청중에게 전할 스피치의 목적과 강렬한 메시지에 대해서만 고민했던 것 같다. 고민을 거듭한 끝에, 청중에게 가장 전달하고 싶은 감정은 '당신은 누구입니까?'라는 질문을 받았을 때 느낀 당혹감이라는 사실을 발견했다. 아주 오래전에 그에 대해 자문한 적이 있었는데, 엄청난 당혹감과 실망감을 동시에 느꼈다. 당시에는 나 자신이 누구인지 전혀 알지 못했다. 내 열정이 무엇인지, 장점과 꿈은 무엇인지 전혀 몰랐고, 무엇보다도 내게 어떤 잠재력이 있는지 까마득히 몰랐다. 하지만 내가 누구인지에 대해서 진지한 질문을 던지기 시작하자 그런 자질들이 자연스럽게 생기게 되었다. 따라서 내 잠재력을 일깨워 준 그 소중한 질문을 결승전에서 세상 사람들에게 주는 선물로 생각하고 던져보기로 했다. 내 스피치를 듣고 많은 사람이 나처럼 긍정적인 변화를 겪게 되었으면 하는 바람이었다.

MIT에서 공부한 경험이 결승전 스피치에서 전하려는 메시지에 영향을 미쳤다. 공학도들에게 거의 성지나 마찬가지인 이 대학교에 진학하기 위해 도전하는 과정은 자신의 잠재력을 발견하는 과정이기도 했다. 결승전 스피치에서 전하려는 메시지에 그만큼 잘 부합하는 이야기도 없을 것 같았다.

결승전을 준비하면서 '스와미의 질문'과 '그림엽서'를 두고 오랜 시간 두 스피치를 비교했다. 실전 스피치를 통해서 여러 차례 피드백을 받은 결과 '스와미의 질문'이 '그림엽서'만큼 뛰어나지는 않다는 반응을 얻었다. 결승전을 준비하면서 훌륭한 연설문 하나의 영향력이 얼마나 큰지를 절감했다. 다음에 작성하는 연설문과 곧바로 비교되기 때문이다. 한 번 뛰어난 스피치를 하고 나면 청중들은 항상 그 수준 이상을 기대하고 요구하는 법이다. 그것은 내가 결승전 준비 과정에서 얻은 큰 교훈이었고, 스피치를 잘하고 싶은 사람 모두 되새겨 볼 만한 교훈이기도 하다.

'스와미의 질문'은 내가 학업에서 잠재력을 발견해나가는 여정을 그림으로써 청중이 감정 여행을 떠나도록 유도한다. 그저 한 명의 훌륭한 학생에서 최고의 학생으로 변모해가는 과정을 통해 청중은 내가 겪은 수많은 시도와 시련, 그리고 승리와 환희의 감정을 느낄 수 있다. 물론 내 이야기는 MIT대학원에 입학하는 것으로 마무리된다.

하지만 스피치는 그것으로 끝나지 않는다. MIT 입학에 따른 성취감은 내가 청중에게 전달하고자 하는 최후의 감정이 아니기 때문이다. 이 스피치는 마지막 부분에서 화제의 중심을 청중에게 돌린다. 즉, MIT를 향한 여정이 시작되었을 때 나 자신에게 던졌던 그 의미심장한 질문을 청중에게 던지는 것이다. 물론 청중이 그 질문에 제대로 대답하지 못하리라는 것을 예상하고 던지는 질문이다. 자신이 누구인지를 묻는 단순하고도 어려운 질문과 마주했을 때 느끼는 엄청난 당혹감과 실망감을 청중에게서 이끌어 내고자 했다.

앞서 제시한 연설문들과 마찬가지로 이 스피치의 초기 형태인 '유일한 경쟁자'도 함께 실었다. '스와미의 질문'이라는 스피치 제목은 준비 기간 막판에 친한 친구가 내게 제안해 준 것이다. 앞서도 여러 차례 언급했지만, 최초 연설문과 최종 연설문의 차이는 스피치의 정수라고 할 수 있는 최후의 감정뿐이다. 또한 스피치의 흐름을 좋게 하고 감정적으로 더 강한 반향을 일으키려고 여러 가지 스피치 기법에 변화를 주었다.

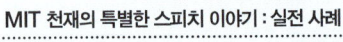 MIT 천재의 특별한 스피치 이야기 : 실전 사례

# 스와미의 질문

손은 부들부들 떨리고 목은 바짝바짝 마르고… [봉투 하나를 손에 쥐고 있다.] 지금 제 손안에는 제 인생을 바꿔놓을 편지 한 통이 있습니다. … 좋은 소식이 들어 있을까요, 아니면 나쁜 소식이 들어 있을까요. … 그 답은 이 편지 봉투 안에 있습니다.

봉투에 적힌 보낸 사람 주소를 뚫어지게 쳐다봅니다. 매사추세츠공과대학교. 제가 꿈에 그리던 바로 그곳입니다. 편지는 '합격을 축하합니다'로 시작될까요, 아니면 '지금 장난합니까?'로 시작될까요? … 답은 이 편지 봉투 안에 있습니다.

제 마음은 이 모든 것이 시작된 과거로 거슬러 올라갑니다. 그 시작은 14년 전이었습니다.

사회자님, 그리고 토스트마스터즈 회원 여러분, 누구나 십 대 시절의 추억을 가지고 계실 겁니다. 그때는 1989년이었습니다. … 저는 십 대 학생이었고, 부모님은 저에 대해서 거의 자포자기한 심정이었습니다. 어떤 기분인지, 잘 아시지요! 몇 년 후면 대학에 입학해야 하는데 그러기에는 제 성적이 … 터무니없었습니다. 저와는 반대로 부모님은 학교 다닐 때 항상 우등생이었습니다. 그래서 제가 본래 머리가 나쁠 리는 없다고 철석같이 믿었지요. … 하지만 두 분은 저 때문에 온갖 시도를 다 해 봐야 했습니다. … 과외도 시켜보고 멘토링도 시켜보고, 공부하라고 협박도 해 보고. 그러다가 결국 초자연적인 능력을 가진 사람까지 찾아갔어요. … 그 사람은 바로 스와미였습니다.

어느 날 오후 어머니와 저는 인도 콜카타에 있는 낙후된 동네를 찾아갔습니다. 그 동네에는 집들이 너무 다닥다닥 붙어 있어서 햇빛이 전혀 들지 않을 정도였습니다. … 한 작은 오두막 앞에 이르자, 뜨겁고 습한 공기 속에서 향신료 냄새가 흘러나왔습니다. 그곳에는 사람들이 '스와미'라고 부르는 성자가 앉아 있었습니다. 땀에 전 짙은 황색 법복을 입은 스와미는 자기를 찾아온 사람들의 고민을 풀어주는 일을 했습니다.

"스와미, 제 아들 비카스는 잠재력은 정말 많은데 성적이 너무 안 좋습니다." 어머니가 간곡하게 답을 구했습니다. 그러자 스와미는 이렇게 대답했죠. "명상, 명상을 시키라고." … 그러고는 눈 깜짝할 사이에 그는 다음 사람에게 눈길을 돌려 버렸습니다.

저는 그때 명상 따위는 전혀 믿지 않았는데, 어머니 표정을 보고는 [어머니를 쳐다보고 겁에 질린 표정을 짓는다.] 어쩔 수 없이 한번 시도는 해 봐야겠다는 생각이 들었습니다. … 그런데 그 길로 그만 명상에 푹 빠져 버리고 말았습니다. 명상이 정말 멋지다는 걸 아시나요? 정말 그랬습니다. 친구들도 제가 명상을 즐긴다는 것을 알아차렸습니다. 그러자 학교에서 제 인기가 마치 애플 사 주식 올라가듯이 치솟았습니다. … 저는 친구들의 관심을 마음껏 즐겼지요. … 하지만 사람들이 안 보이는 곳에서는 혼자 명상하기가 쉽지 않았습니다. 조용한 방 안에서 가부좌를 틀고 눈을 감는 것은 누워서 떡 먹기였습니다 … 만, 자지 않고 깨어 있지 못한다는 것이 문제였습니다. 눈을 감은지 채 몇 분도 못 되어 저는 어린 아기처럼 깊은 잠에 빠져 버렸습니다. 하지만 이미 저는 명상으로 학교에서 유명해져 있었기 때문에 무슨 방도를 찾아야만 했습니다. 그래서 어머니와 저는 다시 그 스와미를 찾아갔습니다. … 스와미는 "너 자신에게 물어 보아라. 너는 누구냐?"라고 제게 말했습니다.

추상화를 보고 아리송한 기분이 든 적이 있나요? '도대체 어디가 위쪽이야?' 하고 말이지요. … 스와미의 답을 듣고 났을 때의 제 마음이 그랬습니다. 한 마디로 혼란스러웠습니다. … 그 후로 몇 달 동안 스와미가 던진 질문에 스스로 답을 해 보려고 무척 애썼습니다. 그런데 정말 기적적으로 성적이 치솟아서 저는 인도의 한 명문대학교에 입학하게 되었습니다.

드디어 대학 신입생이 된 거지요. 그렇게 좋은 시절을 제가 왜 마다했겠습니까? 명상은 집어치우고 다른 것에 흥미를 느끼기 시작했습니다. … 바로 여자였죠! 그렇게 신 나게 첫 학기를 마치고 드디어 성적이 나왔을 때, 저는 명치를 한 대 얻어맞은 것처럼 큰 충격을 받았습니다. … 충격이 너무 심해서 숨이 막힐 것 같았고 어떻게 이 상황을 극복할 수 있을지 절실한 답이 필요했습니다. 그 후 몇 달 동안 다시 제자리를 찾으려고 노력했지만 제 능력이 의심스러워질 뿐이었습니다. 그러던 어느 날 좌절감에 지친 저는 눈을 감고 예전에 스와미가 던진 질문을 다시 떠올려 보았습니다. … "너는 누구냐?" …그리고 깊은 침묵 속에서 제 꿈과 재능, 그리고 제 영혼이 들려주는 음악과 노래와 교향곡 소리를 들었습니다. … 그제야 저는 스와미가 왜 그런 질문을 했는지 이해했습니다. 명상은 제가 잠시 멈춰 서서 귀 기울이도록 하는 수단일 뿐이었습니다. 왜냐하면 그 답은 밖이 아니라 … 안에 있었기 때문입니다.

그 후로 14년이 지난 지금, 다시 한 번 답은 이 안에 있습니다. [편지봉투를 손으로 가리킨다.] 편지는 놀랍게도 '합격을 축하합니다'로 시작했습니다! … 결국 제가 꿈을 이룬 것입니다. 이 모두가 그때 그 스와미가 인생의 문제를 푸는 답은 마법의 약이나 닥터 필Dr. Phil 같은 인생 상담 쇼로는 풀 수 없다는 것을 알려준 덕분이었습니다. … 답은 항상 안에 들어 있습니다.

여러분, 자기 내면을 들여다본 적이 있으십니까? … 여러분이 겪는 문제에 대한 해답이 밖에 없다면 그때는 어떻게 하시겠습니까? … 만약 그 답이 이 안에 [두 손을 가슴에 갖다 댄다.] 있다면 어떻게 하시겠습니까?

스와미가 그때 제게 던졌던 질문을 오늘 여러분께 똑같이 드려보고자 합니다.

"당신은 누구입니까?"

**MIT 천재의 특별한 스피치 이야기 : 원래 원고**

# 유일한 경쟁자

나는 누구인가? 이 질문에 대해 곰곰이 생각해 본 적이 있으신가요? 서양 신화에는 이 질문에 답하려고 수년간 명상하는 성자들이 등장하기도 합니다.

사회자님, 그리고 토스터마스터즈 회원 여러분, 특히 자신에게 이 질문을 한 번이라도 던져본 적이 있는 모든 청중 여러분, 저는 그 질문에 이렇게 답했었습니다. 노력하는 사람. … 적어도 10년 전에 제가 찾은 대답은 그것이었습니다.

대학교에 입학한 첫 학기에 저는 정말 최선을 다했습니다. 엉덩이에 땀이 나도록 오랜 시간 공부를 했습니다. 새우잠을 자면서 말수까지 적어졌을 정도였습니다. 하지만 학기 말 성적표에 나온 제 등수는 2등이었습니다. … 그것도 앞이 아니라 뒤에서 말입니다. 엄청난 충격 정도로는 그때 받은 상상할 수 없을 정도의 큰 충격을 다 표현할 수가 없습니다. … 하지만 그때 저는 자기계발서를 많이 읽었던지라 이런 고난도 필요하다고 생각했습니다. 그래서 이런 시련을 스스로 더 성장하고 강해지는 계기로 삼자고 다짐했습니다. 자리를 털고 일어났습니다. … 눈물을 닦아내고 다시 공부에 뛰어들었습니다. … 그나마 좁은 인간관계마저도 다 끊어버리고 매주 몇 시간씩 하던 운동도 그만두었습니다. … 신사 숙녀 여러분, 저는 그렇게 대가를 치렀습니다. 그리고 학기 말에 다시 성적표가 나왔습니다. … 저는 여전히 2등이었습니다, 뒤에서 말이지요.

이 무렵부터 저는 이 난관을 헤쳐나갈 답을 찾고 있었습니다. 지푸라기라도 잡고 싶은 심정이었습니다. … 그러던 어느 날 어떤 친구가 명상을 한 번 해 보라고 권유했습니다. 그래서 저는 "그러지, 뭐"라고 대답했습니다.

명상을 시작한 처음 며칠 동안은 눈을 감자마자 … 잠이 들어 버렸습니다.

'도대체 어떻게 도움이 된다는 거야?' 하고 속으로 불만을 터트릴 수밖에 없었습니다.

결국 그 친구에게 말했습니다. "이봐, 명상하고 나니 잠만 쏟아지더라, 그것도 아주 많이." 친구의 대답은 "그래도 계속 해 봐"였습니다. … 그래서 저는 계속 명상 연습을 했고, 그러던 어느 날 드디어 잠에 빠지지 않을 수 있었습니다.

저는 그때부터 자기 자신과의 대화를 시작했습니다. 신기하게도 사람들은 친구와 우정을 쌓는 데 수년씩 공을 들이고, 배우자를 제대로 이해하는 데 수십 년을 쏟아 붓고, 자식을 이해하는 데 평생을 쓰면서도 정작 자신을 알기 위해서는 불과 몇 분도 투자하지 않습니다.

그렇게 명상에 집중하자 갑자기 성적이 오르기 시작했습니다. … 공부하는 시간은 오히려 적어졌는데 말입니다. 저는 항상 다른 사람과의 경쟁만 생각했었습니다. … 유일한 경쟁자는 '나 자신' 뿐이라는 것을 그제야 비로소 깨달았습니다.

자신을 알기 위해서 노력하십시오.

여러분, 우리는 대부분 자기 잠재력을 꽃 피우며 살아가지 못하고 있습니다. 그 이유는 우리가 열심히 노력하지 않아서도 아니고 그렇게 할 능력이 없어서도 아닙니다. 다만 자신을 알기 위해 시간을 전혀 들이지 않았기에 자기의 잠재력을 알지 못하는 것뿐입니다.

스피치 기법을 늘리기 위해서는 단지 이론만 기억할 것이 아니라, 다양한 실제 사례들을 접하는 것이 좋다. 필자에게 우승 트로피를 안겨 준 연설문과 그 연설문의 초안을 비교한 이번 장이 여러분의 스피치 실력을 늘리는 데 큰 도움이 되었을 것이다. 세계연설대회에서 사용한 3개의 연설문에는 이 책에서 소개한 스피치 기법들이 곳곳에 녹아 있다. 스피치 기법들이 잘 이해되지 않을 때는 여기서 소개한 연설문들을 참고하기를 바란다.

오랜 시간이 흘렀는데도 누군가가 내 스피치를 기억해주는 것만큼 뿌듯한 일은 없다. 여기서 소개한 3가지 스피치 모두 그런 범주 안에 들어간다. 아직도 '스와미의 질문'을 동영상으로 보고 나서 자기 스피치의 모범으로 삼고 있다는 토스트마스터즈 회원들의 이메일을 받고 있다. 또한 수년 전에 내 '그림엽서' 스피치를 듣고 나서 더는 그림엽서처럼 인생을 살지 않겠다고 다짐했다는 사람을 만나기도 한다. 여러분도 언젠가 이처럼 가슴 벅찬 기분을 느끼게 되기를 바란다.

## MIT리더십센터
## 말하기 특강

초판 1쇄 인쇄일 2014년 6월 30일 • 초판 1쇄 발행일 2014년 7월 4일
지은이 비카스 고팔 징그란 • 옮긴이 배충효
펴낸곳 (주)도서출판 예문 • 펴낸이 이주현
기획·편집 김유진 • 디자인 김지은 • 관리 윤영조·문혜경
등록번호 제307-2009-48호 • 등록일 1995년 3월 22일 • 전화 02-765-2306
팩스 02-765-9306 • 홈페이지 www.yemun.co.kr
주소 서울시 강북구 미아동 374-43 무송빌딩 4층

ISBN 978-89-5659-230-5 (13320)

저작권법에 따라 보호받는 저작물이므로 무단전재와 복제를 금하며,
이 책 내용의 전부 또는 일부를 이용하려면 반드시 저작권자와
(주)도서출판 예문의 동의를 받아야 합니다.